Voyez vous dans les ombres de ces voûtes la main de mon frère? Il
écrit en lettres de sang : Tu as mérité la mort . . . .

HISTOIRE

DES PRISONS DE PARIS

ET DES DÉPARTEMENS;

Contenant des Mémoires rares et précieux.

Le tout pour servir à l'Histoire de la Révolution Française :

Notamment à la tyrannie de Robespierre, et de ses Agens et Complices.

Ouvrage dédié à tous ceux qui ont été détenus comme Suspects.

Rédigé et publié par P. J. B. NOUGARET.

Avec huit figures.

Exterminez, grands Dieux ! de la terre où nous sommes,
Quiconque, avec plaisir, répand le sang des hommes.
VOLTAIRE.

TOME II.

À PARIS,

Chez {
l'Editeur, rue Galande, n°. 59 ;
COURCIER, Imprimeur-Libraire, rue Poupée, n°. 58 ;
DUTRAY à Bordeaux ;
LE COQ, à Bayonne.

L'an 5°. — Juin, 1797.

TABLE

DES MATIÈRES

Contenues dans ce Volume.

TABLE

Fin de la Table.

HISTOIRE

DES PRISONS.

CONCIERGERIE.

TOUT le monde connoît l'entrée de cette prison destinée de tout rems à renfermer ceux que la loi appelle devant ses magistrats, comme étant prévenus de crimes contre l'ordre et la sûreté publique. Mais combien peu de personnes, en parcourant ces superbes galeries, ces salles immenses du palais, songent qu'ils foulent aux pieds, des hommes, leurs semblables, entassés dans des cachots ; sur-tout depuis que les convulsions révolutionnaires avoient fait refluer les victimes jusques dans les dégoûtans corridors qui conduisent à ces habitations de la misère, du désespoir et de la mort. Quel contraste ! Au-dessus de jolies boutiques remplies de parfums, ce que les modes offrent à la coquetterie de plus élégant, d'aimables marchandes, qui, d'un œil agaçant et d'une bouche mignonne, appellent l'attention des curieux ; des bibliothèques chargées de livres où il n'est question que de philosophie et d'humanité : au-dessous, à la distance de l'épaisseur d'une voûte, des verroux, des grilles, des gémissemens, des haillons, une puanteur insupportable, un air infect, des guichetiers ivres, parlant un langage extraordinaire, chargés d'énormes clefs et suivis de chiens faits comme eux pour répandre l'épouvante.

Ces maisons d'arrêt, nouvellement instituées, le Luxembourg, le Port-Libre, les Carmes, les Bénédictins anglais, St.-Lazare, les Anglaises du faubourg St. Antoine, où d'heureux détenus n'ont connu long-tems de chaînes que celles de l'amour ; où ils coulaient des jours délicieux dans les bras des belles prisonnières, leurs compagnes, au milieu des jardins, des vergers, des berceaux et des présens de la nature, ect. toutes ces maisons ne sont que des prisons *muscadines* ; les guichetiers y sont polis, ils parlent un langage intelligible, et quand on y est transféré de la Conciergerie, de Pélagie, des Magdelonnettes ou de la Force, on seroit tenté de les prendre pour des académiciens. O vous, qui n'avez vécu que dans ces maisons ! si vous voulez savoir ce que c'est que d'être en prison, tâchez de vous faire mettre à la Conciergerie.

La première entrée est fermée de deux guî-
chets (1). Ces deux guichets sont à-peu-près
à trois pieds l'un de l'autre. Ils sont tenus
chacun par un porte-clef. Tous les portes-clefs
ne sont pas admis indistinctement à l'honneur
de ces premiers guichets : on choisit les plus
vigoureux et ceux qui ont le coup-d'œil le plus
subtil. Il faut, disent-ils, avoir de la tête pour
de pareilles fonctions. Aussi les postulans at-
tendent-ils quelquefois long-tems. Un bouquet
placé au-dessus de la porte annonce une nouvelle
promotion. Le promu se fait coëffer ce jour - là
par un perruquier, met ses plus beaux habits. Son
air satisfait et capable annonce qu'il sent sa dignité, et qu'il n'est pas au-dessus du choix dont
on l'a honoré. Le soir, les flots de vin redoublent
et terminent un aussi beau jour.

Dans la première pièce, appellée guichet,
comme je l'ai dit, au bout d'une grande

---

(1) On appelle guichet une petite porte haute d'environ trois pieds et demi, pratiquée dans une porte
plus grande. Lorsqu'on entre, il faut hausser le pied et
baisser considérablement la tête ; de manière que si on
ne se casse pas le nez sur son genou, on court risque de
se fendre le crâne contre la pièce de traverse de la grande
porte ; ce qui est arrivé plus d'une fois. On appelle aussi
guichet la première pièce d'entrée.

table , sur un fauteuil , est le gouverneur de la maison, ou bien la respectable moitié de lui-même , ou bien le plus ancien des porte-clefs , qui les représente en ce cas. Ces gouverneurs-là sont devenus, dans le tems où nous sommes , des personnages très-considérable. Les parens , amis ou amies des prisonniers font ordinairement une cour très-assidue au concierge Richard, pour se faire entr'ouvrir un guichet. On le salue profondément : quand il est de bonne humeur , il sourit ; quand au contraire il est morose , il fronce le sourcil ; c'est Jupiter qui fait trembler l'Olympe d'un coup-d'œil. Aussi les prisonniers ont-ils toujours l'attention d'épier ses bons momens , et alors on s'évertue à présenter humblement le placet.

C'est de ce fauteuil qu'émanent les ordres pour la police de la maison. C'est à ce fauteuil que sont évoquées les querelles des guichetiers entr'eux et des guichetiers avec les prisonniers ; c'est à ce fauteuil que les malheureux prisonniers portent leurs humbles réclamations quand ils obtiennent la faveur d'y être admis ; c'est de ce fauteuil que part quelquefois un regard de protection qui console, et souvent un coup-d'œil qui foudroie.

Du reste la femme *Richard* tient sa maison d'une manière étonnante : on n'a ni plus-de mémoire, ni plus de présence d'esprit, ni une connoissance plus exacte des détails les plus minutieux (1).

Outre le concierge, ou son représentant, il y a dans le guichet un ancien porte-clefs qui divague. C'est, sans qu'il y paraisse, l'inspecteur des personnes qui entrent ou qui sortent. Quand il a des distractions, on entend sortir du fauteuil ces vigilantes paroles ; *Allumez le Miston* (*allume*, mot d'argot, qui veut dire : regarde sous le nez ; *Miston*, de l'individu).

Le guichetier les répète à ses camarades qui sont de service aux portes. Lorsqu'il entre un nouveau prisonnier, on recommande aux guichetiers d'*allumer le Miston*, afin qu'il soit généralement connu et ne puisse se donner pour étranger.

A main gauche, en entrant dans le guichet, est le greffe. Cette pièce est partagée en deux par des barreaux. Une moitié est des-

____

(1) La citoyenne Richard , dont les prisonniers se louoient généralement, vient d'être assassinée par un détenu au désespoir d'un jugement qui le condamnoit à 20 ans de fers : au moment que cette femme bienfaisante lui présentoit un bouillon, il lui enfonça un couteau dans le cœur ; elle expira au bout de quelques minutes , en messidor , 1796, an IV.   *Note de l'Editeur.*

A 3

tinée aux écritures, l'autre moitié est le lieu où l'on dépose les condamnés ; c'est-là qu'ils ont quelquefois attendu trente-six heures le moment fatal où l'exécuteur des jugemens (que les guicheriers appellent dans leur langage, *tole*) leur fait subir les redoutables apprêts de leur supplice. Je ne puis tracer ces lignes, sans que les souvenirs les plus cruels, sans que les idées les plus déchirantes ne s'emparent de mon âme. Vous n'avez pas vu, vous qui lisez ceci, des êtres pleins de vigueur, de santé, qui portoient la sérénité de l'innocence sur leur visage, qui vous en avoient montré les preuves écrites, que l'habitude de vivre ensemble vous avoit forcé d'estimer ; vous ne les avez pas vus à quelques heures, à quelques minutes d'une mort aussi certaine qu'affreuse, mais pourtant qu'ils attendoient avec calme. Comme moi vous n'avez pas été à même de dire, cet être qui respire, qui marche, qui pense, qui, tout-à-l'heure me serroit encore la main, eh bien ! dans quelques instans il ne sera plus : ce corps que je vois animé ne sera plus qu'un cadavre ; ce sang qui circule dans ces veines aura rougi la terre ; cette tête qui élève encore des regards au ciel, en l'accusant peut-être d'une mort injuste et prématurée, n'offrira plus que l'image informe et effrayante de sa des-

truction : et moi qui ne fus constamment animé
que des sentimens de la plus pure probité , qui
ne vécus que pour la Patrie, qui ne m'occu-
pai que de sa prospérité , de sa liberté et du
bonheur de mes concitoyens , dans quelques jours
peut-être , j'aurai subi le même sort.

O destinées affreuses ! Fatales erreurs de
l'espèce humaine ! Des hommes parlent de philosophie , d'humanité , et ils égorgent leurs semblables avec plus de légéreté , plus d'avidité ,
que le chasseur n'en met à se saisir de sa
proie. Vous parlez du bonheur des hommes , et
vous les détruisez ! de leur liberté , et un mot
imprudent , une démarche inconsidérée , que
dis-je , l'innocence, la probité, les talens, l'a-
mour de la Patrie , les ont conduit à l'échafaud ! Voilà les crimes du tyran, des niveleurs ,
ses complices, et des brigands qui lui ont sur-
vécu. *Di meliora piis* !.....

Pardonnez cette digression, elle a tant soit
peu soulagé mon cœur ; j'en reprendrai plus
volontiers mon récit.

Du greffe, on entre de plein pied , en
ouvrant toutefois d'énormes portes, dans des
cachots appellés *la Souricière*. Il faudroit
plutôt les nommer *la Ratière*. Un citoyen nommé *Beauregard* , homme aussi honnête qu'aimable , acquitté par le tribunal révolutionnaire ,

grâces soient rendues à son heureuse étoile,
fut mis à son arrivée dans ce cachot ; les rats
lui mangèrent, à différens endroits, sa culotte,
sans respect pour son derrière ; nombre de prisonniers ont vu les trous ; et il fut obligé de se
couvrir toute la nuit la figure de ses mains
pour sauver son nez, ses oreilles, ect.

Le jour pénètre à peine dans ces cachots ;
les pailles dont se compose la litière des prisonniers, bientôt corrompues par le défaut
d'air et par la puanteur des sceaux, en termes
de prisons, *griaches*, où les prisonniers font
leurs besoins, exhalent une infection, telle
que, dans le greffe même, on est empoisonné
l'orsqu'on ouvre les portes. Il en est ainsi des
autres cachots ; et c'est dans ces affreuses demeures que des hommes, reconnus ensuite
innocens, ont passé des mois entiers !

O vous qui êtes chargés de gouverner vos
semblables...... Je m'arrête, il faut être avare
de réflexions.

En face de la porte d'entrée, est le guichet
qui conduit à la cour des femmes, à l'infirmerie, et en général à ce qu'on appelle, je
ne sais pourquoi, *le côté des douzes*. Nous
y reviendrons.

A droite, sur deux angles, sont des fenêtres
qui éclairent fort imparfaitement, deux cabinets

où couchent les guichetiers de garde pendant
la nuit : c'est aussi dans ces cabinets qu'on
dépose les femmes qui ont été condamnées à mort.
Entre ces deux angles est un troisième qui
conduit au *préau*, c'est le côté le plus recommandable de cette prison, et le mieux
fait pour fixer les regards de l'observateur. Il faut,
pour y arriver, franchir quatre guichets. On
laisse à gauche la chappelle et la chambre
du conseil, deux pièces également remplies de
lits dans ces derniers tems : la seconde étoit
occupée par la veuve de Louis XVI.

Je n'entreprendrai point de décrire tous les
lieux de cette vaste et dégoûtante enceinte.
Je remarquerai seulement qu'à droite en entrant
dans la cour, à l'extrémité d'une espèce de
galerie, est une double porte, dont l'une
entièrement de fer, que ces portes ferment le
cachot surnommé *de la Bûche nationale* depuis les massacres du mois de septembre 1792,
(vieux style), et que l'on traverse ce cachot
pour arriver dans les salles du palais, au moyen
d'un obscur escalier dérobé et verrouillé dans
deux ou trois endroits différens. Les prisonniers
sont, ou à la pistole, ou à la paille, ou
dans les cachots.

Ces prisonniers ont un régime différent. Les
cachots ne s'ouvrent que pour donner la nour-

riture, faire les visites, et vider les *griaches*.

Les chambres de la paille ne diffèrent des cachots qu'en ce que leurs malheureux habitans sont tenus d'en sortir entre huit et neuf heures du matin. On les faits rentrer environ une heure avant le soleil couché. Pendant la journée, les portes de leurs cachots sont fermées, et ils sont obligés de se morfondre dans la cour, ou de s'entasser, s'il pleut, dans les galeries qui l'entourent, où ils sont infectés de l'odeur des urines, ect. Du reste, mêmes incommodités dans leurs hideuses demeures : point d'air, des pailles pourries. Entassés jusqu'à cinquante dans un même trou, le nez sur leurs ordures, ils se communiquent les maladies, les malpropretés dont ils sont accablés. Allez visiter les cachots qui sont pratiqués dans les grosses tours que vous voyez du quai de l'Horloge, ceux qu'on appelle *le grand César*, *Bombec*, *Saint-Vincent*, *Bel-Air*, ect. et dites si la mort n'est pas préférable à un pareil séjour.

C'est-là pourtant que des citoyens accusés de délits révolutionnaires, ont été confondus avec des hommes prévenus de vols et d'assassinats, avec des hommes convaincus de ces crimes et condamnés au châtiment qu'ils avoient mérité, mais dont le jugement étoit suspendu par la faveur qu'ils ont de se pourvoir en cassation. Depuis

quelque tems il n'y avoit guères à la Conciergerie que ce qu'on appelloit des révolutionnaires.

Ne croyez pas que les incommodités du logement soient les seules que les prisonniers
aient à supporter ; il faudroit, pour juger jusqu'à
quelle humiliation, jusqu'à quelle dégradation
on peut réduire les hommes ; il faudrait assister
à la fermeture des portes er à l'appel nominal qui
la précède. Figurez-vous trois ou quatre guichetiers ivres, avec une demi-douzaine de chiens
en arrêt, tenant en main une liste incorrecte qu'ils
ne peuvent lire. Ils appellent un nom, personne
ne se reconnoît : ils jurent, tempêtent, mena-
cent ; ils appellent de nouveau : on s'explique,
on les aide, on parvient enfin à comprendre qui
ils ont voulu nommer. Ils font entrer en comptant
le troupeau ; ils se trompent : alors avec une colère toujours croissante, ils ordonnent de sortir :
on sort, on rentre, on se trompe encore, et ce
n'est quelquefois qu'après trois ou quatre épreuves
que leur vue brouillée parvient enfin à s'assurer
que le nombre est complet.

Mais quel contraste ! Est-ce une bisarrerie de
la nature ou un effet de sa sagesse ? La première
lueur d'espérance, l'approche d'un plaisir dissi-
pent en un instant les plus noirs chagrins, les
plus cruelles inquiétudes, et la prison la plus hi-

deuse ; l'enfer va se changer en un temple de Gnide. Vous entendez dans la cour du préau un éternel bourdonnement, un murmure sombre et les cris effrayans des guichetiers ; ils ont des voix terribles qui semblent avoir été faites exprès. Rien n'est plus fatiguant que ce bruit et ce spectacle, si vous pouvez y échapper pour revenir au principal guichet.

Après avoir franchi la première grille , (j'ai déjà dit qu'il y en a quatre) vous vous trouvez dans une enceinte formée toute de barreaux de fer. Lorsque les communications avec l'extérieur subsistoient , c'est-là que les prisonniers de ce côté voyoient leurs connoissances. Les femmes, dont la sensibilité est plus grande , le courage plus résolu , l'âme plus compatissante , plus portée à secourir, à partager le malheur , les femmes étoient presque les seules qui osassent y pénétrer, et , il faut le dire , c'étoit sur-tout elles qu'on aimoit à y recevoir. Là , les maris redevenoient amans , et les amans redoubloient de tendresse ; il sembloit qu'on fût convenu de se dépouiller de cette pudeur grimacière , très-bonne quand on peut attendre des momens plus favorables , ou des lieux plus commodes. Les plus tendres baisers étoient sans cesse pris et rendus sans résistance, comme sans scrupule ; à la faveur même d'un peu d'obscurité et des vêtemens larges, l'amour a vu couronner ses plus ardens desirs. Il y avoit de quoi faire enrager ces figures blêmes, qui toujours jalouses du bonheur des autres, ne jouissent que par les tourmens dont ils sont les auteurs ou complices ; il est vrai que ces plaisirs étoient quelquefois troublés par l'aspect des malheureux condamnés à mort, qu'on descendoit du tribunal et qui traversoient l'enceinte dont je parle. Alors il se faisoit un moment de silence, on se regardoit avec crainte, puis on s'embrassoit avec un tendre intérêt, et les choses reprenoient insensiblement leur cours.

Le guichet d'entrée, occupé de même par les prisonniers du côté des douze, n'offroit pas un spectacle moins pittoresque. En effet, quoi de plus singulier pour l'œil de l'observateur ? des femmes et leurs maris, des maîtresses et leurs amans, rangés sur des bancs contre les murs, les uns se caressent avec autant de sécurité et de gaîté que s'ils étoient sous des berceaux de roses ; les autres s'attendrissent, versent des larmes. Dans le greffe sont des hommes condamnés à mort, qui quelquefois chantent. Par une fenêtre de ces cabinets dont j'ai parlé, on apperçoit sur un lit de douleur une malheureuse femme veillée par un gendarme qui attend, la pâleur sur le front, l'instant de son supplice. Des gendarmes remplissent les guichets ; ceux-ci conduisent des prisonniers dont on délie les mains ; et que l'on précipite dans des cachots; ceux-là , demandent d'autres prisonniers pour les transférer; les lient et les emmènent , tandis qu'un huissier à l'œil hagard, à la voix insolente, donne des ordres , se fâche , et il se croit un héros parce qu'il insulte impunément à des malheureux qui ne peuvent lui répondre par des coups de bâton.

Il n'y a rien d'exagéré dans ce que je viens de dire , et plusieurs personnes qui sont venues , ou qui ont vécu dans les prisons , se rappelleront d'avoir vu tout cela dans le même moment.

J'ai déjà dit que les chiens jouoient un grand rôle dans ces prisons; cependant un fait que j'ai entendu souvent raconter prouvera que leur fidélité n'est pas à toute épreuve. Parmi ces chiens il en est un distingué par sa taille , sa force et son intelligence. Ce cerbère se nomme Ravage. Il étoit chargé la nuit de la garde de la cour du préau.

Des prisonniers avoient pour s'échapper , fait un trou (en argot *un housard*), rien ne s'opposoit plus à leur dessein , sinon la vigilance de *Ravage*, et le bruit qu'il pouvoit faire. *Ravage* se tait: mais le lendemain matin on s'apperçoit qu'on lui avoit attaché à la queue un assignat de cent sous avec un petit billet où étoient écrit ces mots : *On peut corrompre Ravage avec un assignat de cent sous et un paquet de pieds de mouton,* Ravage promenant et publiant ainsi son infâmie , fut un peu décontenancé par les attroupemens qui se formèrent autour de lui, et les éclats de rire qui partoient de tous côtés. Il en fut quitte , dit-on , pour cette petite humiliation et quelques heures de cachot.

Revenons au côté des *douze*. Ce côté a aussi une cour qu'occupent les femmes. La partie occupée par les hommes n'a d'autre promenade qu'un corridor obscur , dans lequel il faut tenir le jour un réverbère allumé , et un petit vestibule séparé de la cour des femmes par une grille. Les hommes peuvent parler aux femmes , même les embrasser à travers cette grille , et plus d'une fois les tendres épanchemens de l'amour y ont fait oublier aux malheureux l'horreur de leur demeure.

Les chambres des femmes sont aussi divisées en chambres à la pistole et en chambres à la paille. Les pistoles occupent le premier, les chambres des *pailleuses* (1), sont au rez de-

____

(1) On appelle *pailleux* ou *pailleuses* , ceux ou celles qui n'ayant pas le moyen de payer le loyer d'un lit , sont obligés de coucher sur la paille.

chaussée derrière une arcade ; elles sont obscures, humides, aussi malsaines que malpropres. Le gouvernement devroit bien s'occuper de les rendre plus salubres, en n'oubliant jamais que l'innocence a été forcée de les habiter. Il faudroit aussi un régime qui ne tendît pas à dégrader les êtres qui y sont soumis.

Il n'y a de ce côté, pour les hommes, que des chambres à la pistole, c'est-à-dire que l'on paye le loyer des lits que l'on occupe. Il y a autant de lits dans une chambre qu'elle en peut contenir. On payoit d'abord pour un lit 27 liv, 12 s. le premier mois, et 22 liv. 10 s. les mois suivans. On a réduit ce loyer à 15 liv. par mois. Le même lit a souvent rapporté plusieurs loyers en un mois (1); aussi la Conciergerie est-elle le premier hôtel garni de Paris, quant au produit.

L'un des grands inconvéniens de ce côté, étoit le voisinage de l'infirmerie; on y a long-tems vécu au milieu des fièvres les plus dangereuses. Les malades, entassés deux à deux sur de

---

(1) Dans les derniers tems de la tyrannie de Robespierre, lorsque le tribunal envoyoit les victimes à la mort par charretées, 40 ou 50 lits étoient occupés tous les jours par de nouveaux hôtes, qui payoient 15 liv. pour une nuit, ce qui donnoit par mois un produit de 18 à 22 mille livres.

méchants grabats, étoient bien ce que la misère
humaine peut offrir de plus déplorable ; les
médecins daignoient à peine les examiner ; il
sembloit qu'il y eût des cœurs faits pour s'endurcir à l'approche du malheur. Ils avoient une
ou deux tisannes qui étoient, comme on dit, des
selles à tous chevaux, et qu'ils appliquoient à
toutes les maladies, encore étoient-elles adminis-
trées avec une négligence vraiment impardon-
nable. C'étoit une chose curieuse de voir avec
quel dédain et quelle suffisance ils faisoient leurs
visites. Un jour le docteur en chef s'approche
d'un lit et tâte le pouls du malade. Ah! dit-il,
il est mieux qu'hier. Oui, citoyen docteur,
répond l'infirmier, il est beaucoup mieux ; mais
ce n'est pas le même, le malade d'hier est mort,
et celui-ci a pris sa place. — Ah! c'est différent : eh bien, qu'on fasse la tisanne. »

Depuis on a formé un établissement à l'Evêché,
où les malades, à ce que l'on dit, furent traités avec beaucoup plus d'égards. Dieu en soit
loué.

Cette anecdote m'en rappelle une autre qui
eut lieu à-peu-près dans le même tems. On se
souviendra peut-être d'un individu qui se faisoit
appeller *Marat - Mauger*, commissaire du
pouvoir exécutif à Nancy et dans le département
de la Meurthe, dénoncé comme ayant usé en-

vers les citoyens, de toutes sortes de vexations.
Ce Mauger donna l'exemple le plus terrible de
la manière dont un coquin peut être tourmenté
par les remords. Il rappelle les fureurs d'Oreste,
et Lekain auroit pu trouver en lui un modèle.
Attaqué d'une fièvre très-violente, il se levoit sur
son lit; et là, avec des convulsions vraiment
effrayantes, et d'une voix épouvantée, il s'é-
crioit : « Voyez vous dans les ombres de ces
voûtes la main de mon frère ? Il écrit en lettres
de sang : Tu as mérité la mort. » Il périt en
effet au milieu des transports de cette frénésie.
On honora sa mémoire de cette épitaphe :

> Dans un corps sale et pourr
> Gissoit une âme épouvantable ;
> Depuis ce matin , Dieu merci ,
> Et l'âme et le corps sont au diable.

Il régnoit parmi les prisonniers , de ce côté,
un genre de courage et de gaîté vraiment remarquable ; on ne se fera jamais une idée justé
d'une existence semblable ; aussi je n'entreprendrai pas de la dépeindre , malgré ce que j'en
ai entendu dire ; je me contenterai de citer
quelques passages de deux lettres de l'un de ces
prisonniers à un ami , et que celui-ci a bien
voulu me communiquer :

« Je ne prendrai aucun plaisir à jetter ma

» tête : je la défendrai par tous les moyens
» que permet l'honneur et que fournit la pureté
» d'une conscience inattaquable. D'après cela ,
» tu dois être satisfait de moi.

» Ce que tu me dis des réponses de ... me
» paroît d'assez bon augure , mais ne change
» rien à ma manière de voir. Je ne veux me
» bercer d'aucune espérance , il seroit trop
» cruel d'en être déçu. J'attendrai de pied
» ferme les événemens. Je verrais avec joie
» l'instant qui me rendroit à la vie. J'ai déjà
» envisagé la mort, non-seulement avec in-
» trépidité, mais même avec calme ; elle est
» sans cesse présente à mes yeux, et je veux
» qu'elle y soit sans cesse, pour m'y familia-
» riser au point de n'avoir pas même besoin
« de courage.....

» Si je vois avec quelque sang-froid le mo-
» ment où je perdrai la vie, je le dois sur-tout
» au spectacle qui se renouvelle à chaque ins-
» tant dans cette maison ; elle est l'antichambre
» de la mort. Nous vivons avec elle. On soupe,
» on rit avec des compagnons d'infortune ; l'ar-
» rêt fatal est dans leur poche. On les appelle
» le lendemain au tribunal ; quelques heures
« après, nous apprenons leur condamnation ,
» ils nous font faire des complimens, en nous
» assurant de leur courage. Notre train de vie

» ne change point pour cela , c'est un mélange
» d'horreur sur ce que nous voyons, et d'une
» gaîté en quelque sorte féroce ; car nous plai-
« santons souvent sur les objets les plus ef-
» frayans, au point que nous démontrions l'autre
» jour à un nouvel arrivé de quelle manière cela
» se fait , par le moyen d'une chaise à qui
» nous faisions faire la bascule. Tiens, dans ce
» moment, en voici un qui chante :

Quand ils m'auront guillotiné ,
Je n'aurai plus besoin de nez .

» Je dois t'ajouter, pour te prouver combien
» nous avons de moyens de nous endurcir ,
» qu'une malheureuse femme condamnée vient
» de me faire appeller : La source de mes
» larmes est tarie , m'a-t-elle dit , il ne m'en
» est pas échappé une depuis hier soir. La plus
» sensible des femmes n'est plus susceptible
» d'aucun sentiment ; les affections qui faisoient
» le bonheur de ma vie, ont perdu toute leur
» force. Je ne regrette rien , je vois avec indif-
» férence le moment de ma mort.—
» Cette femme est madame Laviolette de
» Tournay ; elle dit avoir dépensé des sommes
» énormes pour la cause de la liberté ; com-
» missaires nationaux, généraux, officiers des

» armées françaises, ont été accueillis dans sa
» maison avec autant de distinction que de
» zèle. Elle attribue ses malheurs à son mari.
» Elle s'est fait peindre ces jours-ci, la main
» appuyée sur une tête de mort ; elle a dû
» lui envoyer ce portrait. L'allégorie est cruelle
» si le motif en est vrai.....

» Les hommes sont trop méchans, trop inu-
» tilement atroces, et je ne regretterois pas
» une existence aussi pénible et qui ne me pré-
» sente qu'un avenir encore plus affreux. Tu
» vas me croire fou ; ma foi non !

» Je ne fus jamais si raisonnable, j'apprécie
» les choses ce quelles valent, et le plus grand
» bienfait de la nature (la vie) dont tu me
» parles dans une de tes lettres, me paroît à
» moi, une corvée fort incommode, que la
» nature, si toutefois elle n'est pas une force
» aveugle, pouvoit épargner à des êtres qui
» n'ont pas même assez de raison pour apper-
» cevoir leurs sottises. Je suis si las de vivre
» parmi les hommes, que je ne serais pas
» fâché de les quitter. J'ai déjà, comme je
» t'ai dit, essayé l'épreuve ; c'est le seul mo-
» ment de véritable calme que j'aie goûté de-
» puis que je suis ici, etc............ »

C'étoit une chose touchante de voir un nombre de prisonniers prévenus de délits contre la

Patrie, ne respirer cependant que pour elle et pour sa liberté. Ce fut ce sentiment qui dicta des couplets sur la prise de Toulon. Les voici :

Air : Où courent ces peuples épars ?

Chantons nos immortels succès ;
Prisons, connoissez l'allégresse,
Dans les fers nous sommes Français.
Il a fui l'insolent Anglais.
Toulon, cité lâche et traîtresse,
Reçois le prix de tes forfaits,
    Pleure ton infâmie   *bis.*
Ah ! ah ! quand on est Français, change-t-on de patrie ?

A l'abri des triples remparts
Que te livra la perfidie ;
C'est en vain qu'à tes léopards
Tu joins les honteux étendards
De Naples et de l'Ibérie ;
Ils ont dit nos enfans de Mars :
    Mourons pour la patrie,   *bis.*
Ou punissons l'orgueil d'une horde ennemie.

Accourez, de la liberté,
Accourez, soldats magnanimes ;
Que sous votre bras indompté
Et par la vengeance excité,
Tombe un peuple chargé de crimes.
Pour moi, dans les fers arrêté,
    Quoique fier de votre victoire,   *bis.*
Je gémis, je n'ai point partagé votre gloire.

Ce courage qui les soutenoit dans le ur malheur, ne les abandonnoit pas au dernier moment. Les couplets que je vais transcrire en sont la preuve. Ce n'est pas par les règles de la poésie qu'il faut les juger, mais par la situation où se trouvoient les auteurs.

Pierre Ducourneau, jeune homme de Bordeaux, et *Threillard*, officier de gendarmerie dans la même ville, reçurent leur acte d'accusation le 24 nivôse. Ils étoient déjà anciens dans la prison, on leur donna des preuves du plus tendre intérêt. Quand un camarade d'infortune en étoit à cette extrêmité, la chambre le régaloit le soir. Le souper fut triste, gai, touchant, mais les étreintes d'une amitié si malheureuse redoublèrent, lorsqu'on entendit chanter ces couplets faits par Ducourneau, et écrits avec un crayon au bout de la table, au milieu des verres, des bouteilles, et du bruit que faisoient des gens qui avoient déjà dans la tête quelques verres de vin de Bordeaux :

Air : *Que ne suis-je la fougère.*

Si nous passons l'onde noire,
Amis, daignez quelquefois
Ressusciter la mémoire
De deux vrais amis des lois.
Dans ces momens pleins de charmes,
Fêtez-nous parmi les pots,
Et versez, au lieu de larmes,
Quelques flacons de Bordeaux.

Trinquez , retrinquez encore ,
Et les verres bien unis ,
Chantez , d'une voix sonore ,
Le destin de vos amis.
Nos reconnoissantes ombres,
Planant au milieu de vous ,
Rempliront ces voûtes sombres
De frémissemens bien doux.

Fiers enfans de *l'Armorique* , (*)
Quand vous verrez vos foyers ,
Où votre troupe héroïque
Moissonna tant de lauriers,
Ah ! redites à vos frères
Comme allèrent aux tombeaux
Des républicains sincères ,
Nés dans les murs de Bordeaux.

Le lendemain ils soupèrent encore avec la même chambrée. Ducourneau ajouta de nouveaux couplets aux premiers.

Même air.

Enfin la noire imposture _
Nous traîne à son tribunal :
Nous allons , à la nature,
Payer le tribut fatal.

(*) Quelques-uns des cent et tant de Nantais, envoyés à Paris comme contre-révolutionnaires , et notamment deux jeunes gens qui s'étoient battus comme des lions

Au

Au dernier moment Socrate
Sacrifie à la santé ;
Notre bouche démocrate
Ne boit qu'à la liberté.

Pleins de vos leçons augustes ,
Oui , mes amis , nous mourrons
Comme tous ces fameux justes,
Les Brutus et les Catons.
Si , malgré la calomnie,
Il nous faut vivre encor,
Nous userons de la vie
Comme nous bravons la mort.

Ce jour-là même étoit arrivé un homme d'un
certain âge. Il fut fort ébahi de se trouver
à pareille fête. Tant de courage , de résignation , de la gaîté même , au milieu des
maux les plus grands, l'avoient rendu stupéfait.
Ducourneau lui adressa ce nouvel impromptu :

O toi , vieillard vénérable !
Quoique tu viennes trop tard ,
Tu parois convive aimable ;
A nos plaisirs prends donc part ;

---

contre les rebelles de la Vendée. Ils publieront sans doute
un jour le récit de leur affreux voyage. (On en trouvera
l'extrait dans l'un des volumes de cette histoire des Prisons).

Tome II.   B

Ft, traîné dans cette école,
D'un malheur trop solemnel,
De notre âme qui s'envole
Reçois l'adieu fraternel.

Enfin, après sa condamnation, Ducourneau fit encore trois couplets, en tête desquels étoient écrits ces mots :

Couplets dédiés aux prisonniers de la chambre, par leurs amis HOLLIER, THEILLARD *et* DUCOURNEAU.

Même air.

Victimes de la Patrie,
Il va finir, notre sort :
Le flambeau de notre vie
Va s'éteindre dans la mort.
Notre cœur du même zèle
Pour la République épris,
Lui fut sans cesse fidèle,
Et nous mourrons ses amis.

O peuple qui nous outrage !
Nous pleurons sur ton erreur ;
Comme toi, de l'esclavage,
Nous eûmes toujours horreur.
Le fer de la guillotine
Ne nous épouvante pas,
Et la liberté divine
Nous charme jusqu'au trépas.

En   vain , sur notre mémoire,
On   voudroit jetter l'affront ;
Le crayon vrai de l'histoire
Rétablira notre nom.
Notre courage surmonte
Le plus effroyable assaut :
Le crime seul fait la honte ,
Et ce n'est pas l'échafaud.

Les prisonniers conservèrent long-tems l'habitude de chanter tous les soirs ces différens couplets (ils appelloient cela *faire leur office*), ainsi que ceux sur la prise de Toulon, et le suivant :

Air : *Où vont tous ces peuples épars.*

Amis, combien il a d'attraits
L'instant où s'unissent nos âmes !
Le cœur juste est toujours en paix.
O doux plaisir que n'eut jamais
L'ambitieux et ses trames !
Venez , bourreaux nous sommes prêts :
  Mourons pour la patrie ,   *bis.*
C'est le sort le plus beau , le plus digne d'envie.

Environ un mois après la mort de Ducourneau , Nicolas Montjourdain, ci-devant commandant de bataillon de la section Poissonnière, donna l'exemple d'un courage semblable. La romance dont il composa les cinq premiers

couplets avant sa condamnation, et les trois
autres après, ont étonné et attendri tout Paris.
La voici :

Air *du vaudeville de la soirée orageuse.*

Le manuscrit portoit :

Air : *C'est aujourd'hui mon jour de barbe.*

L'heure avance où je vais mourir ,
L'heure sonne et la mort m'appelle ;
Je n'ai point un lâche desir ,
Je ne fuirai point devant elle ;
Je meurs plein de foi , plein d'honneur ;
Mais je laisse ma douce amie
Dans le veuvage et la douleur :
Ah ! je dois regretter la vie.

Demain, mes yeux inanimés
Ne s'ouvriront plus sur tes charmes ;
Tes beaux yeux à l'amour fermés
Demain seront noyés de larmes.
La mort glacera cette main
Qui m'unit à ma douce amie ;
Je ne vivrai plus sur ton sein :
Ah ! je dois regretter la vie.

Si dix ans j'ai fait ton bonheur ,
Garde de briser mon ouvrage ;
Donne un moment à la douleur ,
Consacre au plaisir ton bel âge.

Qu'un heureux époux, à son tour,
Vienne rendre à ma douce amie
Des jours de paix, des nuits d'amour :
Je ne regrette plus la vie.

Je revolerai près de toi,
Des lieux où la vertu sommeille ;
Je ferai marcher devant moi
Un songe heureux qui te réveille.
Ah ! puisse encor la volupté
Ramener à ma douce amie
L'amour au sein de la beauté !
Je ne regrette plus la vie.

Si le coup qui m'attend demain
N'enlève pas ma tendre mère ;
Si l'âge, l'ennui, le chagrin
N'accablent point mon triste père,
Ne les fuis point dans ta douleur,
Reste à leur sort toujours unie ;
Qu'ils me retrouvent dans ton cœur :
Ils aimeront encor la vie.

Je vais vous quitter pour jamais ;
Adieu plaisirs, joyeuse vie,
Propos libertins et vins frais,
Qu'avec quelque peine j'oublie !
Mais j'ai mon passeport : demain
Je prends la *charette anodine*,
Et vais porter mon front serein
Sous la faulx de la *guillotine*.

Mes tristes et chers compagnons,
Ne pleurez point mon infortune ;

B 3

C'est dans le siècle où nous vivons,
Une misère trop commune.
Dans vos gaîtés, dans vos ébats,
Peignant un jour bruyant de fête,
Mes amis, ne m'avez-vous pas
Fait quelquefois perdre la tête ?

Quand, au milieu de tout Paris,
Par ordre de Fouquier-Tinville,
On me roule à travers les ris
Du peuple étourdi de la ville,
Qui croit que de sa liberté
Ma mort assure la conquête,
Qu'est-ce autre chose, en vérité,
Que d'aller perdre encor la tête ?

Nota. Les mots italiques ont été changés.

———————

De tous les députés que j'ai vus à la Conciergerie, le petit Ducos est un de ceux qui montra le plus d'hilarité. Voici un pot-pourri qu'il fit quelques jours avant sa mort :

LE VOYAGE DE PROVINS.

Air : *Un jour de cette automne.*

Un soir de cette automne,
De Provins revenant....

Quoi , sur l'air de la none ,
Chanter mon accident !
Non , mon honneur m'ordonne
D'être grave et touchant.

Air : *Des folies d'Espagne.*

Peuple Français , écoutez-moi sans rire.
Je vais narrer un grand évènement :
Comme je fus toujours de mal en pire ,
De point en point , de Provins revenant.

Air : *Je ne saurois danser.*

L'exorde est fini ,
Je vais entrer en matière ,
L'exorde est fini ,
J'en suis quitte , dieu merci.
Cicéron Cadet ,
Je me pique d'éloquence .
Cicéron cadet ,
Mieux que lui je vais au fait.

Air *des guillotinés , ci-dev. des pendus.*

Un comité de section
Fit mettre en arrestation
Ma personne sans dire gare ;
Pour me sauver de la bagarre
Je résolus fort à propos ,
De prendre mon sac sur le dos.

Air : *Du haut en bas.*

Clopin, clopant,
Je cheminois dans la campagne,
Clopin, clopant,
D'horreur et d'effroi palpitant;
Gravissant rochers et montagnes,
Je m'enfonçai dans la Champagne,
Clopin, clopant.

Air : *Aussi-tôt que je t'apperçois.*

Un mal auquel je suis sujet,
M'attaqua sur la route ;
Car la peur changeoit chaque objet,
Et je n'y voyois goutte.... (*)

. . . .
. . . .
. . . .
. . . .
. . . .
. . . .

Air : *Malbrough s'en va-t-en guerre.*

Enfin sans perdre haleine,
Mironton , etc.
La fortune inhumaine
Me conduit à Provins.   (*bis.*)

———————————————————

(*) On n'a pu se procurer la suite de ce couplet.

O honte ! affreux destins !
  C'est-là que , dans l'auberge ,
Portant mon sac et ma flamberge ,
  En paix , je me goberge ;
Vient un municipal ,
Lequel d'un ton brutal.

Air : *de la Carmagnole.*

Dit : citoyen , vous avez tort   *bis.*
De voyager sans passeport ;   (*bis*).
    Pour punir cet oubli ,
    Il vous faut aujourd'hui ,
    Coucher dans notre geole ,
      Comme un laron   (*bis*).
    Coucher dans notre geole ,
      Comme un laron
        Bien fripon.

Air : *Du vaudeville de Figaro.*

  Ah ! je suis un misérable ,
Repris-je avec dignité ;
Si j'ai l'air d'un pauvre diable.
C'est que je suis dérouté ;
Citoyen , daignez à table ,
Vous asseoir à mon côté ,
  Buvons à la liberté.

Air *des Marseillais.*

Malgré votre habit sans-culotte ,
Vous êtes, dit-il, un suspect ;

B 5

Vous irez siffler la linote
Dans le violon (1), sauf respect.
Entendez-vous dans la cuisine,
Le bruit qu'y fait maint citoyen
Criant haro sur ce vaurien ?
On vous a jugé sur la mine :
Aux armes, citoyens, saisissez ce grimaud ;
Marchez, (*bis*) les fers aux mains,
Qu'on le mène au cachot.

Air : *Que ne suis-je la fougère.*

Hélas ! pourroit-on le croire,
Il le fit, comme il le dit :
Je voulus faire une histoire,
Mais je fus tout interdit :
De frayeur perdant la tête,
Durant ce conflit soudain,
Je passai pour une bête ;
Et c'est mon plus vif chagrin.

Air : *On doit soixante-mille francs.*

Dans un mauvais cabriolet,
On me jette comme un paquet ;

---

(1) On appelle *violon*, à Paris, une prison que
chaque section a dans son enceinte pour enfermer ceux
qu'on arrête la nuit, et qui sont le lendemain transférés
dans une maison d'arrêt, s'il y a lieu.

Sans pitié pour mes larmes ;   (*bis.*)
Vers les lieux d'où j'étois venu
  On me ramène confondu,
Entre mes deux gendarmes.   (*bis.*)

Air : *Je suis Lindor.*

De mes malheurs, telle fut l'Illiade,
Et les railleurs, pour aigrir mes chagrins,
Vingt fois le jour me parlent de Provins.
Hélas ! j'ai fait une belle ambassade.

Nota. Les mots italiques ne sont pas de l'Auteur.

J'ai connu, dans cette maison, un homme très-singulier et très-original ; il s'étoit si fort dégoûté de la vie , qu'il ne parloit que de mourir dans toutes ses conversations, et cependant cette envie ne lui fit jamais perdre un fond de gaîté qui étoit à toute épreuve.

Ce prisonnier se nommoit *Gosnay* ; il pouvoit avoir 27 ans ; il avoit été autrefois grenadier dans le ci-devant régiment d'Artois ; il avoit depuis servi dans les hussards de Berchiny ; il étoit à la Conciergerie , comme prévenu d'émigration ; c'étoit Ronsin qui l'avoit fait arrêter à Châlons-sur-Saône , et traduire à Paris.

Ses manières affables et joviales lui avoient

attiré les bonnes grâces d'une jeune et jolie personne qui venoit régulièrement à la Conciergerie, rendre des soins à son oncle asthmatique.
Après avoir rempli ce devoir pieux, elle alloit
passer trois ou quatre heures auprès de son cher
prisonnier ; c'étoit pour elle un plaisir inexprimable de pourvoir à ses besoins, et même à ce
que l'on appelle *ses menus plaisirs.*

Gosnay étoit sensible à ses procédés généreux ; il avoit promis de l'épouser lors de son élargissement ; mais le malheureux nourrissoit toujours dans son âme le desir de mourir.

Lorsqu'on lui apporta son acte d'accusation ,
il le prit froidement, le roula dans ses mains,
l'approcha d'une lumière , et en alluma sa pipe :
cependant ses camarades lui firent observer que
c'étoit une folie de courir à la mort à son âge ,
lorsqu'il avoit des moyens de défense aussi pé-
remptoire que les siens.

Gosnay parut céder à leurs sollicitudes ; mais
intérieurement il vouloit toujours mourir.

Avant de monter au tribunal , il but du vin
blanc , mangea des huîtres avec ses camarades,
fuma tranquillement en s'entretenant avec eux
sur l'anéantissement de notre être. « Ce n'est
pas tout , leur dit-il , à présent que nous avons
bien déjeûné, il s'agit de souper, et vous
allez me donner l'adresse du restaurateur de

l'autre monde , pour que je vous fasse préparer , pour ce soir , un bon repas. »

Lorsqu'on lui lut son acte d'accusation au tribunal , il dit affirmativement que tous les chefs articulés contre lui étoient parfaitement vrais , et son défenseur ayant voulu observer qu'il n'avoit pas la tête à lui , il répondit : « Jamais ma tête n'a été plus à moi que dans ce moment , quoique je sois à la veille de la perdre. Défenseur officieux , je te défends de me défendre , et qu'on me mène à la guillotine. »

Condamné à mort , il traversa la cour et salua ses camarades avec sa gaîté ordinaire , et sans qu'on vit sur son visage la moindre altération. Arrivé dans la salle des condamnés , il but , mangea , avec appétit , et se montra tel qu'on l'avoit toujours vu.

En montant sur la charrette , il adressa la parole à un des guichetiers avec lequel il avoit eu une sorte de familiarité ; « Mon ami Rivière , lui dit-il , il faut que nous buvions un verre de kersvaser dans ta tasse, sans quoi je t'en voudrois jusqu'à la mort. » Rivière apporta la liqueur , et Gosnay parut la boire avec plaisir. En traversant la cour du palais , quelques personnes le poursuivoient par des huées : il leur répondit froidement : « F........ lâches que vous êtes, vous m'insultez! Eh! iriez-vous à la mort avec autant de courage que moi ? »

Arrivé au pied de l'échafaud, il s'écria : « Me voilà donc arrivé où j'en voulois venir! » Et il livra tranquillement sa tête à l'exécuteur.

Lorsque Manuel arriva à la Conciergerie, tous les prisonniers le virent avec horreur et le regardèrent comme un des auteurs des journées du mois de septembre. Lorsqu'il monta au tribunal, pour être interrogé, un grouppe de prisonniers s'approcha de lui et le poussa, malgré les gendarmes qui l'escortoient, vers un pilier encore teint du sang des victimes égorgées lors de ces terribles évènemens. Un des prisonniers élevant la voix avec force, lui dit : « Vois le sang que tu as fait répandre. » Manuel condamné à la mort, et repassant par la même cour, au-lieu de plaintes sur son sort, n'entendit que des *bravo* et des applaudissemens réitérés.

Lorsque Biron descendit du tribunal, il salua les prisonniers avec cette dignité chevaleresque qui n'appartenoit qu'à l'ancienne cour des rois de France, et leur dit : « Ma foi, mes amis, c'est fini, je m'en vais. »

Bailly venoit de paroître au tribunal pour la première fois; son jugement avoit été remis à une autre séance ; ceux qui s'intéressoient à son sort lui demandèrent s'il avoit été jugé ; Bailly répondit en se frottant les mains : « Petit bonhomme vit encore. »

Lorsque Lamourette fut condamné, il soupa avec ses camarades de chambre, il soutint presque à lui seul la conversation ; il parla avec enthousiasme de la Divinité et de l'immortalité de l'âme. Quelqu'un s'attendrissoit sur sa destinée : » Eh ! Quoi, lui dit-il, qu'est-ce donc que la mort ? Un accident auquel il faut se préparer. Qu'est-ce que la guillotine ? Une chiquenaude sur le cou. »

En général, la vie des prisonniers étoit très-peu active. Les seuls amusemens auxquels ils se livroient étoient les cartes, les dames et le trictrac. Toute espèce d'instrument étoit prohibée. On y fumoit, on chantoit, on se faisoit des niches ; on lisoit et l'on passoit le tems. Les bourdonnemens continuels de la prison étourdissoient singulièrement.

J'ai resté six mois à la Conciergerie en proie aux plus horribles anxiétés ; j'y ai vu le tableau mouvant des nobles, des prêtres, des marchands, des banquiers, d'hommes-de-lettres, d'artisans, de cultivateurs et de sans-culottes. La faulx du tribunal sanguinaire en a moissonné les 99 centièmes. C'est dans la classe des nobles que j'ai vu plus de contre-révolutionnaires, partisans de la royauté, pleurant sur la tombe de Capet, et appelant l'ancien régime à grands cris. J'ai vu des prêtres fanatiques et ignorans, je les ai plains; j'en ai vu de contre-révolutionnaires, cette engeance est horrible. J'ai vu des curés respectables qui disoient leurs bréviaires en se couchant, qui ont exercé dans leurs villages des actes de vertu et de bienfaisance; ils me parloient des miracles du Christ, et je souriois. J'ai vu des marchands et des banquiers qui avoient reçu leur acte d'accusation, et qui, avant de se mettre au lit, faisoient le relevé de leurs capitaux, compulsoient Barrême, et faisoient des règles de compagnie. J'ai vu des sans-culottes, excellens patriotes, chauds révolutionnaires, sacrifiés à des haînes obscures : leur mort m'a arraché des larmes de sang. J'ai vu des cultivateurs dire leurs prières matin et soir, se recommander à la bonne Vierge-Marie, faire le signe de la croix lorsqu'il tonnoit, détester les brigandages de leur seigneur émigré, bénir la révolution, mais ne vouloir pas entendre parler du curé *intrus*, regrettant les messes, les sermons et les prônes du *réfractaire*. O Voltaire! Rousseau! Mes divins maîtres! vous ne les auriez pas fait guillotiner; vous leur eussiez fait un cathéchisme de la raison, et ils eussent été bons citoyens.

J'ai vu des jeunes gens bien étourdis, bien écervelés; pirouétter avec grâces, entre deux guichets, chanter avec goût l'ariète du jour, et faire des épigrammes sur le gouvernement actuel. O Montesquieu! Tu ne les aurois pas fait guillotiner; quelques mois de détention auroient rasséréné leurs sens; ils auroient pu devenir de bons époux, et la Patrie les auroit compté parmi ses enfans.

Je m'arrête....... Ici finit mon travail. Cœurs sensibles, n'approchez pas de la Conciergerie. Magistrats du peuple, parcourez ces lugubres enceintes; ce ne sont pas des animaux qui les habitent, ce sont des hommes.

L U X E M B O U R G.

Le Luxembourg, où l'on renferma d'abord les députés prévenus de fédéralisme, ne devint prison pour les autres citoyens qu'au 20 Vendemiaire, époque à laquelle on y conduisit des Anglais et des Anglaises. C'est par ces étrangers que fut reçu le brillant contingent des suspects de la section de Grenelle. Des enfans, des adolescens, quelques ci-devant dames du haut parage, traînant à leur suite de fringantes femmes-de-chambre ; des nobles avec leurs domestiques, et quelques plébeiens honnêtes et pauvres arrivèrent au nombre de près de 50, sur les dix heures du soir, à la lueur d'une quantité prodigieuse de flambeaux, escortés par un bataillon entier, après avoir traversé à pied les rues de Paris processionnellement.

Le concierge, nommé Benoît, septuagénaire, plus respectable encore par ses vertus que par son âge, les reçut avec humanité ; il n'avoit pas de lits à leur offrir, mais on voyoit qu'il souffroit plus encore que ceux auxquels il ne pouvoit présenter que les quatre murailles.

Chacun se prête un mutuel secours ; les blouses, les redingottes et manteaux servent de matelas pour reposer la chair délicate des dames, et le gentilhomme se trouve fort heureux de bivouaquer sur une chaise à côté du sans-culotte.

Dès le lendemain chacun reçut son lit de sangles, son matelas, de l'épaisseur d'une omelette soufflée, et le traversin économique.

A mesure qu'il arrivoit de nouveaux pensionnaires, le sensible Benoît les conduisoit vers ceux qui par leur profession, leur pays, leur caractère, leur section ou leur âge sembloient promettre au détenu une société plus agréable. Déjà se formoient les connoissances, déjà les petits comités se resserroient dans un cercle plus étroit : l'amour avoit le plus de part dans le choix des sociétés.

Les Anglaises, moins vives, mais aussi tendres que les Françaises, se rangèrent à leur tour sous les drapeaux de la galanterie ; les petits vers, les couplets, le jeu, la médisance et la musique, remplissoient les journées. Par fois cependant on étoit interrompu par la visite des municipaux, qui n'étoient rien moins que damoiseaux. Marino, administrateur de police, ensuite juge à Commune-Affranchie, et depuis guillotiné à Paris, ne se permit-il pas un jour de dire au cercle assemblé : « Savez-vous ce qu'on répand dans le public ? .... Que le

Luxembourg est le premier B. ......de Paris; que vous êtes ici un tas de P........... qui.......... et que c'est nous qui vous servons de M......»

Des oreilles délicates devoient être déchirées par des reproches aussi grossiers, mais il falloit se faire à tout. Cet administrateur étoit moins dur envers les citoyens peu fortunés; il y en avoit une douzaine d'engouffrés dans une espèce d'entresol qui jadis avoit servi de grenier à foin; quelques égrillards voulurent se donner le plaisir de s'amuser aux dépens de Marino : comme l'on sut qu'il alloit entrer, on ferma la fenêtre; la plupart se mettant à fumer, le cuisinier de semaine, un torchon sale devant lui, est chargé de recevoir l'administrateur, qui fait trois pas en arrières, tout saisi par l'odeur combinée du charbon, de la fumée des pipes et des haleines exhâlant l'ail; on l'introduit, on offre à ses yeux une méchante table fabriquée à la diable, sur laquelle étoit une cruche ébréchée, plus une bouteille qui servoit de chandelier; il veut sauter à la fenêtre pour ne pas étouffer, il s'embarrasse dans des matelas étendus par terre; il chancelle, il tombe; on l'invite à prendre sa part de pommes de terre qu'on faisoit frire au suif; il remercie, il s'attendrit, et finit par faire cadeau à la chambrée d'une cuiller à pot en bois, et presque neuve, qui avoit écumé le pot du vieux Syllery : les petits présens en retiennent l'amitié.

La publicité de certaines aventures galantes,
la luxure de quelques dames, parmi lesquelles
il faut compter la citoyenne d'Orm..... qui se
payoit avec usure de quelques années d'une abs-
tinence forcée, fit prendre à l'administration de
police le parti de séparer les deux sexes. Un jeune
homme du dehors s'étoit, à prix d'argent, ouvert les portes de la prison, et caché derrière
un paravent, seule barrière à la curiosité indiscrète, il goûtoit tranquillement en plein jour,
dans les bras de sa maîtresse, les plaisirs de l'a-
mour. La dame surprise en flagrant-délit, feint
de se fâcher, jette les hauts cris, se dit frappée,
crie au viol et s'évanouit. Pendant cette scène,
l'Adonis s'échappe avec la légéreté d'un trait,
et se fait ouvrir le guichet à la faveur d'argumens
que le bon Bazile appelloit jadis irrésistibles.

Cependant le Luxembourg se peuploit ; tous
les jours on voyoit arriver des légions de citoyens
de Paris, arrachés à leur commerce et à leur
famille : on les traînoit à travers les rues, on
les peignoit au peuple sous les traits les plus noirs ;
et c'étoit pour la plupart des malheureuses victimes de la vengeance ou de la scélératesse.
Ils entendoient retentir autour d'eux les cris funèbres : « à la guillotine », et arrivoient à demi morts au Luxembourg, où ils étoient tout
étonnés de trouver un concierge humain et sen-

sible qui prévenoit leurs besoins et cherchoit à deviner où il pourroit les placer pour qu'ils fussent plus avantageusement. Chaque arrivant étoit d'ordinaire conduit dans la chambre de ses co-sectionnaires. Il trouvoit en eux des camarades, des amis, et des frères. L'on vivoit ensemble dans la plus étroite union ; chacun à son tour balayoit la chambre, alloit à l'eau, faisoit la cuisine ; les frais étoient tous en commun, et chacun payoit son écot, qui, tout compris, n'excédoit pas 40 sols par jour.

Un citoyen étoit-il trop pauvre pour subvenir à sa subsistance, le bon concierge prévenoit presque toujours une demande qui pouvoit l'humilier et chargeoit un ci-devant d'y pourvoir. Une chose assez plaisante, c'est que ces messieurs estimoient leur fortune réciproque dans la maison, par le nombre des sans-culottes qu'ils nourrissoient, comme ils faisoient jadis dans le monde par le nombre de leurs chevaux, de leurs maîtresses, de leurs chiens et de leurs laquais. En général, la noblesse faisoit bande à part ; elle se familiarisoit peu avec les citoyens des sections de Paris, les rues de l'Université, de Grenelle, Saint-Dominique, qui étoient en masse au Luxembourg, conservoient l'étiquette la plus rigoureuse ; on se traitoit de « M. le prince, M. le duc, M. le comte, M. le marquis ; »

on faisoit salon avec gravité, et on disputoit métho.liquement sur les pas et les visites.

Les républicains s'amusoient entr'eux de ces ridicules grimaces, se mocquoient de leurs préjugés, mais n'ajoutoient pas par l'insulte aux maux de leur détention.

Ce n'est pas ainsi qu'en agissoit Vincent (1). Ce petit homme violent et emporté les injurioit tous de but en blanc. Quand on amena le général O-Hara et plusieurs autres prisonniers de marque, tant Anglais, qu'Espagnols, il entra en fureur contr'eux, et, après les avoir accablés d'injures, il les auroit frappés, sans la contenance ferme des gendarmes. Son épouse avoit la permission d'entrer et de le voir. Un jour qu'assise sur son lit, elle l'entretenoit tout bas de ses affaires, il saute à terre, en écumant de rage, prend un couteau, et courant à un gigot cru et saignant qui étoit suspendu à la fenètre, il en coupe une tranche et la dévore, en disant : « Que ne puis-je ainsi manger la chair de mes ennemis ! » Hébert venoit souvent le voir, et tous les jours de nouvelles députations, tant des sociétés populaires que des comités révolutionnaires, venoient le

____

(1) Secrétaire-général de la guerre, âgé de 22 ans, d'un patriotisme fougueux, digne accolyte des terroristes et guillotiné lors d'une réaction. Il en sera parlé dans d'autres volumes. *Note de l'Editeur.*

consoler et s'enivrer avec lui. Enfin il partit
au bruit des instrumens et des chants de victoire
d'une députation nombreuse, qui le porta en
triomphe chez lui. Il laissa dans la prison un
scélérat associé aux projets sanguinaires qu'il
avoit formés avec Hébert ; c'étoit Savard, d'horrible mémoire, qui reçut à bras ouverts les
Grammont, Duret et Lapalu, chargés dès-lors
de l'exécration publique. Grammont, peu content d'avoir assassiné à Versailles les prisonniers d'Orléans, eut l'horreur de se vanter en
plein café, au Luxembourg, d'avoir bu dans
le crâne de l'un d'eux. Il avoit élevé son fils
dans ses principes atroces, et ce monstre étoit
encore plus féroce que son père ; l'un et l'autre
étoient officiers de l'armée révolutionnaire.
Duret, qui étoit adjudant-général, avoit fait
ses preuves avec Lapalu, qui déclara n'avoir
fait périr que sept-mille hommes dans les départemens environnans Commune-Affranchie,
où cet antropophage faisoit tout-à-la-fois les
fonctions de dénonciateur, de témoin, d'accusateur, de juge et de juré ; il ajoutoit, il est vrai
qu'il y avoit dans ces départemens 400,000
têtes fédéralistes qu'il auroit pu faire couper avec
la même facilité, pour peu qu'il eut aimé à verser le sang. Digne héritier des projets de Vincent, ce scélérat qui portoit empreintes sur son

visage

visage la scélératesse et la férocité, devoit, en sortant de sa prison, faire égorger la plupart de ses compagnons d'infortune. Déjà l'on faisoit des listes, déjà plusieurs détenus avoient été sondés sur les motifs de leur arrestation ; on prenoit leurs écrous, on donnoit des espérances aux uns, on menaçoit ouvertement les autres. Il s'étoit entouré de tous ceux qui lui paroissoient capables de seconder ses infâmes desseins ; mais la guillotine l'arrêta au milieu de sa carrière ; ce qui réjouit singulièrement les habitans du Luxembourg.

Une quarantaine de malheureux pères de famille, cultivateurs ou artisans, avoient été envoyés par Lapalu dans les prisons de la Conciergerie. Dans cet affreux séjour, manquant de tout, sans ressources, sans connoissances et sans secours, ils étoient pour la plupart tombés malades. On les transféra au Luxembourg, et dès le premier jour, deux périrent par le manque de soin et la fatigue du transfèrement. Il se fit aussi-tôt une collecte dans la maison. Tous furent, en moins de vingt-quatre heures, habillés, couchés, chauffés et nourris On eut le plus grand soin des malades ; mais on avoit beau faire, il en mouroit toujours de tems à autre, tant ils avoient été maltraités. Quand on annonçoit la mort de l'un d'eux à leur persécuteur, il répondoit avec un air farouche : « Tant pis, c'en est un de moins pour la guillotine. »

Ce monstre, comme Robespierre et tous les autres scélérats, disoit toujours qu'on vouloit l'assassiner. Quelques jours avant son transfèrement, lui et sa clique infernale s'étoient enivrés ; ils se promenoient derrière les nobles, les insultoient par des apostrophes virulentes, et s'attachoient sur-tout à deux ou trois sociétés, où se trouvoient quelques jeunes femmes récemment arrivées avec leur mère ; enfin., pour ne point occasionner de trouble, elles furent contraintes de remonter tranquillement dans leur chambre.

Cette conduite contraria les projets de nos cannibales, mais ne les déconcerta point. Le jeune Grammont, qui jouait aux barres avec deux ou trois de ces brigands, se jettoit exprès à droite et à gauche sur ceux qui se promenoient dans la cour ; il avoit grand soin de ne renverser que des nobles et des vieillards. Ses complices l'encourageoient par leurs ris immodérés ; enfin il se trouve un homme qui ose lui faire d'honnêtes représentations sur sa brutalité. Grammont rit, et faisant une pirouette, lui tourne le dos. Un de ses consorts répond insolemment : « S'ils ne sont pas contens, on les transférera à Bicêtre. » Le jeune Lamarelle, fils du particulier, vivement affecté de voir son père si cruellement outragé, répliqua avec chaleur : « mon père est un honnête homme , et on n'enferme à Bicêtre que les coquins qui te ressemblent. » Le mot n'étoit pas lâché qu'il avoit déjà reçu trois ou quatre violens coups de poing sur le visage ; la figure en sang , les yeux hors de la tête , on l'arrache de leurs bras homicides. La dispute devenoit générale , l'indignation étoit peinte sur tous les visages , et ces assassins provoquoient les citoyens avec une insolence qui auroit eu des suites fâcheuses sans la présence subite de Danger , administrateur de police , qui, averti d'avance , attendoit l'évènement chez le concierge.

Chacun se plaignit de la conduite atroce des épauletiers ; Lapalu couvroit toutes les voix, et prétendoit que c'étoit à lui qu'on en vouloit, que l'on conspiroit contre sa personne, et qu'on vouloit l'assassiner.

Enfin, ce monstre délivra le Luxembourg de sa présence, et il alla attendre, à Saint-Lazare, avec ses autres complices, la juste punition de ses forfaits.

Depuis son exécution , les détenus paroissoient respirer plus librement. La joie et la confiance animoient tous les visages.

Un bien ne vient jamais tout seul : on vit arriver le président d'un comité révolutionnaire ; c'étoit un morceau friand pour des détenus.

Ce président étoit le riche Kalmer, juif et allemand d'origine, qui avoit abjuré sa religion par intérêt, et s'étoit fait révolutionnaire par spéculation. Ce millionnaire étoit en sabots, affublé d'un méchant bonnet rouge et couvert de haillons. Parmi ceux qu'il lui avoit plu de faire incarcérer au Luxembourg, se trouvoient deux frères pour la liberté desquels il ne demandoit que mille écus; ils furent lui rendre leurs visites. Il étoit innondé de flots sans cesse renaissans d'importuns complimens ; les uns lui demandoient : combien compte-t on d'étrangers ou de gens payés par eux dans le scomités révolutionnaires ? Un autre : combien en as-tu fait arrêter ? Un troisième : quel est maintenant, entre vous, le prix courant de la chair humaine ? Quelques-uns vouloient savoir combien se payoit une fausse dénonciation. On alloit jusqu'à lui demander si les juifs ne se regardoient pas actuellement en France comme en pays d'Egypte. D'autres, qui le connoissoient plus particulièrement, lui demandoient le prix de l'or et de l'argent, celui des femmes, et où il étoit en certaines circonstances critiques. Il répondoit, sans se déconcerter, qu'il étoit fondateur d'une société populaire, et qu'il avoit mis un comité révolutionnaire au pas. Il vouloit donner de l'argent aux deux frères, espérant qu'ils se tairoient par intérêt ; mais tout tourna à sa honte : honni et vilipendé, il eut la douleur de les voir sortir par ordre du comité de sûreté - générale , sans lui avoir compté les mille écus. Il avoit voulu d'abord se nourrir avec lésinerie, espérant se faire passer pour un véritable sans-culotte ; mais voyant qu'il n'étoit que trop connu , il donna dans un excès contraire. Tous les jours un âne chargé de provisions de toute espèce , arrivoit au Luxembourg, pour satisfaire ses appétits gloutons. Lorsqu'on s'avisa de mettre le malheureux âne en réquisition , le chagrin fut compensé par le plaisir qu'il eut de voir arriver celui qui l'avoit dénoncé au comité de sûreté-générale , et que son comité révolutionnaire faisoit mettre en prison , pour consoler et venger son cher président : mais , hélas ! les joies sont courtes ; le dénonciateur eut bientôt sa liberté, et Kalmer , ce sans-culotte à 200,000 livres de rentes , fut guillotiné pour intelligences avec les ennemis extérieurs.

Après lui, vint un certain bossu, jadis écrivailleur dans la chicane ; les uns sur sa seule inspection le garantissoient courtier d'espionage ; les autres avec plus de justice , le déclaroient septembriseur. Il n'eut pas d'autre nom dans la prison que le petit septembriseur, nom qui lui étoit à-peu-près indifférent. Il disoit un jour : « Au moins on ne m'accusera pas d'avoir volé. » Mais certain fournisseur de l'armée , qui avant la révolution n'avoit pas le sou vaillant, et qui disoit avoir donné plus de 100,000 livres à la nation, crut que c'étoit une épigramme lancée contre lui : il se fâcha, s'emporta. « Mon camarade, lui disoit l'autre, je n'ai point eu intention de t'insulter, ni toi, ni tes confrères. » Enfin, on les appaisa et ils s'embrassèrent : les loups ne se mangent pas.

Mais ces petites jouissances n'étoient rien en comparaison de la joie que causa la nouvelle de l'arrestation de Hébert, Vincent et Momoro. Déjà les détenus se félicitoient tous de n'avoir plus à redouter un nouveau 2 septembre ; déjà ils croyoient toucher au moment heureux où la justice nationale alloit examiner les dénonciations, et rendre à leurs familles les citoyens innocens et patriotes. L'espérance renaissoit dans tous les cœurs consternés. On vit arriver à son tour le fameux Chaumette. Ce n'étoit plus ce redoutable procureur de la commune, la terreur des filles de joie ; c'étoit tout bonnement un individu tout honteux, aux cheveux plats et luisans. Semblable au renard surpris dans des filets, il portoit la tête basse, son œil étoit morne et baissé, sa démarche lente et mal assurée, sa contenance triste et douloureuse, sa voix douce et suppliante. On ne pouvoit l'entrevoir d'abord que par une chattière ; chacun

s'empressoit d'y courir ; enfin on ouvrit les corridors , et les députations ne lui furent point épar-
gnées. Parmi les divers complimens qui lui furent
faits , on distingua celui d'un certain original qui
lui dit, avec la gravité d'un sénateur romain :
« Sublime agent national , conformément à ton
immortel réquisitoire , je suis suspect, tu es suspect. » Puis montrant un de ses camarades : « Il
est suspect , nous sommes suspects , vous êtes suspect , ils sont tous suspects. » En lui faisant une
profonde révérence , il se retire avec ses camarades et fait place à une autre députation. Ce
premier choc étant passé , Chaumette tout étourdi ,
n'osoit descendre dans la cour dont les détenus
jouissoient depuis un mois environ. Mais on le
rassura en lui disant qu'il n'avoit à craindre que quelques plaisanteries auxquelles un homme d'esprit
comme lui , pouvoit toujours répondre avec avantage. Il se rassura un peu, et cependant craignant
quelques huées générales , il ne vint que jusqu'au
café. Là il se disculpa de son réquisitoire sur les
gens suspects , avec une douceur, une sensibilité qui sembloit annoncer le cœur le plus pur et
le plus vertueux. Quelqu'un lui reprocha son réquisitoire sur le recrutement pour la Vendée. « Tu
demandois , disoit - il , qu'on choisit de préférence les clercs de notaires ou d'avoués , les mo-
dérés, les muscadins et les aristocrates, en y

mêlant quelques patriotes clair-semés. Tu savois pourtant mieux que personne qu'aucun citoyen ne voudroit partir ni comme aristocrate , ni avec des aristocrates ; tu savois mieux que personne , qu'envoyer des contre-révolutionnaires pour combattre des contre révolutionnaires , c'étoit doubler criminellement leur nombre et leurs ressources. Qu'est - il arrivé de ton réquisitoire ? C'est qu'au lieu d'inspirer à la jeunesse française les élans sublimes du patriotisme et de la valeur, tu l'as abreuvée de rebuts et de dégoûts. Les jeunes gens sont restés chez eux , et c'est l'argent à la main qu'on s'est procuré des héros de 500 liv., qui , après avoir exercé sur leur route toutes sortes d'horreurs , passèrent en partie du côté des rebelles, ou revinrent à Paris faire le même commerce. C'est encore toi qui insultois les volontaires de la première réquisition ; c'est toi qui disois qu'ils n'avoient point le corps velu ni les bras chargés de poil ; qu'ils n'étoient bons qu'à être mis à la bouche du canon, etc. etc. Tu as tout fait pour exciter du mouvement dans Paris , en aigrissant ainsi ceux qui alloient verser leur sang pour la défense de leur patrie et de leurs magistrats. « Il fit, à cette inculpation , une réponse précieuse à recueillir. Il dit que , trompé par les exagérations de quelques malveillans , il s'étoit figuré que les jeunes gens de Paris ne parti-

roient pas sans peine, vu qu'ayant été élevés
mollement et délicatement , ils ne devoient pas
être très-braves ; qu'ainsi, crainte de mouvement ,
il étoit prudent d'indisposer le peuple contre eux.

« Au surplus , ajoutoit-il , j'ai bien réparé mon
erreur , car c'est moi qui ai le plus contribué à
faire juger et innocenter les jeunes gens arrêtés
aux Champs - Elisées ; et si j'ai , en effet , affligé la jeunesse parisienne , si j'ai , sans le vouloir , compromis son honneur , je lui en demande
un pardon solemnel. Eh ! mes amis , quel est
celui qui ne se trompe pas quelquefois ? »

Le citoyen Cousin lui demanda s'il ne s'étoit
pas aussi trompé , lorsque pressé par un peuple
immense qui demandoit des subsistances à une
municipalité également perfide et ignorante , il
avoit fait un réquisitoire pour qu'il fut mis deux
gendarmes chez un citoyen qui , depuis un an ,
avoit rendu ses comptes , et qui venoit de quitter
son lit , où il étoit depuis trois mois pour voler au
secours de ses concitoyens , menacés de la fa-
mine , et se rendre au vœu des administrateurs ,
qui ne savoient plus où donner de la tête. « Je
connoissois ton intègre probité , lui répondit
Chaumette , je savois bien que tes comptes
avoient été vérifiés et appurés , mais enfin nous
étions fort embarassés , il falloit bien trouver un
moyen de satisfaire le peuple , qui étoit alors

C 5

fort agité ; et je n'ai pas trouvé d'expédient plus favorable que de mettre les scellés et des gardes chez tous ceux qui depuis 1789, avoient administré les subsistances. — Grand merci de l'expédient, répliqua Cousin ; je ne suis pas riche, et pour te tirer d'embarras, je me serois bien passé de dépenser cent pistoles à payer les gardes qu'il t'a plu de faire mettre chez moi.»—Quant à notre converti, voyant que l'on n'avoit pas grand foi à sa contrition, il resta dans sa chambre, n'ayant pour toute société que quelques Hébertistes.

Un hypocrite bien plus adroit, mais qui ne se fit pas plus de prosélites, arriva, au grand étonnement de tous les détenus, qui le regardoient comme l'un des agens les plus affidés de Robespierre. C'étoit le Tartuffe - Lulier. Il refusa, crainte de se compromettre, de loger dans la chambre de son frère Chaumette ; il coucha dans celle d'un citoyen fort riche, fort généreux, et qui, par là-dessus, joignoit le mérite d'avoir dans sa cave les meilleurs vins de Paris. Lulier prétendoit qu'un homme comme lui ne devoit pas rester six heures en prison. Il ne parloit que des services qu'il rendoit au public et aux particuliers ; que de la délicatesse de ses sentimens, de la sensibilité de son cœur, de sa tendresse pour sa femme et sa fille. A l'entendre, il n'avoit pas fait faire une seule arrestation ; son âme étoit déchirée de voir tant d'innocentes victimes (il y en avoit seulement au Luxembourg une quarantaine de sa section). Ceux qui le connoissoient, voyoient clairement que le patelin en vouloit au vin de Dumoulin, citoyen humain et sensible, et qu'il jouoit les sentimens pour s'attirer ses bonnes grâces, comme il avoit joué le patriotisme pour se donner une place bien lucrative. Voyant toutefois que les lettres qu'il écrivoit à Robespierre restoient sans réponse, la terreur par laquelle il avoit voulu régner, régna sur son âme consternée. Les larmes étoient sa seule ressource. Il ne voyoit aucun de ses co - sectionnaires ; mais en revanche, quand il ne pleuroit ni ne buvoit, il étoit à faire sa cour au ci-devant duc de Gèvres, et il inspiroit à tous les détenus le mépris et la pitié. Enfin il alla porter à Pélagie son fougueux désespoir ; et là, dans l'un de ses accès, il se punit par sa propre main de ses fourberies et de ses crimes. Il étoit encore au Luxembourg, lorsqu'on annonça que Danton, Lacroix, Philippeaux et Camille-Desmoulins, étoient chez le concierge. Réal étoit arrivé la même nuit, et avec sa gaîté ordinaire, il leur disoit qu'ils seroient probablement de la même chartetée, qu'ils joueroient les premiers rôles, tandis que lui, victime obscure et inconnue, son nom ne passeroit pas même à la postérité. Il vit que Camille avoit apporté des livres sombres et mélancoliques, tels que les *Nuits d'Young*, et *les Méditations d'Harvey*. « Est-ce que tu veux mourir d'avance, lui dit Réal ? Tiens voilà mon livre, moi, c'est la Pucelle d'Orléans. » Quand Lacroix parut, Héraut-Sechelles quitta sa partie de galoche (1), pour aller l'embrasser. Simon en fit autant. Ce dernier n'étoit pas aussi bien vu que son collègue ; on lui reprochoit d'avoir dit à la Convention qu'il falloit que les détenus allassent grossir le limon de la Loire ; d'ailleurs il étoit prêtre, et il conserva, tant qu'il fut au Luxembourg, la dénomination de Simon-Limon.

A son arrivée, Lacroix ne parla point ; les ci-devant jouissoient infiniment ; et l'un d'eux, appellé Laroche-du-Maine, qui étoit fort goguenard, dit, en le voyant passer : « Voilà de quoi faire un beau cocher. » Camille et Philippeaux n'ouvrirent pas la bouche ; mais quand on conduisit Danton, il dit, en affectant un rire forcé : « Quand les hommes font des sottises, il faut

---

(1) Les prisonniers, pour passer le tems, s'amusoient à jouer à la galoche, c'est-à-dire qu'on mettoit sur un bouchon de liège des pièces de monnoie qu'on essayoit d'abattre avec des gros sous.

savoir en rire...... Je vous plains tous, si la raison ne revient pas promptement : vous n'avez encore que des roses. » Puis, rencontrant Thomas Payne, il lui dit bon jour en anglais, et ajouta : « Ce que tu as fait pour le bonheur et la liberté de ton pays, j'ai en vain essayé de le faire pour le mien ; j'ai été moins heureux, mais non pas plus coupable..... On m'envoie à l'échafaud : eh bien, mes amis, j'irai gaiement. » Quand ils furent chacun dans leur chambre, il se trouva qu'il n'y en avoit qu'une entre celle de Danton et Lacroix, en sorte qu'ils pouvoient se parler, mais qu'ils étoient obligés d'élever la voix, de manière à être entendus de beaucoup de détenus.

Oh ! si j'avois su qu'ils vouloient m'arrêter, s'écrioit Lacroix. — Je le savois, répliqua Danton, on m'en avoit prévenu, et je n'avois pu le croire. — Quoi ! Danton étoit prévenu, et Danton s'est laissé arrêter ! C'est bien ta nonchalance et ta mollesse qui t'ont perdu. Combien te l'a-t-on prédit de fois ? »

Le général Dillon (1) vint plusieurs fois pour parler à Lacroix ; mais comme il touchoit pres-

____

(1) Ce général buvoit beaucoup, et quand il n'étoit pas ivre, il jouoit au trictrac.

que à sa fenêtre, et qu'il avoit grand soin d'écarter les curieux, on n'en entendit rien. Quand les députés reçurent leur acte d'accusation, Camille remonta en écumant de rage, se promena à grands pas dans sa chambre; Philippeaux, sensiblement ému, joignoit les mains, regardoit le ciel; Danton revint en riant, et plaisanta beaucoup Camille - Desmoulins : rentré dans sa chambre: « eh bien, Lacroix, qu'en dis-tu?»-Que je vais me couper les cheveux pour que Samson n'y touche pas. Ce sera bien une autre cérémonie quand Samson nous démentibulera les vertèbres du cou. — Je pense qu'il ne faut rien répondre qu'en présence des deux comités? — Tu as raison, il faut tâcher d'émouvoir le peuple.

Quand ils partirent pour le tribunal, Danton et Lacroix affectèrent une gaîté extraordinaire ; Philippeaux descendit avec un visage calme et serein ; Camille-Desmoulins avec un air rêveur et affligé. Il dit, avant d'entrer chez le concierge : «je vais à l'échafaud pour avoir versé quelques larmes sur le sort des malheureux ; mon seul regret, en mourant, est de n'avoir pu les servir.» Delaunay d'Angers partit sans même lever les yeux ; Fabre-d'Eglantine étoit excessivement malade, on l'aida à se traîner jusqu'à la fatale voiture. Bazire partit avec Hérault-Sechelles, qu'il embrassa plusieurs fois avec affection. Ce dernier, qui n'avoit point du tout été mis au secret, s'étoit promené tranquillement dans la cour environ deux heures, en attendant qu'on le vint chercher pour le tribunal. Il fit ses adieux à ses connoissances comme s'il les quittoit pour aller à une partie de plaisir. Son domestique, éploré, fondoit en larmes; il l'invita à prendre courage, et consoloit tous ses amis. Quant à Chabot, il étoit transféré depuis quelques jours à l'infirmerie de la Conciergerie : il s'étoit procuré au Luxembourg du sublimé corrosif, et la douleur lui ayant arraché des cris qui donnèrent l'alarme dans la maison, on prolongea sa vie et ses souffrances. Au milieu de ses tourmens, il ne parloit que de son ami Bazire : pauvre Bazire, qu'as tu fait ? s'écrioit-il, etc.

Dillon recevoit deux fois par jour des nouvelles du tribunal. L'on formoit, on ne sait pourquoi, dans la maison, des vœux ardens pour Camille-Desmoulins. Le sur-lendemain tous les détenus sont consignés dans leur chambre, toutes communications avec l'intérieur et l'extérieur sont interdites, la circulation des journaux est interceptée, et chacun attendoit dans le silence et l'effroi, les motifs d'une consigne aussi rigoureuse.

On apprit bientôt que Laflotte avoit dénoncé au comité de sûreté-générale un complot tramé par Simon et Dillon. Les papiers publics en ont parlé dans le tems. Les prisonniers demandèrent avec instance, aux administrateurs de police, le transfèrement de ces deux prévenus de conspiration, dans une autre maison d'arrêt, espérant qu'après, les rumeurs se calmeroient, qu'on leur rendroit la cour, où ils ne pouvoient plus se promener, la faculté d'écrire à leurs parens, et de lire le journal du soir, comme par le passé. Chaumette, Simon, Dillon et autres, furent transférés et même guillotinés ; mais les mesures, au-lieu de s'adoucir, devinrent de jour en jour plus vexatoires et plus tyranniques.

Une calamité inattendue vint tout-à-coup porter l'alarme et la douleur dans le cœur des détenus ; c'étoit l'arrestation du concierge. Cet homme sévère, mais compatissant, étoit véritablement précieux aux malheureux. Septuagénaire, père de six enfans, connu par son intacte probité, sa disgrâce devoit affliger toutes les âmes honnêtes et sensibles. Le citoyen Lenain, homme puissamment riche, et qui venoit de marier sa fille à l'un des fils d'un ci-devant garde-du-corps nommé Saint-Cry de Monplaisir, détenu lui-même au Plessis, lui avoit remis dans la matinée un dépôt en or, qu'un autre ci-devant avoit caché et dont il lui avoit révélé l'endroit avant que d'aller au supplice. Benoît donne un

reçu à Lenain, et prévient de suite l'accusateur public, tandis que Lenain, plus avide de sa
liberté que d'argent, envoye le reçu au comité
de sûreté-générale et tâche de se prévaloir de
sa dénonciation pour obtenir son élargissement.
Le soir même Benoit est arrêté, les scellés ap-
posés chez lui; sa famille éplorée, vient faire
aux détenus ses tristes adieux. Chacun étoit dans
la désolation, et croyoit avoir perdu un ami ou
un père. Un seul homme se réjouissoit au milieu
de la consternation générale; c'étoit le fameux
Brichet (1), ci-devant valet chez la Polignac,
et qui depuis, fidèle à ses anciens maîtres, travailloit avec succès à faire abhorrer notre
révolution, en persécutant et faisant emprison-
ner les patriotes vertueux. Il ne devoit pas
trouver beaucoup d'amis dans le Luxembourg
où ses victimes et sa réputation l'avoient devancé. Il n'est point d'humiliations qu'il n'ait
éprouvées. Il étoit venu, selon l'usage de ses
pareils, en sabots, et en bonnet rouge. Après
avoir essuyé les huées de tous les détenus,
il alla chez le concierge; il vouloit que ce
brave homme mît dans un cachot et au secret
quiconque l'appelleroit monsieur Brichet. Le

____

(1) Il a été guillotiné comme Hébertiste.

concierge se contenta d'inviter les détenus à respecter le malheur dans tous les individus ; et lui conseilla de monter à sa chambre, ce qu'il fit, en jettant sur Benoît et les détenus un regard furieux et menaçant. Mais ceux-ci, sans s'effrayer, lui crioient encore : « Adieu, monsieur Brichet. » Cette qualification lui étoit resté ; il prétendoit que c'etoit la faute du concierge, et monsieur Brichet ne pardonnoit rien.

Quelques jours après l'arrestation de Benoît, arriva la fameuse visite (Mot honnête pour quelque chose qui ne l'étoit guère). Chaque détenu, à son réveil, trouva à sa porte une ou plusieurs sentinelles. Un administrateur de police, Polonais d'origine et savetier de profession, nommé Wilcheritz (1) , vint signifier l'ordre de ne point communiquer. Les détenus se crurent à la veille d'un nouveau 2 septembre ; déjà ils se faisoient leurs adieux et se préparoient à la mort. Mais on ne vouloit cette fois que les dépouiller. Argent, bagues, assignats, argenterie, bijoux,

____

(1) Il a été guillotiné comme complice de Robespierre. Il faut remarquer que ce dernier avoit à sa solde une infinité d'étrangers , qu'il avoit placés dans les administrations. Le maire Fleuriot étoit Autrichien.

boucles, nécessaire ; ensuite les rasoirs, couteaux , canifs, ciseaux , fourchettes , clous ,
épingles , etc. (1). Ils entassoient tout ce qu'ils
prenoient dans une chambre, et n'en faisoient
qu'un paquet qu'ils cachetoient, sans en faire
l'inventaire. Dans tous ces momens de crise , il
n'étoit point permis de recevoir ni de renvoyer
ni linge , ni provisions, de façon que la majeure
partie de ce qui étoit envoyé se trouvoit égaré.
Cette opération dura trois jours entiers ; mais les
deux derniers ne furent pas aussi lucratifs que
le premier; on en devine aisément la raison.
Les inquisiteurs reçurent même quelques plaisanteries qui les fâchèrent beaucoup. Dans une
chambre, un citoyen , après leur avoir abandonné son porte-feuille , s'en croyoit débarrassé ; on lui demande sa bague ; quoi repritil, vous donnez donc aussi dans la jouaillerie ? On lui demande ses boutons de manche,

---

(1) Le général O-Hara ne fut pas exempt de ces perquisitions, et s'y prêta même de bonne grâce. Quand il
fut dépouillé , il dit à Wilcheritz : « Monsieur l'administrateur , j'ai une grâce à vous demander , c'est qu'aucun français n'entre dans ma chambre. » Il parloit un
jour de la liberté de la presse à un prisonnier , et disoit : « En Angleterre nous pouvons écrire : le roi Georges,
il est fou ; mais vous, ne pouvoir pas écrire : Robespierre,
il est un tigre.

ses boucles à jarretières , sa boucle à col , et ses boucles à souliers. Citoyens , répliqua-t-il , vous auriez plutôt fait de me dés-habiller. — Citoyen , répondit Wiltcheritz , la justice est juste , tout cela te sera rendu à la paix , je t'en réponds. Parisau (1) leur dit : « Citoyens je suis désolé, vous arrivez trop tard : j'avois bien ici 300 liv. , mais un citoyen vous a devancé , et me les a déjà dérobés : je desire que vous soyez plus heureux ailleurs ; cependant comme on m'a dit que vous laissiez 50 liv. et que je n'en ai que 25 , s'il vous plaisoit de parfaire la somme ? — Oh non , citoyen. — J'entends , vous ne venez pas pour prendre. Il est malheureux qu'il y ait ici des citoyens plus actifs que vous. Au surplus , en suivant la marche que vous prenez , vous n'y perdrez rien , et tout rentrera dans vos mains. Vous êtes un océan auquel vont se joindre toutes les petites rivières. — Vous êtes bien honnête, répartit le Polonais ; mais ce n'est pas des complimens dont nous sommes en recherche aujourd'hui. »

---

(1) Auteur connu par plusieurs pièces dramatiques. Quelques jours après la mort du tyran , on vint au Luxembourg pour lui apporter la liberté ; le malheureux avoit péri dans une des masses ordonnées par Robespierre.

Ils voulurent enlever dans une chambre une caffetière d'argent : le propriétaire pour la conserver, disoit qu'elle étoit de métal Anglois, et qu'il l'avoit eue d'occasion. « C'est possible, répliqua l'un des administrateurs, car j'en ai une à la maison toute semblable ». — Qui vous est venue d'occasion, repartit le propriétaire. « Que vous importe répliqua l'administrateur en rougissant ? » — Ne vous fâchez pas, citoyen, vous ne seriez pas le premier homme en place qui auriez eu des faiblesses ».

On avoit laissé aux horlogers, aux tailleurs, aux cordonniers et aux graveurs, les outils nécessaires à leur état. Les perruquiers recevoient chaque matin leurs rasoirs, et les remettoient le soir à un guichetier.

Ainsi, chacun pouvoit encore travailler librement à son état ; il étoit enjoint seulement aux perruquiers de ne prendre que cinq sols par barbe ; mais chacun continuoit de payer selon ses facultés ; Laborde payoit la sienne dix liv., les ci-devant n'étoient pas aussi généreux, mais il ne payoient pas au *maximum*.

Privés de toute communication, de toute nouvelle, de toute espérance d'être jugés, on demandoit à Wilcheritz les journaux, la cour et les moyens de se justifier ; sa réponse éternelle étoit : « Patience la justice est juste : ce durement ne peut pas durer ; patience ».

— Patience, lui répliqua-t-on un jour, c'est la vertu des ânes, et non celle des hommes.
— » Tu n'es donc pas républicain, répondit-il, avec une présence d'esprit admirable. »

Chacun se mit à rire de l'à-propos, et, par compagnie, il se mit aussi de la partie; et, riant aux éclats, croyoit avoir dit la chose du monde la plus spirituelle.

Le bruit se répandit que les commissions populaires tant promises alloient bientôt être en activité au Luxembourg. La joie des patriotes étoient inexprimable : on embrassoit le concierge, homme nul, qui avoit succédé à Benoît, et dont on avoit plus à se plaindre qu'à se louer, moins à cause du mal qu'il faisoit lui-même, qu'à cause des vexations dont il permettoit à un scélérat nommé Verner, d'accabler les détenus.

Les patriotes s'attendoient à être vengés de la persécution par les commissions populaires ; les nobles et les prêtres ne voyoient pas cette institution avec le même enthousiasme.

La fête de l'Etre-suprême, la prise de Mons, servirent d'occasion aux prisonniers patriotes pour se réunir, et pour témoigner comme ils l'avoient fait, lors de la reprise de Toulon, leurs sentimens joyeux et républicains.

A la dernière fête, Wilcheritz s'étoit mis en

costume de représentation ; il avoit de grands souliers tout neufs avec de superbes boucles d'argent mises de côtée, de beaux bas de soie blancs ravalés, une large culotte de drap de soie noir, une longue veste de satin noir et un habit de taffetas rose ; sa tête étoit chargée d'une demi-livre de pommade et d'une égale quantité de poudre ; il tenoit avec grâce un énorme chapeau à la main gauche ; et de la droite, l'administrateur muscadin portoit une rose avec délicatesse, et l'enfonçoit successivement toute entière dans chacune de ses natrines.

« Comme vous voilà brave ! lui dit un républicain ; mais, en vérité, je crois que vos boucles.........et vous nous disiez, en prenant les nôtres, qu'un bon républicain n'en devoit pas porter.

— Tu ne vois pas, ajouta un autre camarade, que ces boucles-là ne sont pas d'argent : c'est une *composition Anglaise.*

— Ta composition disoit un autre malin, je la déclare suspecte ; est-ce que le citoyen auroit ça d'*occasion, par hasard ?*

Et tout le monde de rire, et d'applaudir.

« Votre hazard et votre occasion, répondit avec dignité Wilcheritz, sont autant de grossièretés ; au reste, je déclare, je donne ma parole d'honneur que je les avois avant la visite. »

—Oh ! Nous n'avons pas besoin de ce témoignage........ notre conscience étoit suffisamment éclairée , et d'ailleurs, il n'y a encore personne dans la maison qui les ait reconnues pour avoir été à lui. »—

C'étoit avec de pareilles plaisanteries que les détenus s'amusoient aux dépens du pauvre Wiltcheritz qui, au demeurant, n'aimoit pas la raillerie ; mais il ne mettoit pas son plaisir à tourmenter les individus, et ne faisoit qu'exécuter machinalement les ordres qu'on lui donnoit.

Les nobles , en général , se soucioient fort peu des concerts où l'on chantoit les victoires de la république ; très-peu s'y rendoient ; ils restoient dans leurs chambres , où ils fabriquoient à loisir des nouvelles qui circuloient ensuite dans la maison et servoient de pâture aux prisonniers, qui étoient absolument sevrés de journaux, seulement on passoit quelque-fois , par fraude , le *Courrier républicain* , et il n'étoit pas gai de lire en tête : « Jugement du tribunal révolutionnaire, qui a condamné à la peine de mort 30 , 40 , 50 , ou 60 conspirateurs. »

C'est à cette époque que le brave Benoît fut acquitté au tribunal révolutionnaire.

L'allégresse

L'allégresse étoit générale dans la maison , tous les détenus étoient au comble de leurs vœux, on eût dit d'une famille à laquelle un père étoit rendu ; chacun s'attendoit à le voir rentrer dans ses fonctions ; mais qu'elle fut la douleur des citoyens, lorsqu'ils virent leurs espérances frustrées ! Benoît, obligé de quitter le Luxembourg, son successeur expulsé , et l'ancien concierge de la cave des morts de Lyon, envoyé par le sanguinaire Couthon.

La consternation étoit générale : on sembloit prévoir les funestes évènemens qui ne tardèrent pas à avoir lieu.

Guiard (c'est le nom de cet homme féroce) étoit à peine entré dans la maison , qu'il inventa des vexations inconnues jusqu'à ce jour.

Il n'étoit plus permis de respirer l'air à la fenêtre, parce que deux malheureux s'étoient donné la mort en se précipitant du haut des toîts.

La nuit , des hommes armés de barres de fer , de sabres nuds, venoient avec deux ou trois chiens énormes éveiller tous les citoyens, leur faire sortir la tête du lit, les compter et les accabler d'outrages.

Il n'étoit plus permis de reposer ; les sentinelles avoient ordre de crier toute la nuit et sans interruption : « Sentinelles, prenez-garde à vous ! »

Tout billet qui renfermoit quelques mots de consolation ou d'amitié, étoit impitoyablement déchiré.

On souffroit avec plus de patience que jamais, parce qu'on voyoit que la commission interrogeoit avec douceur un grand nombre de citoyens.

On espéroit que les patriotes seroient enfin rendus successivement à la liberté.

Cet espoir fut confirmé par un mot de Guiard.

Après l'enlèvement des assignats, on délivroit aux détenus 2 liv. 10 s. par jour, depuis le premier floréal. Un matin que ce monstre payoit, il dit avec le soutire du crime : « Oh ! La première fois, il y en aura deux cents de moins à payer. »

On étoit bien éloigné de soupçonner ce qui arriva. Nuit fatale ! Nuit désastreuse, où 169 victimes furent arrachées au sommeil pour être traînées dans des charriots à la boucherie !

Qui pourroit peindre la consternation et l'effroi de ceux qui avoient vu partir de leurs chambres des camarades, des amis, des parens, pour être traînés à l'échafaud ?

Personne n'osoit descendre dans la galerie ;

la terreur et la mort étoient dans tous les cœurs ; les détenus se rencontrant n'osoient se regarder ni demander des nouvelles de leurs amis.

Les femmes éplorées étoient accourues en foule à la porte et au jardin.

Dans tous les momens de crise, ces courageuses citoyennes ne manquèrent jamais de venir prodiguer à leurs époux infortunés les tendres consolations de l'amitié ; les détenus eurent le spectacle déchirant du désespoir de quelques-unes, qui, cherchant en vain des yeux leurs malheureux maris, tomboient en défaillance et noyées dans leurs larmes.

O vous ! Femmes sensibles et courageuses, dont le zèle infatigable, dont la tendresse ingénieuse versa sur les plaies de vos malheureux époux le baume de la consolation ; vous qui bravant les rigueurs des saisons, les menaces et les injures des guichetiers insolens, partageâtes si long - tems le poids de leurs chaînes ; vous, qui leur fîtes supporter la vie et la rigueur de leurs maux ; la postérité admirera les généreux efforts de votre sensibilité et de votre vertu ! Elle s'arrêtera avec plaisir sur l'histoire touchante de vos souffrances et de vos sacrifices ; vous serez l'honneur et le modèle de votre sexe ; mais en attendant que vous viviez éternellement dans la mémoire de nos descendans attendris, jouissez dans les bras de vos heureux époux, de la juste récompense de votre dévouement courageux. Si le caprice ou l'inconstance vous préparoient de noirs chagrins, rappellez-leur votre conduite, et, à l'instant, ils oublieront leur injustice, et le nuage sera dissipé ; recueillez leur amour et l'estime de vos contemporains ; et que vos enfans, instruits par un si belle exemple, apprennent de la bouche de leur mère, que l'humanité et la sensibilité sont les vertus dont les devoirs sont les plus doux à remplir.

Cependant on vit revenir triomphans ceux qui avoient été déposer au tribunal. Des 169 victimes, il n'y en avoit pas une seule d'acquittée.

Les dénonciateurs étoient au nombre de sept.

Un d'entr'eux avoit rempli presque à lui seul toute la séance du tribunal ; il avoit parlé une heure et demie sur l'existence d'une prétendue conspiration au Luxembourg, dont aucun détenu n'avoit jamais eu le moindre indice.

On avoit mis à la Conciergerie un des premiers guichetiers, pour avoir déclaré qu'il n'avoit aucune connoissance de cette conspiration.

On avoit voulu faire convenir un autre porte-clef que cette conspiration avoit existé ;

il l'avoit formellement nié. On lui dit au tribunal: — « Mais quand tu portois quelques paquets à ces contre-révolutionnaires, est-ce que
tu ne les entendois pas tenir des propos aristocratiques? — Ecoutez-moi, écoutez-moi tous,
leur répliqua le bon Suisse; entendez-vous ce
qui se dit derrière cette porte qui est là-bas?
— Non. — Eh bien! moi, c'est tout de même
pour la conspiration. —

Le peuple ayant applaudi, celui-ci ne fut pas
emprisonné.

Parmi les témoins qui allèrent déposer, ainsi
qu'on vient de le dire, et qui étoient au
nombre de sept, le premier et le plus scélérat de tous, étoit un déserteur de l'armée
de l'empereur, entretenu jadis par une dame du
haut parage. Ce jeune homme étoit garçon
tailleur de profession, et depuis qu'il étoit au
Luxembourg, il s'en étoit évadé; mais ren-
contré par un porte-clef, sur le Pont-neuf, il
avoit été obligé de rentrer le soir même dans la
cage. Il étoit accusé d'avoir voulu faire des en-
rôlemens pour les puissances étrangères.

C'est cet homme tarré qui étoit le premier
faiseur de listes.

Vauchelet, Julien, Meunier et d'Hilliers,
furent choisis pour faire les additions et re-
tranchemens qu'ils jugeroient convenables.

Boyaval, c'est le nom de l'infâme témoin qui se signala en cette affreuse circonstance, revint du tribunal avec un visage enflammé, les yeux étincelans; et se vantoit hautement d'avoir parlé deux heures; d'avoir, presqu'à lui seul, rempli toute la séance du tribunal, et d'avoir déclamé avec tant d'éloquence, qu'il en étoit surpris lui-même, et qu'il n'en étoit pas échappé un seul des 59 qui furent mis le premier jour en jugement.

Le second dénonciateur étoit Beausire, ex-noble, et connu même dans l'ancien régime par ses intrigues. Pour en donner une idée, il suffit de dire qu'il épousa la d'Oliva, qui, après avoir fait publiquement le métier de courtisanne au ci-devant Palais-Royal, fut choisie pour représenter la femme de Louis XVI dans l'affaire du collier.

Cet homme, accusé d'avoir été jadis attaché à la maison d'Artois, avoit joué un certain rôle dans la révolution; en 1790, commandant de la force de la section du Temple, il s'en étoit retiré, lorsque son crédit commençoit à baisser, et s'étoit réfugié à Choisy, où il étoit parvenu à se faire nommer procureur de la commune.

C'étoit le premier espion de Boyaval, qui disoit cependant de lui qu'il s'en servoit, mais que Fouquier - Tinville ne l'aimoit pas et qu'il le feroit guillotiner quand il le voudroit.

On a remarqué que tous ceux qui avoient gagné à ce Beausire de l'argent au jeu, avoient été compris dans la conspiration.

Le troisième, étoit un nommé Benoît, ci-devant mouchard, qui, à force d'intrigue, étoit parvenu à se faire nommer commissaire du pouvoir éxécutif, dans le département de l'Eure : il paroissoit, par ses récits, qu'il y avoit fait arrêter un assez grand nombre de citoyens. Il n'étoit pas richement payé par l'adminis-tration de police, car il devoit à tout le monde et ne trouvoit plus à qui emprunter. Il étoit tel-lement méprisable, que ces complices mêmes ne vouloient pas frayer avec lui, et finirent par le faire transférer aux Carmes, où il continua à servir Robespierre.

Venoit ensuite un aide-de-camp de l'armée de Carteaux, nommé Amans ; ce jeune homme, plus coupable que les autres, parce qu'il avoit plus d'éducation, réunissoit toutes les qualités d'un scélérat accompli : à une dissimulation profonde, il joignoit un empire si absolu par lui-même , une hypocrisie si parfaite , que le miel sembloit couler de ses lèvres empoisonnées. On le nommoit, avec quelque raison : *le troisième volume des Robespierres.*

Le cinquième, étoit le riche Lenain, dont il a déjà été question, qui pour sauver de la réquisition le fils d'un garde - du - corps plus que suspect, lui avoit donné sa fille en mariage.

Cet homme étoit renommé même dans la maison, pour son aristocratie puante et sa ridicule bigoterie.

Quant au sixième, c'étoit un des commissaires de police de la section Révolutionnaire, chargé, au mois de septembre 1792, de la police de la Conciergerie, et tout-à-fait digne de cette place. C'est lui qui fut chargé de l'opération vraiment conforme à ses goûts, de faire laver les habits ensanglantés des victimes égorgées, et, ce qui étoit plus lucratif, de délivrer leurs extraits mortuaires. Disgracié par sa section, et bientôt remplacé, il se trouvoit compris dans la loi du 17 septembre.

Il avoit long-tems laissé pousser ses moustaches; mais à l'affaire de Lapalu, Grammont, etc., l'administrateur Danger lui ayant dit publiquement qu'il ne les aimoit pas, depuis qu'il avoit vu un de ses hommes à moustaches convaincu au tribunal révolutionnaire, de faux témoignage et guillotiné à la place des malheureux qu'il avoit voulu faire traîner à l'échafaud, il avoit pris le parti de les faire couper, et de renoncer, au moins à l'extérieur des faux dénonciateurs.

On fut étrangement surpris de trouver mêlé parmi ces hommes méprisables, un citoyen dont les principes avoient toujours paru s'éloigner des maximes féroces et sanguinaires de la tyrannie vandale, jadis président de la section de Brutus; des querelles de section l'avoient fait arrêter : son extérieur annonçoit la franchise et la probité ; il n'avoit ni les propos atroces des cannibales, ni leur regard menaçant et farouche.

Il se nommoit Vauchelet, et on a douté au Luxembourg s'il n'avoit pas plus coopéré à empêcher de plus grands maux qu'à augmenter le nombre des victimes; on a douté s'il étoit un patriote imprudent, ou le plus astucieux de tous les scélérats.

On n'étoit pas aussi heureusement porté en faveur de Meunier, ancien capitaine du centre, ni de Julien, qui d'abord adulateur rampant de Lafayette, dont il étoit aide-de-camp, avoit écrit contre lui, lorsqu'il fut terrassé. On étoit bien loin de les comparer aux autres : la scélératesse et la pusillanimité sont également dangereuses ; mais non pas également révoltantes.

Aussi-tôt que l'on connut la cheville ouvrière de cette horrible machination, on vit plusieurs détenus , soit par frayeur, soit par desir de sauver leurs parens, leurs amis, ou leurs personnes, former auprès de ces tyranneaux subalternes une cour très-assidue.

Rien n'égaloit l'audace et la ridicule insolence de ces assassins. Boyaval sur-tout révoltoit autant par l'atrocité de ses propos, que par la scélératesse de sa conduite. — « Le premier qui me regarde de travers, disoit-il, je le fais transférer à la Conciergerie. » — Il se permettoit publiquement les familiarités, les caresses les plus indécentes vis-à-vis d'une peintresse, dont deux heures auparavant, il avoit fait guillotiner le mari, pour avoir reçu dans sa chambre des ci-devant, qui venoient se faire peindre. On ajoute même que le petit Né on employa les menaces pour jouir, la nuit même, des faveurs de cette jeune veuve infortunée, avec laquelle il resta jusqu'à 11 heures et demie, sans chandelle. Il se vantoit d'aller toutes les nuits au comité de sûreté-générale et de salut-public ; d'avoir la confiance et l'amitié de Fouquier-Tinville ; que toutes les têtes du Luxembourg étoient à sa disposition ; qu'il y étoit en réquisition ; qu'on entendroit parler de lui ; qu'il se servoit de bien des gens, qui y passeroient comme les autres ; qu'une fois sorti, il auroit une bonne place ; mais que , lui rapportât-elle

cent livres par jour, il les *boufferoit*, parce
que, s'il amassoit, on le guillotineroit aussi
pour avoir son argent. Il annonçoit d'avance
ceux qui devoient être transférés à la Conciergerie, ou arrêtés. Un jour il se plaignit que,
dans une chambre où étoient les citoyens de la
section des Amis de la Patrie, on l'avoit traité
de scélérat; il prédit hautement qu'ils y passeroient tous. En effet, on en guillotina plusieurs
le jour même où le patron de ce tigre fut
mis hors la loi. Plusieurs autres étoient déjà
transférés à la Conciergerie; et les pièces de
ceux qui restoient, remises au tribunal.

Parmi ces citoyens infortunés étoit un jeune
homme limonadier, nommé Perret, qui entretenoit cinq volontaires sur les frontières depuis
1789, et qui avoit été réduit à emprunter pour
s'acquitter d'une dette aussi sacrée : on y voyoit
Auberin, honnête père de famille, commandant de bataillon jusqu'en 1793, qui avoit été
blessé en repoussant les ennemis au mois de
septembre 1792 : un autre citoyen connu par
sa probité, père de sept malheureux enfans en
bas âge, qui avoit eu le bras cassé en portant
aux volontaires de la section, les nouvelles et
les secours tant en nature qu'en argent, que leur
envoyoient leurs parens.

Il ne s'étoit point passé de jour depuis la

fameuse enlevée des 169, qu'on n'eut arraché du Luxembourg de nouvelles victimes. La vieille maréchale de Noailles, quoiqu'octogénaire, sourde et aveugle, quoiqu'arrivée après le supplice de ceux qu'on disoit être les auteurs d'une conspiration, y fut comprise avec toute sa famille. On y fit entrer aussi tous ceux qui avoient rendu quelques services aux ci-devant, tous leurs domestiques ; ils en laissèrent cependant un dont les vertus méritent ici une mention particulière. Lui et son frère étoient depuis leur enfance au service du citoyen Lamarelle, dont le fils fut si rudement maltraité par la Palu et les siens. Ce citoyen généreux avança à ses maîtres tout ce dont ils eurent besoin pendant dix mois de prison ; et quand il vit enlever le mari, la femme, la nièce et le fils, quand il sçut qu'ils étoient condamnés avec deux ou trois complices de la Palu pour la même conspiration, il eut le courage de les défendre hautement et d'ajouter que la mort seule pourroit l'empêcher de publier leur innocence. On fit transférer son frère aux Carmes quelques jours avant la chûte de Robespierre.

Ce trait en rappelle un autre non moins précieux. Un savoyard étoit parvenu à être porte-clef dans la maison ; brusque sans dureté, jamais il ne se permettoit aucune menace, aucune injure. Il apprit que celui qui l'avoit accueilli à Paris, qui l'avoit instruit, qui avoit pourvu à tous ses besoins, que le père nourricier de tous ses compatriotes, le sensible Fénélon, étoit inscrit sur la liste des transférés ; ce pauvre garçon se livrant aux mouvemens de son cœur, court se jetter dans les bras de son bienfaiteur, il l'embrasse et le baigne de ses larmes qui couloient en abondance ; il retenoit le bras du gendarme qui le conduisoit, il l'appelloit son père et vouloit l'empêcher d'avancer. — « Console-toi, lui disoit le respectable vieillard, la mort n'est point un mal pour qui ne peut plus faire de bien. Ta sensibilité est en ce moment pour mon cœur une bien douce récompense. Adieu mon ami ! Adieu Joseph ! Pense quelquefois à moi. — Ah ! Je ne vous oublierai jamais. » — et ses larmes couloient par torrent ; ce malheureux ne pouvoit s'arracher des bras de celui qu'il nommoit son père : le concierge fut averti, il parut, et Joseph fut chassé.

Ceux qui furent acquittés au tribunal, rapportèrent quelques détails intéressans sur les condamnés. Les deux frères Robert ne voulurent jamais se séparer, ils se tenoient toujours étroitement serrés et furent exécutés immédiatement l'un après l'autre. Mais le tableau le plus attendrissant, fut celui d'une jeune femme nommée Bois. Bérenger, son père, sa mère et sa jeune sœur avoient reçu leur acte d'accusation ; elle seule ne l'avoit point reçu. — Dieux ! s'écrioit-elle, en versant des larmes de désespoir, vous mourrez avant moi ; je suis condamnée à vous suivre ! — Elle s'arrachoit les cheveux, embrassoit tour-à-tour son père, sa sœur, sa mère, et répétoit avec amertume : — Nous ne mourrons point ensemble. — Pendant qu'elle s'abandonnoit ainsi à la douleur, l'acte d'accusation arrive. Qui pourroit peindre la joie qui éclata aussi-tôt sur son visage ! La danse succède aux larmes, elle court, vole en sautant dans les bras de ses parens, les embrasse de nouveau avec transport : — Maman, s'écrioit-elle, nous mourrons ensemble!» On eût dit qu'elle tenoit dans ses mains leur liberté et la sienne ; elle se coupa elle-même les cheveux, mangea avec appétit et gaîté, et donna aux hommes, jusqu'à l'échafaud l'exemple d'un courage héroïque, et de la piété filiale. Sa conduite dans la prison avoit forcé la critique à convenir que certaines liaisons qu'on lui reprochoit avec le ci-devant président Molé-Champlatreux, provenoit moins d'un fonds de galanterie que de sensibilité. C'étoit elle qui étoit la garde-malade de l'épouse de l'ex-ministre Amelot; ce fameux distributeur de lettres de cachet n'avoit

Maman nous mourrons ensemble ! »

pas été oublié dans celles que répandoient si généreusement les quarante-huit comités révolutionnaires ; l'embastilleur se trouvoit enfin à son tour embastillé ; il venoit d'avoir le malheur de perdre le peu d'esprit qu'il avoit reçu de la nature. S'il se fût contenté d'écrire au ci-devant prince de Condé, pour l'inviter à un repas auquel il devoit engager tous les rois, tous les princes de l'Europe et même la Convention, parce que, disoit-il, il n'avoit pas de rancune ; s'il se fût contenté de mettre en réquisition par une lettre de cachet trois-cents négresses pour les besoins du Luxembourg, (voilà qu'elles étoient ses folies), on en auroit ri : mais le monsieur avoit conservé toute sa méchanceté ; il battoit sa femme et tous ceux qui le contrarioient ; on étoit forcé de le lier et de le garotter. Cette malheureuse épouse, dont il avoit fait le tourment pendant sa brillante carrière, succomba sous le poids de ses chagrins, et essuya une assez longue maladie, durant laquelle la jeune Bois-Bérenger ne la quitta ni jour ni nuit.

Les citoyens acquittés confirmèrent ce qui avoit été dit par les dénonciateurs, qui tous avoient parlé en faveur de le Maire, qu'il ne lui avoit pas été fait le plus petit reproche, qu'il n'avoit pas eu besoin de faire entendre la moindre

justification, et que cependant il avoit été condamné à la mort.

On expliquoit ce fait, en disant que les témoins ayant tous promis individuellement de s'in-
téresser en faveur de ce patriote vertueux qui,
du fruit de son travail, nourrissoit sa mère et
sa sœur, on avoit apparemment parlé en secret
à l'accusateur public pour faire guillotiner un
homme qui avoit eu le malheur de gagner au
jeu de l'argent à Beausire.

Outre la douleur qu'on avoit de voir chaque jour enlever à ses côtés un concitoyen,
dont le tems et le malheur avoient souvent fait
un ami précieux ; outre l'attente cruelle où chacun étoit d'être transféré et guillotiné soi-même ;
outre les persécutions sans nombre que le génie
barbare du concierge et de son complice Verner
suscitoient tous les jours ; outre les alarmes
perpétuelles où le silence forcé des familles, et
le refus des journaux plongeoient tous les détenus, survint une nouvelle calamité qui devoit
opérer sur le physique les maux dont le moral
étoit depuis long-tems affecté. Je parle des tables
communes, cette institution si précieuse en elle-
même, si elle n'eût pas été abandonnée à des
hommes avides qui spéculoient pour empoisonner
ou faire mourir de faim les citoyens qu'ils devoient
nourrir. On se plaignoit un jour à Wilcheritz

qu'un seul repas par jour ne suffisoit pas à des hommes accoutumés à en faire trois ou quatre, sur-tout quand il étoit aussi mesquin, sur-tout quand la viande étoit pourrie, sur-tout quand on servoit des légumes secs, pleins de cheveux, de bourbe et de vers. Il répondit qu'il feroit donner des haricots et des pommes de terre, et qu'il connoîtroit ceux qui oseroient se plaindre. Le concierge recevoit des plats infects, mais se contentoit de lever les épaules, et buvoit ensuite avec le fournisseur. Ce qu'on demandoit arriva; des maladies se multiplièrent, et les malades n'avoient aucun secours; il falloit, pour entrer de la tisanne, une permission du médecin, qui devoit être visée par l'administration de police, dans les bureaux de laquelle la permission restoit encore plusieurs jours; enfin quand on l'obtenoit, ce n'étoit qu'à prix d'argent qu'on pouvoit se procurer les drogues ordonnées.

Chacun dépérissoit, la mort étoit peinte sur tous les visages; on n'entendoit pour toute nouvelle que la voix sépulchrale d'un scélérat soudoyé, qui venoit sous les fenêtres des malheureux détenus crier : « La liste des soixante ou quatre-vingt gagnans à la loterie de la sainte guillotine. » Des barrières avoient ôté la triste et dernière consolation que pussent avoir les prisonniers en appercevant leur famille ou leurs amis. Tous avoient fait le sacrifice de leur vie, et attendoient avec une morne résignation l'instant du supplice. Les malheureux qui l'osoient prévenir étoient regardés par ces mangeurs d'hommes comme des scélérats plus consommés, et ils insultoient avec barbarie à leurs cadavres et à leur mémoire.

Telle étoit l'horrible situation des détenus du Luxembourg, qui déjà n'étoient plus que des cadavres ambulans, lorsque la glorieuse révolution du 9 thermidor vint les rendre à la vie. Le bruit de la générale et du tocsin avoient d'abord glacé toutes les âmes de terreur et d'effroi. Chacun croyoit entendre sonner sa dernière heure; et telle étoit l'horrible anxiété de tout le monde, qu'on faisoit avec résignation le sacrifice de sa douloureuse existence. Le sanguinaire Henriot avoit paru l'après-midi même pour rassembler la gendarmerie casernée dans le Luxembourg. Trois fois le son lugubre de la fatale trompette, qui annonçoit chaque jour aux détenus le sacrifice de nouvelles victimes, s'étoit fait entendre. Ce monstre, dont tous les exploits consistoient à briser des scellés, à massacrer des hommes désarmés, avoit menacé avec son sabre les prisonniers, qui tous ne songeoint plus qu'à vendre chèrement leur vie, s'il étoit possible. Déjà ils s'étoient fait leurs tristes adieux, lorsqu'on entendit la

fameuse proclamation qui invitoit tous les citoyens à se ranger autour de la Convention nationale et les décrets courageux qu'elle avoit
rendus contre les triumvirs. Qui pourroit peindre
les transports, l'enthousiasme et la joie des
détenus !

Le lendemain c'étoit à qui apprendroit à son
voisin une nouvelle aussi heureuse pour la république. Tous s'embrassoient les larmes aux
yeux, et faisoient éclater par leurs nombreux
applaudissemens et les cris mille fois répétés de
vive la Convention ! vive la République ! leur
admiration et leur ivresse. Quels beaux momens
pour ceux qui vinrent recueillir les expressions
sincères de l'allégresse générale ! Mais comment représenter l'abattement et la rage des
agens subalternes d'un monstre altéré de sang
humain ! Le trouble, la discorde et l'esprit de
vertige s'étoient emparés de leurs âmes pusilla-
nimes. Cachés dans leur affreux repaire, ils
s'accusoient les uns les autres.

L'affreux concierge Guyard (1), frappé de

____

(1) Ce monstre qui avoit fait ses preuves dans la ville
de Lyon, sous Marino, qui, huit jours après son ins-
tallation au Luxembourg, dénonçoit au tribunal, comme
conspirateurs, des citoyens qu'il ne connoissoit pas même

terreur, fuyoit le Luxembourg avec ses sabres, ses pistolets et ses chiens ; et cependant la veille, un de ses enfans répondit à un citoyen qui se plaignoit du mauvais vin : « Allez, allez, on vous en f.... du bon. » Le même jour le neveu de Guyard, ancien boucher, disoit que la maison seroit bientôt vidée, parce qu'il falloit que ça finisse d'une manière ou d'une autre.

On apprit avec la plus grande satisfaction, que le farouche Vernet, que sa scélératesse bien connue avoit fait nommer concierge de Saint-Lazare, avoit été arrêté.

Les faiseurs de listes, pâles et tremblans, s'inculpoient mutuellement, en essayant de se justifier. Amans ne put dissimuler la frayeur où il étoit, qu'on ne trouvât chez Robespierre les lettres atroces qu'il lui écrivoit journellement. Julien et Vauchelet prétendoient avoir arraché onze victimes dans les premières listes ; ils assuroient que les autres ne leur avoient point été communiquées, et ils dévoilèrent une autre atrocité que l'on ne connoissoit pas encore. Peu de jours avant la chûte de Robespierre, l'ad-

---

de nom ; ce vil scélérat, vendu à la police, dont il étoit l'ancien espion, ne voulut pas recevoir Robespierre et ses complices, lorsque les gendarmes l'y conduisirent en vertu d'un décret de la Convention.

ministration de police , par l'organe de Faraud, avoit fait demander à Boyaval une liste de deux cents autres conspirateurs, et l'engageoit à se défier de ses co-associés , et sur-tout d'un certain Leymerie , qui avoit toute la confiance de Vauchelet, et à s'entendre, pour cette fois, avec les administrateurs de police , Cordas , Masset et Cailleux – Verroux (c'est le nom qu'on lui donnoit dans la prison , où il étoit arrivé trois jours après qu'il avoit fait tout vérouiller).

Ces trois administrateurs eurent de longues conférences avec Boyaval , dont l'indiscrétion et la bêtise surpassoient l'insolence et la scélératesse. Il fit part des ordres qu'il avoit reçus à ses co - chambristes ; car la plupart de ces Messieurs étoient réunis , selon la loi du proverbe : Qui se ressemble , s'assemble. Ceux-ci effrayés des soupçons qu'ils croyoient ne pas mériter et des dangers qu'ils couroient eux-mêmes, écrivirent deux lettres , l'une à Carnot et l'autre à Amar. Un des leurs, le Tellier , qui , quoiqu'arrêté comme suspect , venoit, on ne sait comment , d'obtenir sa liberté par ordre du tribunal révolutionnaire , devant lequel il n'avoit pas paru , fut chargé de porter ces lettres, dont on n'eut point de réponse. Ils déclarèrent encore que Benoît, l'espion qui étoit proprement l'homme de l'administration , n'avoit été transféré aux

Carmes, que pour avoir mis d'Hilliers et autres patriotes sur la liste, et avoir publiquement annoncé qu'il en transféreroit encore 400 ; imprudence, disoit Vauchelet, qui pouvoit compromettre la tranquillité de la maison. Le fait est que Benoît continua aux Carmes le métier affreux qu'il avoit commencé au Luxembourg, et engloba dans de prétendues conspirations les meilleurs patriotes qui s'y trouvoient : ce n'est que par miracle que Dufourny ait été réservé pour les dernières fournées.

Toutes ces confessions et les propos horribles tenus par ces monstres, avant la chûte du triumvirat, furent précieusement recueillis : on ne savoit où rassembler toutes ces notes; enfin on conjura, au nom du patriotisme, Réal de s'en charger. Ce citoyen par sa gaîté, étoit pour les détenus un trésor précieux ; il ranimoit leur courage, les consoloit par ses discours et les accords de sa mélodie. Il jouoit du violon, il chantoit sans cesse, et attendoit la mort, en faisant de la musique. Il étoit toujours étonné de n'être pas de la dernière fournée, lui qui avoit dit au tyran Robespierre de dures vérités, lorsque tant d'autres se prosternoient pour adorer l'idole.

Deux jours après, deux représentans du peuple vinrent recueillir eux-mêmes les dépositions et les réclamations des détenus. On se ressentit de leur présence par la liberté qu'on obtint de prendre l'air dans la cour, d'écrire à sa famille, d'appercevoir dans le jardin ses parens et ses amis et de faire entrer du fruit et du vin La nourriture devint plus saine et plus copieuse, les guichetiers furent moins insolens, et les visites nocturnes plus rares et plus honnêtes; les cris des sentinelles moins perçans et moins répétés : en un mot, on put dormir, boire, manger, prendre l'air et recevoir du dehors les tendres consolations de l'amour et de l'amitié. Quel heureux changement pour le physique et le moral ! Il ne se passoit pas un repas qu'on ne bût avec transport à la santé de la république ; à celle de nos armées, et sur - tout à la santé de la Convention.

Il survint cependant une petite querelle avec l'avide traiteur. Il avoit servi de la viande tellement gâtée, que l'odeur seule, comme du tems de l'ancien concierge, infectoit le réfectoire. La plupart des citoyens se contentoient de manger du pain dont on avoit à discrétion, sans pousser le moindre murmure. Les tables étoient pour dix ; les citoyens réservés pour l'un de ces plats murmurèrent hautement, allèrent trouver M. le Roide (c'étoit le nom du traiteur), lui firent voir que sa viande étoit peuplée d'habitans ; il se fâcha et ne voulut rien donner en place ; les citoyens du second plat en firent autant ; mais M. le Roide prit un ton goguenard, et se moquant de celui qui l'apportoit , se refusa à le recevoir de ses mains. Celui-ci, qui déjà n'étoit pas de trop bonne humeur, s'impatiente, menace et flanque le plat dans la cuisine. C'étoit ce qu'on demandoit : on crie que les prisonniers se révoltent.. .... . Un administrateur survient , on lui expose un troisième plat de viande, dont, sans microscope, il pouvoit appercevoir la peuplade ; il s'indigne contre le traiteur , lui fait publiquement des reproches sanglans , et lui ordonne de servir des œufs en place de viande , qu'il fit jetter aux chiens ; mais on se doute bien que ceux-ci n'en voulurent pas : cette conduite excite quelques applaudissemens ; sur ces entrefaites le concierge arrive avec un autre administrateur qu'il avoit été chercher d'un autre côté, lui montre la viande encore étendue par terre; l'administrateur en fureur et adressant la parole aux détenus , les menace de mesures vigoureuses , leur enjoint de nommer les auteurs de cette agitation , jure que les bons seront punis comme les méchans , s'ils ne les dénoncent pas, et donne sa parole que les comités de la Convention vont être instruits de l'effervescence qui

se

se manifeste parmi les détenus. Ceux - ci gardoient le silence ; mais Lachevardiere prit la parole pour répondre en leur nom , et dit : — « Du tems de Robesbierre, on disoit aussi que les prisonniers étoient agités , tandis qu'ils étoient plus tranquilles que les pierres qui les renfermoient ; par quelle fatalité arrive-t-il que des administrateurs qui se disent régénérés tiennent encore le même langage ? Veut - on encore un prétexte pour faire couler par torrens le sang des malheureux auxquels il n'échappe pas même un murmure ? Je vous en préviens , si telle est votre intention , elle ne réussira pas ; la Convention ne souffrira point que ces scènes sanglantes se renouvellent ; vous avez injurié , vous avez calomnié des hommes qui, quoique détenus , sont toujours vos semblables; reconnoissez votre erreur , et votre injustice est oubliée.— Le collègue de l'administrateur, par son esprit de justice et de droiture, calma tous les esprits, excusa l'emportement de son collègue , et tout rentra dans l'ordre accoutumé.

On apprit bientôt la liberté de Réal , et la réarrestation des dénonciateurs Lenain , Julien , Letellier et Vauchelet; l'on vit leurs complices , le front humilié, le visage défait , l'oreille basse et les yeux baissés , traverser la cour pour aller les rejoindre à Pélagie. On garda vis-à-vis d'eux le silence du mépris, et ils n'essuyèrent pas une injure, pas un reproche, de ceux qu'ils vouloient envoyer à la boucherie. Ce fut aussi la conduite que l'on tint vis-à-vis des représentans David et Lebon : ce dernier affectoit la sensibilité d'une petite-maîtresse. David, au contraire, se vantoit de n'avoir pas signé de sortie, et annonçoit que s'il étoit à recommencer, il en agiroit encore de même. On se permit cependant quelques mots à l'égard d'un membre du tribunal révolutionnaire, tels que « feu-de-file ; ma conscience est assez éclairée ; vous me donnez un démenti, donc vous insultez le tribunal, hors des débats. » L'un de ces hommes de sang disoit qu'il n'avoit rien à se reprocher, qu'il avoit toujours voté pour la mort. Mais le plaisir de voir enfin les coquins sous le glaive de la loi, n'égala point celui dont furent transportés tous les détenus en apprenant le décret bienfaisant qui devoit rendre à la liberté une foule de patriotes, qui, victimes de leur courage ou de haines particulières, n'étoient point compris dans la loi du 17 septembre. Avec quelle douce satisfaction, avec quel enthousiasme on serroit dans ses bras, on couvroit de baisers le patriote fortuné qui obtenoit justice et liberté ! qu'elles étoient sincères les bénédictions dont on couvroit la Convention nationale ! avec quels transports on demandoit au ciel sa conservation, par les cris mille fois répétés de vive la Convention nationale ! La musique , les chants patriotiques , animoient encore cette scène attendrissante. Un peuple immense attendoit les élargis à la porte , et les embrassoit avec transport. Tableau dé-licieux ! ne vaux-tu pas bien le spectacle af-freux des victimes innocentes et non entendues qu'on traînoit par centaine à l'échafaud ?

Couplets faits au Luxembourg , sur la prise de Mons.

Air : *La lune , la lune.*

De la France , vrais enfans ,
  Qui chérissez sa gloire ,
Oubliez tous vos tourmens ,
Les Français sont triomphans :
  Victoire , victoire , victoire !

Nos braves républicains
  Se sont couverts de gloire ;
Des rois les complots sont vains,
Le sceptre échappe à leurs mains :
  Victoire , etc.

Leurs esclaves aux abois
  Laissent le champ de gloire ;
Hullans , Prussiens , Hessois ,
Tout dans Mons fuit à-la-fois :
  Victoire , etc.

De la France ces brigands
    Souilloient le territoire ;
Mais leurs cadavres sanglans
Vont purifier nos champs :
    Victoire, etc.

    Français , poursuivez vos coups ,
      Complettez votre gloire ;
    L'esclave fuit devant vous ,
    Les rois sont à vos genoux :
      Victoire, etc.

    Déjà dans Mons éperdu
      Les cris de la victoire ,
    Troublent l'ennemi vaincu ;
    Paroissez , Mons est rendu :
      Victoire , etc.

Tableau du Luxembourg , fait par un suspect , arrêté en frimaire , l'an deuxième.

C'est un spectacle assez divertissant de voir arriver dans un misérable fiacre, deux marquis, une duchesse, une marquise, un comte, un abbé et deux comtesses, qui s'évanouissent en descendant, et qui ont la migraine en montant. Il n'y a pas encore long-tems que je vis arriver la femme de Philippe le guillotiné ; elle loge à côté de Bazire et de Chabot, qui sont toujours au secret, et qui se morfondent, en entendant la voix aigre d'un colporteur qui crie « la grande colère du père Duchesne contre le frocard Chabot. » Dans le même corridor logent M. de la Borde de Méreville, M. le président Nicolaï, Mélin, ci-devant commis de la guerre sous Ségur. Dans l'autre corridor, à main gauche, habitent M. de la Ferté, M. le duc de Lévi, M. le marquis de Fleury, M. le comte de Mirepoix; tous les matins en se levant, ils braquent leurs lunettes d'approche, et ils ont l'agrément de voir que leurs hôtels ne sont pas changés de place dans la rue de l'Université. Au bout du corridor, dans la bibliothèque, repose un grouppe de généraux qui se racontoient les uns aux autres leurs victoires.

» Dans un cabinet à droite, vivent conjugalement et paisiblement M. le maréchal et Mme la maréchale de Mouchy, qui trouvent que les comités révolutionnaires n'ont pas le sens commun d'enfermer des gens de leur qualité, qui ont donné leurs chevaux pour les charrois et 500 livres pour les veuves de la section.

» Le maréchal a l'habit maron quarré, la veste descendant sur les genoux, les cheveux blancs, et ressemblant méthodiquement à un ministre protestant. Quant à la maréchale, elle a pris le costume aimable de nos sans-culotte femelles, en conservant cependant la forme du caraco de 1777, les deux falbalas qui ombragent le derrière. Il n'est point rare de rencontrer la ci-devant maréchale en pêt-en-l'air un bougeoir dans la main gauche, une canne dans la droite, grimpant l'escalier avec la précipitation d'une bergère de Surenne qui gravit le Mont-Valérien.

» Les prisonniers sont au nombre de dix ou douze dans une chambre ; chacun y fait ses dispositions, comme Robinson, lorsqu'il n'espéra plus voir rentrer dans la baie aucun vaisseau du continent ; chacun a son lit de sangles, et le petit matelas. Les uns font leur cuisine, pendent le gigot à la fenêtre pour l'attendrir, les autres ont recours à la marmite perpétuelle du traiteur Coste.

» Les gens riches ont soin des pauvres ; cela se fait de bonne grâce et sans recommandation ; tout le monde fraternise ; cependant chacun paroît s'éloigner de celui qu'on nommoit sous l'ancien régime, son altesse sérénissime, le prince Charles de Hesse, révolutionnaire par appétit, et renfermé par mesure de sûreté.

» C'est-là qu'on voit les hommes de tous les partis et de toutes les factions, qui aimoient

la liberté pour leur compte. L'aristocrate le
plus encroûté est auprès du monarchien, qui
se querelle avec le modeste feuillant. Le fé-
déraliste peste contre tous les trois, et leur
prouve ; qu'ils n'ont rien entendu à la contre-révolution, et que tout se seroit arrangé
pour le mieux, sans la révolution du 31 mais
Il y a quelques jours tous les quatre partis rioient
beaucoup, parce qu'on avoit amené un patriote ;
mais celui-ci leur répondit en chantant ce
couplet :

« L'aristocrate incarcéré,
» Par ses remords est déchiré,
» C'est ce qui le désole ;
» Mais le patriote arrêté,
» De l'âme a la tranquillité ;
» C'est ce qui le console   *bis.*

E 4

L A
NOUVELLE CHARTREUSE ,

O U

MA DETENTION A PORT - LIBRE.

E P I T R E.

Par le citoyen V I G É E.

Je veux reprendre les pinceaux,
Et sur la toile où je m'amuse
A fixer quelques traits nouveaux ,
Essayer la fidelle image
Des longs dégoûts , des longs ennuis
Dont m'entoure mon esclavage
Dans les tristes lieux où je suis.
Garde-toi cependant de croire
Que rembrunissant mes crayons ,
J'aille d'affreuses visions
Te tracer une sombre histoire,
Parler cachots, crier verroux ,
Quand je ne suis que sous la grille ;
Faire, en mentant aux yeux de tous ,
De *Port-Libre* une autre *bastille,*
Et chargeant ma narration
De tout l'empoulage tragique ,
Risquer l'amplification
En écolier de rhétorique ;

Non ; ma muse est trop véridique :
Je ne veux point en conte en l'air
Transformer un fait bien notoire.
Je ne peindrai donc point l'enfer
Quand je ne suis qu'en purgatoire 1
Si je m'avisois de décrire
Les bâtimens de la maison ,
Assurément je pourrois dire
Qu'aux sons magiques de sa lyre ,
Ce n'est point le docte Amphion
Qui daigna jadis les construire.
Assez près de ce mont pédant (2)
Où n'aguères plus d'un collège
Enseignoit avec privilège
La Syntaxe et le Rudiment ;
A l'extrémité de la ville ,
Et sur un fonds de molle argile ;
Non loin du céleste donjon
Où pour tirer son horoscope
Sur un astre , sur la saison ,
Plus d'un *Lalande* , avec raison,
Monte braquer son télescope ;
C'est-là qu'un ignorant maçon ,

---

(1) Le régime des prisons étoit assez doux à l'époque où ces vers furent composés. On sait combien depuis ce tems-là les détenus eurent à souffrir de la dureté et de la barbarie de prétendus administrateurs qui n'étoient ingénieux que dans la recherche des différens genres de privations et de tourmens qu'ils leurs faisoient éprouver.

(2) Montagne ci-devant Sainte-Geneviève.

Sans plus ample cérémonie ,
Traçant d'un mur le lourd cordon,
En alligna la symétrie ,
L'éternelle monotonie ,
Digne en effet d'une prison ,
Où , quoiqu'on fasse l'on s'ennuie
Et l'on enrage à l'unisson.
Fatigué de la triste vue
De ce maussade extérieur ,
C'est connoître l'intérieur ,
Que se peindre , au coin de la rue ,
Un obscur et long corridor ,
Qui vers le Midi , vers le Nord ,
Du bas en haut , à gauche , à droite ,
Présente mainte porte étroite
D'un gîte plus étroit encor.
C'est dans l'une de ces retraites
Où le Soleil , chemin faisant ,
Craint de s'arrêter un moment ,
Que semblables aux anachorettes ,
Habitans d'un sauvage lieu ,
Je ne dors guère , je jeûne un peu ,
Grâces au traiteur intraitable ,
Qui rançonnant le plus qu'il peut ,
Nous fait payer tout ce qu'il veut
La chère la plus détestable.
Par malheur , en mon froid réduit ,
Je n'ai que l'éternel spectacle
D'un triple mur, vieux réceptacle
De quelques oiseaux de nuit ,
Et l'enceinte bien resserrée ,
Bien uniforme , bien quarrée ,
De quinze toises de terrein ,

Du titre aimable de jardin
Très-mal à propos honorée ,
Puisqu'au lieu de ces jeunes plans
Doux objets des soins de Pomone ,
Et de ces arbustes rians
Où Flore cueille sa couronne ,
Vingt tilleuls rangés au cordeau ,
Et l'if , ami du noir tombeau ,
Prouveroient à la terre entière
Que , peu de mois auparavant ,
Cette insupportable glacière ,
Ce lieu funeste à tout vivant ,
Servoit aux morts de cimetière.
Heureux du moins , oui trop heureux ,
Si dans cet enclos ténébreux
Le Dieu du calme et du silence
Fixoit encor sa résidence !
Mais pour accroître mon chagrin ,
C'est un Stentor impitoyable
Qui , d'une voix épouvantable ,
Vient aux barres chaque matin
Y provoquer le vif essaim
D'une jeunesse infatigable ;
Et tandis que de ce côté
Les cris , la bruyante gaîté
M'importunent et m'étourdissent ,
De l'autre , et dans tous les instans ,
Ce sont mille voix qui glapissent ,
Gens de la porte et du dedans ,
Qui toujours vont , qui toujours viennent ,
Malades et convalescens ,
Qui de leurs santés s'entretiennent ,
Les fumeurs cherchant à se voir

A travers un épais nuage ,
Les complimens , les mots d'usage ,
Et le bon jour , et le bon soir ,
Et la nouvelle qu'on propage ,
Puis les besoins , puis l'embarras ,
Puis le train de chaque ménage ,
En quatre mots , tout le tracas
Qui sur ma tête en longs fracas
Du premier au second étage
Se répète et ne finit pas.
De ma demeure inhabitable ,
Tel est le portrait véritable ;
Et l'on peut croire qu'en ce lieu ,
Auquel dit un récent adieu ,
Plus d'une pénitente aimable ,
Nuit et jour se donnant à Dieu ,
Nuit et jour je me donne au diable.
Car un profond , un érudit ,
Dans son exorde , t'auroit dit
Que cette maison redoutable
Qui , par un changement subit ,
Retient sous un guichet maudit
L'innocent présumé coupable ;
Où , sous leurs traits défigurés ,
Des magistrats , des tonsurés ,
Abjurent un luxe frivo l e ,
L'opulence en sabots fourrés ,
Et l'ex-noble en carmagnole ,
Offrent à nos yeux égarés
Le grand Arnaud , le bon Nicole ,
Et l'anti-jésuite Pascal ,
Quittant le docte Port-Royal ,
Vinrent ici pleins d'un saint zèle ,

Eriger sous le même nom
Et la retraite et la chapelle,
De la ferveur en pamoison,
Des soins dévots, du jeûne austère,
De la piété solitaire,
Du caquet et de l'oraison.
Si maintenant l'on veut connoître
Tout l'emploi que je fais du tems,
Franchement je suis peu le maître
De choisir mes amusemens;
Mais dès qu'un foible crépuscule,
En dissipant l'obscurité,
Vient sur les murs de ma cellule
Etendre une douce clarté,
Tapi sous l'humble couverture
Du plus modeste des grabats,
Un griffonnage, une lecture,
Que souvent je n'achève pas,
M'offrent pourtant quelques appas.
Ainsi je vois mes matinées
En des heures infortunées
S'écouler sans distraction,
Sans réelle occupation;
Et quand le Dieu de la lumière,
Vers la moitié de sa carrière,
Egaie un peu notre horison,
Tout en rêvant, d'un pied timide,
Je vais presser le sable humide
Des tristes cours de la prison;
Jettant à peine un œil d'envie
Sur un verger abandonné,
Par le soupçon environné
D'une palissade ennemie,

Et qui pour nous est aujourd'hui
Ce qu'étoit la terre promise
Pour le peuple errant qu'avec lui
Dans un désert, traîna Moïse.

Cette Épître n'est que le Tableau très-exact de la prison où j'ai langui sept mois. J'avois été transféré de celle-ci dans celle des Carmes, qui, grâces aux lois protectrices des patriotes opprimés, s'est ouverte pour moi, après onze jours de la plus pénible détention.

EPITRE

A un député qui avoit demandé des nouvelles de l'Auteur.

Par FRANÇOIS (*de Neufchateau*).

Au Luxembourg, 27 messidor, an II de la République, trois-cent seizième jour de ma captivité.

APRÈS dix grands mois et demi
De la plus cruelle agonie,
Est-il vrai? Suis-je encore envie
Dans la mémoire d'un ami?

On m'apprend, sur la rive sombre,
Où j'ai pu me croire perdu,

Que le langage de mon ombre,
De ton cœur peut être entendu.

Quoi ! malgré la terreur qu'inspire
La contagion du malheur,
L'air empesté que je respire
Ne m'auroit point fermé ton cœur !

Las ! je craignois que dans ton onde,
Le Léthé ne m'eût su noyer,
Et je n'eusse osé t'envoyer
Des nouvelles de l'autre monde.

Apprends du moins que ton ami,
Digne de toi par son courage,
Oppose au destin qui l'outrage
Le calme d'un cœur affermi.

Sous les douleurs, mon cœur chancelle;
Captif, exténué, souffrant,
J'ai de mon génie expirant
Gardé pourtant une étincelle.

Vos lois, vos travaux, vos succès,
Je les ignore et j'en soupire ;
Des privations c'est le pire,
Pour un républicain Français.

Mais contre une patrie ingrate,
Mon cœur ne sait point murmurer,
Pour elle il faut tout endurer,
Jusqu'à la coupe de Socrate.

D'Ovide, aux bords du Pont-Euxin,
La muse lamentoit sans cesse,

Mais l'âme qui bat dans mon sein
N'admettra point cette bassesse.

De nos jours, la Grange-Chancel,
Dont la Bastille aigrit la bile,
Sur Philippe versa le sel
D'une satyre indélébile.

Ce sel âcre est peu de mon goût,
Je déteste les libellistes,
Et j'éviterai jusqu'au bout
Les Philippiques, et les Tristes.

Bien loin de quereller les Dieux,
Je me résigne et sais me taire.
Ma devise est qu'il vaut bien mieux
Souffrir le mal que de le faire.

Et pourquoi se laisser dompter
Par l'infortune continue ?
Le poids d'un fardeau diminue
Pour quiconque sait le porter.

Jusqu'à me ravir l'existence
On peut pousser l'iniquité ;
On ne peut de ma conscience
M'enlever la sérénité.

Amis, plaignons ceux qui gouvernent !
Hommes sujets à se tromper,
Il est bien rare qu'ils discernent
Ceux que leur glaive doit frapper.

Tel pour eux donneroit sa vie,
Qui se voit opprimé par eux.....
Grand Dieu ! veille sur ma patrie,
Et que je sois seul malheureux.

Tel est , ami , le vœu sincère
Qu'au ciel j'adresse à chaque instant ,
Et s'il exauce ma prière ,
Qu'on m'immole ! je meurs content.

Mais tu veux encor que je vive ,
Pour les Muses , pour l'amitié ;
Tu veux même que je t'écrive :
Quel tems seroit mieux employé ?

Du noir Tartare que j'habite,
Le tableau pourroit t'effrayer ;
Mais j'aimerois mieux t'égayer
Des ridicules du Cocyte.

Oh ! qu'on feroit de ce séjour ,
Une bonne carricature !
Nous en rirons, je te le jure,
Si jamais je reviens au jour.

Tu me verras toujours le même ,
Sans fiel contre mes ennemis ,
Aimant avec un zèle extrême ,
Et les beaux-arts et mon pays.

Tu me verras...... mais je me trompe ,
Oui j'entends la cloche sonner.
Pardonne , ami , c'est le dîner ;
Il faut qu'ici je m'interrompe.

Tu ris.... mais quoi ! tu ne sais pas
Qu'on fait en ces tristes demeures ,
Un seul repas en vingt-quatre heures ,
(Dieu sait encore quel répas !)

La lugubre cloche m'invite ,
Moi neuf - centième à ce festin ;
Malgré moi, je finis bien vîte ;
Adieu. Je vais.... mourir de faim.

Ce banquet par trop laconique ,
N'offre qu'un trait intéressant :
C'est qu'on y porte, en finissant ,
La santé de la république.

L E T T R E S

DE PHELIPPEAUX A SA FEMME.

(Première lettre.)

Au Luxembourg, le 11 germinal ,

JE te conjure, ma tendre et vertueuse amie ,
de soutenir le coup qui nous frappe avec autant de calme et de sécurité que j'en éprouve
dans ma nouvelle demeure ; je crois y être
aussi bien que peut l'être un prisonnier. La
cause qui m'a procuré cet acte de vengeance
doit élever et aggrandir nos âmes. Sois digne

d'elle et de moi, en repoussant toute atteinte de douleur et d'acccablement. Il est beau de souffrir pour la République et le bonheur du peuple.

Je te salue et te presse contre mon cœur.

PHELIPPEAUX.

Je viens d'apprendre que Danton, Camille et Lacroix, sont également arrêtés ; j'en ignore la cause.

***

AUTRE.

Au Luxembourg, le 12 germinal.

J'ai reçu hier, ma vertueuse et tendre amie, le paquet de linge et ustenciles que tu m'as envoyés.

Je t'engage d'aller à la Convention avec mon fils et de lui demander pour quel crime je suis arrêté, sequestré de la société entière, et réduit à ne pouvoir pas même lire un journal ; tu connois mon cœur, jamais il n'eut rien de mistérieux pour toi, et tu sais que le plus ardent amour de la république, le plus pur dévouement à son salut est mon unique passion. Il y a dans mon arrestation une bien fatale méprise, ou une grande scélératesse ;

je voudrois que cette égnime me fut expli-
quée, pour connoître au moins mon sort. Au
surplus, du courage et de la dignité. La femme
d'un martyr et d'un homme vertueux ne doit
prendre le ton suppliant vis-à-vis de personne. Si
vous êtes justes, brisez les fers de la vertu
outragée. Si vous êtes des lâches, ou des méchans, je n'ai plus rien à vous dire.

Envoie-moi, je te prie, une demi-livre de
tabac, car j'en manque depuis hier au soir,
et je dirois presque comme le bon Suisse,
que c'est comme si on manquoit de pain. Au
reste, tous les égards de l'humanité me sont
offerts, et si tu obtiens la permission de me
venir voir, tu seras contente de mon petit logement.

Embrasse mon Auguste.

PHELIPPEAUX.

DERNIERE LETTRE
DU MÊME.

Au Luxembourg, 13 germinal, 6 heures
du matin.

Enfin, ma vertueuse et respectable amie,
je n'ai plus le tourment du doute sur le genre
de crime dont les ennemis de toute vertu ont

jugé convenable à leur politique de m'accuser.
Hier, à 11 heures du soir, un huissier du tribunal révolutionnaire est venu me signifier l'acte
d'accusation avec la liste des jurés et témoins en
présence desquels je devois paroître à 9 heures.
Je me nourrissois en ces momens des réfléxions
d'Helvétius sur la probité, la gloire et la vertu;
sans admettre les sophismes ingénieux de ce
philosophe sur le principe matériel et périssable
de nos facultés intellectuelles; j'ai toujours été
son disciple sur la morale et le tendre amour
de l'humanité; j'avois malheureusement oublié
les dialogues du bon Jean-Jacques Rousseau qui
avoient fortifié mon âme et versé un baume
consolateur sur les blessures que lui ont fait depuis trois mois la noire méchanceté de mes im-
placables ennemis........... Je me suis couché à
minuit, non sans agitation; un sommeil paisible de 5 heures me rend frais et dispos pour
la grande épreuve que je vais subir; mon
cœur et ma conscience m'assurent qu'elle n'aura
rien de fatal ......

Cependant, mon amie, comme la justice
des hommes est soumise à tant de passions et
d'erreurs, je suis résigné à tout; s'il faut à la
Patrie une victime bien pure et bien dévouée,
j'éprouve un certain orgueil à lui servir d'holo-
causte; le sacrifice injuste d'un homme de bien

avance quelquefois plus une révolution que celui de mille scélérats. J'aime à croire que tu te pé-
nétreras de ces grandes idées, et te roidiras contre
toute foiblesse indigne de la cause sublime pour
laquelle je suis proscrit. Porcia et Cornélie doivent
être tes modèles, comme j'ai toujours évoqué
l'âme de Brutus et celle de Caton. Je laisse auprès
de toi une tige précieuse, digne de la République;
tu te dois toute entière à l'éducation de cet être
intéressant. Communique-lui ton âme et la
mienne; les exemples de son père le porteront
à la vertu. Quand il sera d'un âge à pouvoir s'é-
lever aux vertus sublimes, pénètre-le du sentiment de l'Etre-Suprême et de l'immortalité de
l'âme. Ce dogme consolateur est le seul réfuge
de la vertu flétrie et opprimée. J'espère qu'alors la
République sera bien affermie, car je la crois
impérissable, malgré les horreurs dont on la
souille : qu'il se contente de dire : mon père a
concouru de tout son être à cimenter le bonheur
de ses semblables : mais point de ressentiment
ni de vengeance contre mes oppresseurs. Ne se-
ront-ils pas assez punis par leurs remords? Que
jamais aucune passion odieuse ne déshonore la
gloire de mon sacrifice. Quand on a tout fait
pour la Patrie, c'est elle-même qui doit vous
venger sans y être provoquée........ Une loi bien
dure, et qui seule a le pouvoir de me troubler,

confisque tout mon juste avoir à la république ;
elle n'y gagnera pas beaucoup, car, dieu merci,
je n'ai jamais possédé, avec un travail opiniâtre,
que le pur nécessaire, et je suis du petit nombre
de ceux qui sortent de la Convention avec la
même indigence qu'ils y sont entrés. Si on exécute
cette loi à la rigueur pour t'enlever le peu qui me
reste, supportes avec fermeté ce nouveau désas-
tre. ...... La même loi charge la Patrie de pourvoir à l'existence des familles des condamnés qui
n'ont pas de quoi vivre, elle te procurera néces-
sairement plus qu'on ne peut t'ôter. Attends que
les préventions cruelles soient amorties, et alors
tu diras au Sénat des Français ; que je t'épousai,
il y a dix ans, sans autre dot que celle de tes vertus, et qu'il y va de sa gloire à ne pas te réduire aux horreurs de la misère........,.... Je n'ai pas
besoin de te recommander ma mémoire ; si
quelque main barbare essayoit encore de la flétrir,
tu as dans la connoissance intime de mes sentimens et de mes actions depuis que nous sommes ensemble, de quoi confondre la calomnie ;
et puis j'espère qu'on ne poussera pas la tyrannie jusqu'à t'enlever mes ouvrages sur la Vendée.
Un manuscrit précieux est sur mon bureau, je
l'avois retiré deux fois de l'impression, persuadé
que l'intérêt de la chose publique n'en avoit plus
désormais besoin ; tous mes persécuteurs y sont

complettement confondus ; mais comme la publication de cet ouvrage eût pu occasionner de nouvelles dissentions, je sacrifiai l'intérêt de ma gloire personnelle et ma réputation même à l'intérêt beaucoup plus éminent de la chose publique. Cependant, comme c'est une propriété sacrée où je démontre que je n'ai jamais eu une seule pensée, un seul mouvement qui ne tendît au bonheur du peuple, ce seroit un attentat sacrilège que de t'en dépouiller ; le ravisseur en seroit garant aux Dieux et aux hommes.

Adieu, ma charmante et infortunée amie : si cette lettre est mon testament et mon dernier baiser conjugal sur la terre, il est un autre séjour où les âmes vertueuses et aimantes doivent se retrouver. Fasse le ciel que ce terme n'arrive que quand mon Auguste n'aura plus besoin de toi ! Je vous envoie à l'un et à l'autre la bénédiction du juste.

PHELIPPEAUX.

———

ALEXANDRE

ALEXANDRE BEAUHARNAIS

A SA FEMME.

Le 4 thermidor, l'an 2 de la Repub.
Française, une et indivisible.

Toutes les apparences de l'espèce d'interrogatoire qu'on a fait subir aujourd'hui à un assez
grand nombre de détenus, sont que je suis la
victime des scélérates calomnies de plusieurs
aristocrates, soi-disant patriotes de cette maison.
La présomption que cette infernale machination
me suivra jusqu'au tribunal révolutionnaire, ne
me laisse aucun espoir de te revoir, mon amie,
ni d'embrasser mes chers enfans. Je ne te par-
lerai point de mes regrets, ma tendre affection,
pour eux, l'attachement fraternel qui me lie à
toi ne peuvent te laisser aucun doute sur le
sentiment avec lequel je quitterai la vie sous ces
rapports. Je regrette également de me séparer
d'une Patrie que j'aime, pour laquelle j'aurai
voulu donner mille fois ma vie, et que non-
seulement je ne pourrai plus servir, mais qui
me verra échapper de son sein, en me suppo-
sant un mauvais citoyen. Cette idée déchirante
ne me permet pas de ne te point recommander
ma mémoire. Travaille à la réhabiliter, en

prouvant qu'une vie entière consacrée à servir son pays et à faire triompher la liberté et l'égalité, doit, aux yeux du peuple, repousser d'odieux calomniateurs, pris sur-tout dans la classe des gens suspects. Ce travail doit être ajourné, car dans les orages révolutionnaires, un grand peuple qui combat pour pulvériser ses fers doit s'environner d'une juste méfiance, et plus craindre d'oublier un coupable que de frapper un innocent. (1) Je mourrai avec ce calme qui permet cependant de s'attendrir pour de plus chères affections, mais avec ce courage qui caractérise un homme libre, une conscience pure et une âme honnête dont les vœux les plus ardens sont pour la prospérité de la république. Adieu, mon amie, console-toi par mes enfans, console-les en les éclairant et sur-tout en leur apprenant que c'est à force de vertus et de civisme qu'ils doivent effacer le souvenir de mon supplice et rappeller mes services et mes titres à la reconnoissance nationale. Adieu. Tu sais ceux que j'aime, sois leur consolateur et prolonges par tes soins ma vie dans leur cœur. Adieu, je te presse ainsi que mes chers enfans, pour la dernière fois de ma vie, contre mon sein.

Alexandre BEAUHARNAIS.

---

(1) Sentiment, comme on voit, très-jacobin.
Note de l'Editeur.

PÉLAGIE.

Cette prison humide et malsaine renfermoit sous le règne affreux de Robespierre, environ trois-cent-cinquante prisonniers. On y a vu successivement les hommes qu'il faisoit poursuivre comme ses assassins, et les républicains courageux qui avoient fait quelques efforts pour démasquer son hypocrisie. Tous étoient détenus sans savoir pourquoi; car on ne leur permettoit pas la lecture de leur écrou. Et tel qui le matin se flattoit de ne pouvoir être atteint par le jugement d'une commission populaire, à deux heures après midi, étoit transféré à la Conciergerie et guillotiné le lendemain. C'est ainsi que souvent, faute d'avoir pu préparer sa defense, l'homme qui n'avoit pas le talent d'improviser, se trouvoit pendant le court espace des débats qui rouloient presque toujours sur une vingtaine d'affaires, toutes différentes les unes des autres, dans l'impossibilité d'éclairer le jury sur le genre des inculpations qui lui étoient faites.

Une cellule de six pieds carrés, éclairée par une fenêtre étroite garnie de larges barreaux de fer, transversalement rangés, recevoit humblement les malheureux que des commotions révolutionnaires avoient renversés, ou que des vengeances particulières avoient destinés à l'échafaud.

Une mauvaise paillasse, un matelas aussi dur que le marbre, et une couverture à demi usée composoient tout l'ameublement de ce triste manoir, continuellement infecté par les ordures du prisonnier qui l'occupoit, et à qu' il n'étoit pas permis d'aller satisfaire ailleurs les besoins de la nature. A son arrivée, un porte-clef à large figure, garnie d'épaisses moustaches, à la voix rauque, et au ton menaçant, lui demandoit avec un sourire sardonique, as-tu des sonnettes ? (de l'argent) S'il répondoit oui, on lui faisoit apporter une cuvette, un pot à l'eau, et quelques plats fêlés qu'il payoit le triple de sa valeur : mais si malheureusement il se trouvoit avoir le gousset vide, on lui disoit : « Ma foi, pays, tant pis pour toi ; mais ici, on n'a rien pour rien. » Alors le misérable étoit obligé de vendre à vil prix une partie de ses effets pour obtenir les choses les plus strictement nécessaires à la vie. Un citoyen qui occupoit, dans le mois de floréal, le n°. 10 du corridor du second étage, sacrifia pour vingt-cinq livres, une bague d'or de cent écus, afin de se procurer le mince nécessaire dont nous venons de parler.

Pendant les mois de floréal et prairial on ne donna, pour toute nourriture aux prisonniers, qu'une livre et demie de mauvais pain et un plat d'aricots très-durs, ordinairement accommodés avec de mauvaise graisse ou du suif. Les riches trouvoient le moyen de se procurer d'autres mêts en les payant fort cher ; mais les pauvres n'avoient pour substenter leur estomac épuisé par la douleur, que ce ragout infect et mal-propre.

Au commencement de messidor , l'administration de police institua , d'après un arrêté du comité de sûreté-générale , une cuisine dans chaque prison ; et les prisonniers furent alors nourris tous d'une manière uniforme ; chaque individus recevoit pour sa journée , une soupe qui étoit ordinairement passable , une demi-bouteille de vin , et trois plats de différens mêts ; et nous devons dire que si le vin et les ragoûts étoient presque toujours détestables , c'étoit la cupidité du traiteur et non le défaut de surveillance qui en étoit cause ; car les réclamations sur cet objet ont toujours été entendues avec complaisance et affabilité.

C'est sous ce régime de fer , que les prisonniers, détenus au secret , imaginèrent, pour charmer l'ennui dont ils étoient dévorés, de former entr'eux un espèce de club , dont ils avoient fixé la séance à 8 heures du soir. Quoique les portes de chaque chambre fussent d'une épaisseur prodigieuse, on s'étoit néanmoins apperçu qu'il étoit possible de se faire entendre d'un bout du corridor à l'autre, en criant un peu haut. Le premier qui conçut l'idée bisarre de ce délassement, fut le citoyen Marino, ex-administrateur de police, membre de la commune du 10 août et prorogé dans les fonctions municipales jusqu'au jour de son arrestation. A l'aide de cette invention, on s'instruisoit réciproquement et avec ordre de tout ce qu'on avoit appris des porte-clefs dans le courant de la journée ; et pour n'être pas compris dans le cas où l'on seroit entendu de quelqu'un d'entr'eux, ou des gendarmes qui étoient appostés sous les fenêtres, au-lieu de dire : « j'ai appris telle chose, » on disoit : « j'ai rêvé telle chose. »

Il falloit pour être reçu membre de cette société, n'être ni faux témoin, ni fabricateur de faux assignats. Quand il arrivoit un candidat (c'est ainsi qu'on nommoit les prisonniers nouvellement arrivés), le président étoit chargé de lui demander au nom de la société, son nom, sa qualité, sa demeure et le motif de son arrestation ; et quand il étoit bien reconnu qu'il ne s'étoit pas rendu coupable des délits qui emportoient l'exclusion, le président le

proclamoit membre de la société en ces termes :
« Citoyen , les patriotes détenus dans ce corridor ,
te jugent digne d'être leur frère et ami. C'est le
malheur et la bonne-foi qui les unissent entr'eux :
ils n'exigent de toi d'autres garans que ceux-là.
Je t'envoie l'accolade fraternelle : » et la société, pour éviter le bruit du claquement des
mains, crioit en signe d'applaudissement : Bon !
Bon !

Les séances ont constamment eu lieu jusqu'au mois de messidor , tems auquel les prisonniers obtinrent de l'administration de police
la faculté de se promener dans les corridors,
deux heures le matin eta utant le soir. Alors
ils se dirent ouvertement ce qu'auparavant ils
n'osoient se confier que paraboliquement. Il en
résulta même des liaisons particulières entre
plusieurs, dont le caractère sympatisoit parfaitement.

Un jour Cortey l'épicier, qui se trouvoit de
complicité avec le ci-devant comte de Laval-
Montmorency ; l'ex-marquis de Pons , Sombreuil,
ci-devant gouverneur des Invalides , etc. tous
prévenus de conspiration et guillotinés depuis,
faisoient des signaux à travers la fenêtre du corridor , à la ci-devant princesse de Monaco , et
lui envoyoit des baisers: le marquis de Pons
qui étoit présent , lui dit avec hauteur : « Il faut

que vous soyez bien mal élevé, monsieur Cortey, pour vous familiariser avec une personne de ce rang-là ; il n'est pas étonnant qu'on veuille vous guillotiner avec nous, puisque vous nous traitez en égal. »

Les jours s'écoulèrent sans rien produire de remarquable, jusqu'au neuf thermidor, qu'on vit arriver Lavalette, Dumas, un aide - de - camp d'Henriot, et plusieurs autres partisans et complices de Robespierre. Chacun se demandoit, en les voyant, qui avoit pu culbuter ainsi ces hommes jadis si puissans par leurs protecteurs et leur popularité. On fit à ce sujet diverses conjectures, qui toutes n'avoient aucun rapport avec le véritable motif de leur arrestation.

Le soir on demanda pour eux séance extraordinaire : elle eut lieu. Le président leur fit, au nom de la société, les interpellations d'usage. Aucun d'eux ne voulut y répondre. Pour se venger de leur silence obstiné, chacun se mit à faire sur eux les plaisanteries les plus piquantes. « Maintenant, disoit-on, que nous avons parmi nous, le confident intime du doge, et le magistrat suprême de la République, nous pouvons nous tranquilliser. Il seroit beau de voir arriver le doge lui-même ; en pareil cas nous ne pourrions nous dispenser de lui envoyer une nombreuse députation, et de lui donner une garde imposante, pour l'escorter dans le cas où le médecin Samson viendroit chercher sa majesté pour lui faire la petite opération dont il nous faisoit espérer le succès. »

D'autres plaisanteries de ce genre finissoient à peine, qu'on entendit sonner le tocsin ; cela réveilla l'attention. On crut qu'un incendie considérable s'étoit manifesté dans un des quartiers de Paris ; mais on changea bientôt d'avis, quand on entendit un des guichetiers, nommé Simon, crier à son dogue : « Va te coucher Robespierre. » Un instant après, on amena toute la famille Duplaix (1). Un des prisonniers s'écria : je vous annonce le ganimède de Robespierre, et son premier ministre. On apprit dès-lors, d'après plusieurs questions qn'on leur

---

(1) Duplaix étoit jadis un pauvre menuisier qui ne se doutoit guères du rôle qu'il joueroit dans la révolution. Robespierre, lors de l'assemblée constituante, vint loger chez lui et s'en fit un zélé partisan. Le père, la mère, les fils, les filles, les cousins et cousines etc. ne juroient que par Robespierre. Celui-ci, par reconnoissance, fit le père juré-assassin sous la direction de Fouquier-Tinville ; ses deux fils furent créés ses gardes-du-corps sous l'obédiance de Boulanger, capitaine de ses gardes. La mère Duplaix devint supérieure des dévotes de Robespierre ; et ses filles furent choisies pour chefs de file dans ce corps respectable.

F 5.

fit, toutes les circonstances qui avoient accompagné la chûte du tyran.

Le lendemain matin, aussi-tôt que les femmes apperçurent tous ces individus mêlés parmi les prisonniers, elles s'écrièrent : « Vous êtes avec vos sacrificateurs, vous devriez assommer ces gueux-là. » On se contenta de les molester un peu, parce qu'on avoit besoin d'eux pour apprendre tous les détails de l'insurrection. Le 11 thermidor, sur les neuf heures, le bruit se répandit que la femme Duplaix s'étoit pendue dans la nuit ; un citoyen annonça cette nouvelle disant : — Citoyens, je vous annonce que la reine douairière vient de se porter à un excès un peu fâcheux. — Quoi donc ? Qu'est-il arrivé ? s'écrioient Duplaix père et fils, qui ne savoient pas ce qu'ils vouloient dire. — Citoyens, ajoutoit-il, c'est un grand jour de deuil pour la France, nous n'avons plus de princesse. » — Ce qui nous amusa le plus dans tout ceci, c'est que le soir même Duplaix fils donna dix francs à un guichetier pour aller s'informer de la situation de sa mère qu'il croyoit en liberté ; et que le même homme vint lui dire qu'elle jouissoit d'une parfaite santé. Il est resté très-long-tems dans cette croyance ; ce qui a valu de sa part au guichetier, peu scrupuleux, au moins une cinquantaine d'écus pour des commissions supposées.

SAINT-LAZARE.

LES détenus n'ont pas eu beaucoup à se plaindre ni du régime de cette prison, ni des agens qui y étoient employés, jusqu'à l'arrivée du farouche Verner, élève de Guyard, envoyé par Robespierre, pour tourmenter ses malheureuses victimes. Depuis cette époque, les prisonniers ont souffert horriblement. Une nourriture aussi mal-saine que dégoûtante, du pain abominable, du vin falsifié et empoisonné, causoient une foule de maladies dangereuses ; ceux qui échappoient à la mort, n'échappoient pas à la faim qui étoit ordinairement très-aiguisée ; ajoutez à cela les terreurs que Verner jettoit dans l'âme des détenus ; et vous aurez une idée de leur triste position.

Une chose assez comique, c'étoit les écrous. Ici on lisoit : Vivian, perruquier, prévenu d'imbécilité et de peu de civisme (ce malheureux est resté un an au secret). Là, Robert, pour avoir négligé de renouveller sa carte de citoyen. D'autres étoient incarcérés comme suspects d'être suspects d'incivisme.

Dans les derniers tems, Herman, président des commissions populaires, venoit faire un

travail sur les listes qui lui étoient présentées ;
c'étoit Verner, qui étoit directeur-général des
assassinats. Dans les interrogations qu'on faisoit
subir aux prisonniers, on leur demandoit : as-
tu voté pour Raffet, ou pour Henriot ? as-tu
dit du mal de Robespierre, ou du tribunal révolutionnaire ? combien as-tu dénoncé de mo-
dérés, de nobles, ou de prêtres dans ta section ? Voilà quel étoit le cercle ordinaire des
demandes, qui, au surplus, ne se faisoient que
pour la forme ; car une fois les listes arrêtées,
ceux qui y étoient signalés avec la croix fatale étoient bien sûrs d'être égorgés.

Un des prisonniers qui a excité le plus d'intérêt,
est l'Auteur du des Mois, Roucher. Il passoit le
tems à former la jeunesse d'un de ses enfans,
nommé Emile, et cette occupation charmoit
les ennuis de sa captivité. Le jour qu'il reçut
son acte d'accusation, il prévît bien le triste
sort qui l'attendoit ; il renvoya son fils, à
qui il donna son portrait pour le remettre à
son épouse. Cet envoi étoit accompagné du
quatrain suivant, adressé à sa femme et à ses
enfans.

Ne vous étonnez pas, objets charmans et doux,
Si quelqu'air de tristesse obscurcit mon visage ;

Lorsqu'un savant crayon (1) dessinoit cet image ,
On dressoit l'échafaud , et je pensois à vous.

Le général Beysser , après sa condamnation ,
fit le couplet suivant :

Air : *Du vaudeville de la Soirée orageuse.*

Amis, la marche va s'ouvrir ;
Ah ! plus de regards en arrrière ,
Déjà d'autres ont su courir
Avant nous la même carrière.
Sous la faulx cruelle du tems
Tombent les vertus et les crimes ,
Et nous sommes , aux mêmes instans,
Spectateurs, acteurs et victimes.

EPITAPHE DE ROBESPIERRE.

Plus fourbe , plus méchant , plus cruel que Néron ,
Ce puissant scélérat, l'infâme Robespierre
Vient enfin d'achever sa trop longue carrière;
Avec lui ses suppots ont passé l'Achéron.
Ce monstre , ravageant les rives de la Seine ,
Fit couler à grands flots et le sang et les pleurs ;
De ses noirs attentats , de ses sombres fureurs,
A son tour répandu , son sang porte la peine.
Fatale guillotine ! emportant ses regrets ,
Sous ta hache il est mort, maudit de tout le reste :

______

(1) Le peintre Suvée.

L'humanité gémit , pleure encore et déteste
Ses crimes , leur triomphe et leurs affreux progrès.

———

DANTON AU BORD DU STIX.

Lorsqu'arrivés au bord du fleuve Phlégeton ,
Camille-Desmoulins , Desglantines , Danton ,
Payèrent pour passer cet endroit redoutable ,
Le nautonier Caron , citoyen équitable ,
A nos trois passagers voulut remettre en mains
L'excédent de la taxe imposée aux humains :
Gardes, lui dit Danton , la somme toute entière :
Ce sera pour Couthon , Saint-Just et Robespierre.

———

Les trois pièces suivantes ont été composées
au Luxembourg : les paroles sont du citoyen
Fontaine , instituteur , et la musique du citoyen
Bailleux , tous deux alors détenus.

ODE *patriotique sur la prise de Toulon ,*
par les Français.

Despotes orgueilleux , dont l'Europe avilie
Honoroit en tremblant le pouvoir usurpé,
Connoissez les soldats d'un peuple détrompé ,
 Craignez la France rajeunie,
D'un ridicule espoir vous fûtes enivrés ;
Voyez le fer vengeur suspendu sur vos têtes ,
Et n'espérez jamais conserver de conquêtes
 Sur les Français régénérés.

Des traîtres corrompus par l'or de vos ministres ,
A la flotte ennemie, ont pu livrer un port ,
Mais de nos défenseurs un seul et noble effort
    A détruit leurs projets sinistres.
    Quoi ! trois peuples ligués ont acheté Toulon ?
Naples, Londres , Madrid , unis pour la défendre ,
N'auront donc emporté de cette ville en cendre,
    Que débris et confusion ?

    Vous ne comptez jamais que sur la perfidie ,
Agent déshonorés de tyrans imposteurs ;
Et le fer à la main nos bataillons vainqueurs
    Abjurent la diplomatie ;
    En vain par vos trésors des brigands soudoyés ,
De l'infâme Vendée inondoient la campagne ,
La foudre a retenti sur la sainte montagne ;
    Et dans leur sang ils sont noyés.

    La raison a dompté l'hydre du fanatisme ,
N'espérez plus mouvoir un ressort trop usé ;
Notre auguste sénat tour-à-tour a brisé
    Le sceptre du fédéralisme.
Les peuples ont appris à dériver leurs fers ;
Le genre humain reprend ses vertus naturelles ;
Et de l'égalité les douceurs fraternelles
    Vont s'étendre sur l'univers.

    Pénétrez dans Toulon , cohortes intrépides,
L'opprimé vous appelle du fond de ses cachots ,
Et l'Anglais éperdu fait bouillonner les flots
    Sous ses escadres homicides.
Mais dans les souterreins quel fantôme plongé

Vient frapper vos regards de son ombre sanglante ?
C'est Beauvais ; il respire ; ah ! comblez son attente :
　　Nous le pleurions , il est vengé.

LA JEUNE EPOUSE D'UN DETENU.

　　Dans mon paisible ménage
Que je coulois d'heureux jours !
Non , le plus léger nuage
Ne troubloit pas nos amours :
Mon époux, de son épouse,
Prévenoit tous les desirs ,
Et moi je n'étois jalouse
Que d'augmenter ses plaisirs.

　　Dieux ! qu'aujourd'hui sur la terre
Pour moi les tems sont changés !
Dans un donjon solitaire
Tous mes amis sont plongés.
Tous les jours sous leur fenêtre
Je me promène à l'écart ;
Et je crois , hélas ! renaître,
Si j'en obtiens un regard.

　　Toi qui dans tes bras me presses,
Tendre fruit de mon hymen ,
Ah ! redouble les caresses
De ton innocente main.
A ton père qui m'adore
Viens sourire avec douceur ;
Ton cœur est trop jeune encore
Pour sentir tout son malheur.

Tout attriste la nature
Dans ce lieu de désespoir ;
Mais je brave la froidure,
Pour le plaisir de le voir,
Pour moi quelle jouissance
De lui présenter mon fils !
Qu'il renvoie à l'innocence
Ses baisers et son souris !

UN DETENU

A l'épouse qui se promène avec son enfant.

Ton image, dans mon sommeil ,
A mon âme est toujours présente ,
Et de toi ma muse constante
S'occupe encore à son réveil.
Aux premiers rayons de l'aurore ,
Si le ciel me semble serein ,
J'aurai donc , me dis-je soudain ,
Le plaisir de la voir encore.

Taisez-vous, vents impétueux ,
Vous la forceriez à l'absence ;
Et j'ai besoin de sa présence ,
Pour jouir au moins par les yeux.
Pour le jour de ma délivrance
Je me réserve un triple espoir :
L'entendre , lui parler , la voir,
N'est-ce pas triple jouissance ?

Jamais la saison des frimats
Ne m'a paru si désolante :

Je perds souvent l'heure charmante
Qui me ramène ici tes pas.
Jamais le soleil de brumaire
N'eut tant de charmes à mes yeux ;
Il me promet l'instant heureux
De voir et l'enfant et la mère.

Qu'un esprit fin , libre et subtil,
S'occupe de la politique ;
Ce n'est qu'au progrès de l'optique
Que je rêve dans mon exil.
Oui , pardonne-moi les lorgnettes ,
Je suis astronome , et tes traits
Pour mes yeux seront désormais
Vénus et toutes les planettes.

PRÉCIS *historique sur la maison d'arrêt de la rue de Sèvres , et faits relatifs à la révolution du 9 thermidor.*

DANS le nombre considérable des maisons d'arrêt de Paris, où Robespierre avoit fait renfermer les victimes qu'il dévouoit à la mort, il y en avoit une rue de Sèvres, qui paroissoit dans l'origine avoir été moins marquée que les autres du signe de la destruction.

La section du Bonnet rouge qui avoit fondé cet établissement, et qui des premières s'étoit arrogé l'autorité d'arrêter , non - seulement dans sa section , mais par-tout, sans aucun mandat d'arrêt des autorités supérieures , avoit déjà commencé dès le 20 septembre 1793 (vieux style) à y amener une partie des personnes les plus riches de la section , auxquelles elle en réunit bientôt d'autres , qui joignoient à cette qualité celle d'avoir occupé les premières places de la cour.

Cette section voyant que le comité de sûreté générale lui laissoit tout pouvoir pour ses arrestations , et la chargeoit même de celles que les autres sections négligeoient de faire , établit en conséquence une sorte de spéculation de finance assez lucrative, en prenant vers la fin de mars (vieux style), au-lieu d'une petite maison où elle s'étoit déjà logée, une maison beaucoup plus vaste, dans laquelle elle louoit à des détenus des appartemens, c'est-à-dire deux chambres, jusqu'à 12 livres par jour ; de manière que le total de cette location pouvoit se monter jusqu'à 150,000 livres par an, quoiqu'il fût constant qu'elle n'étoit censé la louer que 2400 livres, c'est-à-dire, qu'elle avoit fait un bail à ce prix, mais qui n'a jamais été signé ni par le propriétaire, ni par ses gens d'affaire.

Il est vrai que cette prison étoit en apparence moins prison que beaucoup d'autres ; sa position à l'encoignure du boulevard, le jardin dans lequel on se promenoit alors, donnoit à la malheureuse société qui y étoit détenue une apparence de liberté, et annonçoit que cette maison renfermoit plutôt des gens voués à la haine qu'à la mortelle vengeance du parti opprimant.

La plus grande partie des détenus étoit du nombre de ceux qui avoient ci-devant joui des honneurs et de toutes les aisances que procuroient les places qu'ils avoient occupées.

La patience et la résignation ont toujours habité cette maison, et ces deux vertus paroissoient s'acroître en proportion du plaisir cruel qu'éprouvoient ceux qui l'administroient, lorsqu'ils venoient enlever aux détenus quelques douceurs dont ils les avoient précédemment laissé jouir.

On supportoit toutes ces privations, sans le moindre murmure ; aux grossièretés et aux injures on ne répondoit que par le silence ; en un mot, cette maison étoit un cloître, où gémissoient des victimes dévorées par l'ennui.

La paix et la tranquillité qui régnoient dans ce lieu, sembloient en avoir repoussé la crainte sourde des jugemens iniques et cruels qui planoient sur les têtes des détenus des autres maisons d'arrêt.

Depuis plus de six mois, sur 160 malheureux qui y étoient renfermés, deux seuls prisonniers avoient été tirés de la maison pour être immolés, lorsque le 7 thermidor (25 juillet vieux style), à cinq heures du soir, tandis que chacun étoit dans sa chambre, ou paisiblement rassemblé dans celles de ses compagnons d'infortune, on entendit un bruit confus de voix dans la rue, qui annonçoit quelque événement. Aussitôt on voit un chariot immense traîné par quatre chevaux ; quatre gendarmes se présentent à l'instant dans la cour, suivis d'un huissier du tribunal révolutionnaire, qui sembloit, par sa physionomie et sa stature, n'être destiné qu'à annoncer des choses sinistres. Cet homme farouche donne aussi-tôt l'ordre au concierge de sonner la cloche pour que tout le monde au même instant se rassemble dans la cour; chacun s'y rend en tremblant sur sa destinée; quelques-uns cependant se flattoient encore qu'il étoit peut - être question de transférer des prisonniers dans une autre maison.

L'huissier prend alors la liste, et ayant dans sa main tous les actes d'accusation, ce qui faisoit croire cette liste très-volumineuse, chacun attend dans un morne silence ce qu'il va prononcer; le concierge veut faire l'appel nominal de tous les détenus, et avoit déjà commencé, lorsque l'huissier prend la liste et fait lui même l'appel.

Il nomme d'abord Gramont-Dorsan ; mais le nom mal lu, ne laisse pas à douter, même à la malheureuse victime qui en étoit l'objet, que c'est Dossun qu'on appelle. Alors, on commence à savoir que tous ceux qu'on alloit nommer, étoient destinés à être conduits à la Conciergerie, et le lendemain au tribunal révolutionnaire, ou ce qui est la même chose, à l'échafaud.

On continua d'appeller Kerouent (1), Molevier, Chimay (2), Narbonne-Pelet, Cécile-Queuvrin, sa femme-de-chambre, sous le nom de femme de confiance, qui eut la présence d'esprit de dire à l'huissier qu'elle n'avoit jamais que la première qualité ; Raymond-Narbonne, nièce de la précédénte suit après. On les fait ranger sous la porte, et l'huissier établit une ligne de démarcation entre eux et les autres détenus. On leur permet à peine d'aller, accompagné d'un porte-clef, chercher un paquet nécessaire à leurs besoins de la nuit.

Raymond-Narbonne joignant l'air d'une noble fierté à l'expression touchante de la sensibilité maternelle pour une fille de 10 ans qu'elle avoit avec elle, veut s'approcher de cet enfant, qu'elle sait bien qu'elle ne reverra plus ; mais

---

(1) Kersaint dit en descendant dans la cour : eh ! bien mes amis, vous m'avez tant reproché de voir les choses en noir ; il me semble que cela n'est pas couleur de rose.

(1) Darmentières cria de sa fenêtre « me voilà » avec cette sérénité qui ne l'avoit jamais quitté un seul instant dans la prison, et comme si l'on l'eût appellé pour sa liberté.

à peine lui laisse-t-on le tems de dire deux
mots à la citoyenne ci-devant duchesse de Choi-
seul, pour la lui recommander, puis retour
nant prendre sa place auprès de ses camarades
de malheur, et s'adressant à l'une d'elles,
qui demandoit quelque chose à l'huissier : ne
vous avilissez pas, lui dit-elle, à faire la
moindre demande aux hommmes de cette espèce.

On appelle ensuite Clermont-Tonnerre (1),
Crussol-d'Amboise, et l'évêque d'Agde (Saint-
Simon), en affectant de prononcer avec déri-
sion et satisfaction son ancien titre ; on demande enfin le nommé Viot, sorti depuis six
mois de la maison pour être transféré à Saint-
Lazare, et dont cependant on ignoroit la nouvelle demeure ; erreur qui s'est commise plus
e vingt fois dans cette maison, tant par la
négligence extrême des commissaires de section,
que par la confusion qui régnoit dans les bureaux du comité de sûreté-générale.

Enfin la fatale liste est épuisée ; après une
heure d'effroi, où chacun avoit en particulier
pour supplice la certitude de la mort de ses camarades désignés, et la crainte de faire partie
du convoi, l'huissier prononce que chacun peut

---

1) Clermont-Tonnerre, âgé de plus de soixante-
douze ans, s'avança d'un pas ferme, sans la moindre

se

se retirer Cet espèce de bourreau vint ensuite. passer les victimes en revue et compter à plusieurs reprises, jusqu'à ce qu'il fut bien sûr d'emmener avec lui les onze prisonniers désignés, qui furent à l'instant embarqués dans le fatal charriot, pour se rendre à la maison de la rue de la Bourbe, où l'on alloit le completter, et de-là le conduire à la Conciergerie.

Chacun alors rentre dans sa chambre, en gémissant autant sur le sort de ses camarades, que sur celui qui pouvoit l'attendre en particulier.

On pouvoit bien, en effet, regarder comme certain le sort des malheureux qu'on venoit de voiturer, puisqu'un des quatre gendarmes eut la barbare franchise de dire à un des détenus, que le lendemain, à pareille heure, il n'en existeroit pas un seul de ceux qu'il emmenoit. Quel audace dans le crime, puis-

---

altération sur son visage, et comme s'il alloit se rendre à quelques cérémonies où son rang l'eût appellé autrefois.

(2) Vers la fin de fructidor on vint pour apporter la liberté à un de nos camarades qui avoit été exécuté vers la fin de floréal. Le porteur d'ordres s'annonça en disant qu'il venoit rendre la liberté à un des meilleurs

qu'on ne prenoit pas même la peine de le cacher à ceux qu'il étoit inutile de mettre dans la confidence !

Cependant l'espérance, qui ne nous abandonne jamais dans les momens les plus affreux, avoit encore abusé plusieurs d'entre nous, jusqu'à croire que cette terrible visite seroit la seule qu'on viendroit faire dans la maison ; et comme il paroissoit que les onze victimes étoient du nombre de celles que l'état passé et la fortune sembloient avoir désigné aux coriphées du systême régnant, on se berça, pendant la funèbre nuit qui succéda à cette triste soirée, de l'idée qu'une pareille scène ne se renouvelleroit pas, ou qu'au moins elle seroit remise à des tems plus éloignés. Le lendemain, 8 thermidor, samedi 26 juillet (vieux style), au moment même où l'on égorgeoit les victimes de la veille, on entend arriver avec grand bruit, entre cinq et six heures du soir, la fatale voiture, précédée d'une multitude immense, avide de ces sortes de spectacles.

---

patriotes ; que personne n'avoit fourni plus de pièces que lui pour le prouver ; et s'il l'avoit connu particulièrement, il auroit pu ajouter que c'étoit le plus galant homme, le plus obligeant et le meilleur père, qui ne parloit jamais de ses enfans que les larmes aux yeux.

L'horreur que cette voiture inspira à ceux qui purent la voir de leurs fenêtres, fut extrême ; la terreur profonde qu'avoit encore laissé l'événement de la veille, grossissoit à leurs yeux le charriot de la mort, si bien qualifié par un des détenus, du nom de la grande bierre roulante. Elle parut à tout le monde le double de celle de la veille ; elle étoit vide, et tout portoit à croire qu'on venoit la remplir par 30 ou 40 prisonniers.

A l'instant la cloche de la mort sonne. Le concierge avoit cependant demandé à l'huissier, vu l'état de foiblesse et de mauvaise santé où la scène de la veille avoit laissé plusieurs femmes, qu'on s'en dispensât, et qu'on fît chercher dans leurs chambres ceux qui étoient désignés, ainsi que cela se pratiquoit dans les autres prisons ; mais le farouche huissier répondit : il le faut, pour que cela serve d'exemple aux autres.

On sonne donc ; on ordonne à tous les détenus de se rendre dans la cour, pour y attendre leur destinée ; chacun descend en tremblant, on hésitoit au bas des escaliers, craignant que chaque pas n'approchât du ruisseau, qui faisoit la ligne de démarcation entre la vie et la mort.

Les mères cherchoient dans le reste de leurs

forces de quoi rassurer leurs enfans, trop foibles pour supporter un aussi affreux spectacle et une si terrible anxiété.

Dans ce moment de réunion, de craintes et de malheurs, il eût été difficile de distinguer les familles, tous étoient père, mère, enfans, frères et sœurs, tous se serroient et chacun aidoit à donner à son voisin un courage dont il avoit besoin pour lui-même.

Aussi-tôt le plus profond silence est rompu par la voix de l'huissier, qui prononce de sa voix terrible le nom de Maille, qui, seule et sans appui, perce la foule désolée; elle s'avance avec l'oubli de soi-même et le seul souvenir de ses enfans, qu'elle recommande aux infortunés qui l'entouroient. Près du fatal ruisseau, elle parle à l'huissier, et a la présence d'esprit de demander qu'elle est celle qui est désignée sur la liste ; elle reconnoît alors que les noms de baptême et de fille ne sont pas les siens : à l'instant l'huissier voyant son erreur, l'interroge sur la demeure de cette infortunée ; mais son cœur voulant dans le premier instant mettre en défaut sa mémoire sur le sort de sa malheureuse belle-sœur, elle vit que ce seroit en vain, et finit par dire qu'elle la croyoit dans la maison de Saint-La-

zare (1). Elle revient ensuite avec cette contenance fière et noble, qui ne l'avoit pas quitté
un instant, se rejoindre aux grouppes de ses compagnons, qui avoient à peine la force de jouir du
bonheur qu'ils éprouvoient en la voyant échappée
pour cette fois, et qui ne savoient pas encore
si leurs noms n'alloient pas sortir de la bouche
du crieur de la mort.

Enfin cet homme, après avoir contemplé une
scène qui charmoit son atrocité, et qui déchiroit le cœur le plus froid et le plus insen-
sible, prononce qu'on ne demandoit plus personne dans la maison, et part avec la voiture,
pour aller la remplir dans une autre maison
d'arrêt.

Ceux qui avoient eu la force de résister à
cette épouvantable épreuve, dès qu'ils commen-

---

(1) Ces deux femmes ont vu la mort de près, car
celle qui étoit à Saint-Lazare, fut conduite le soir même,
8 fructidor, à la Conciergerie, et le lendemain 9, dernier
jour des boucheries, elle n'échappa à la mort que par
l'état de convulsions auxquelles elle étoit sujette, et qui
lui prirent d'une manière si violente au tribunal, que
les juges crurent devoir remettre son interrogatoire ; mais
heureusement, il n'y avoit plus de lendemain pour le
crime.

cèrent à respirer, s'empressèrent de porter des secours aux femmes, qui étoient dans l'état le plus pitoyable.

La mort, pour cette fois, sembloit avoir fait grâce à tous les prisonniers, c'étoit en effet le dernier jour de l'empire qu'elle exèrçoit depuis si long-tems sur tous les détenus. La Convention nationale luttoit alors contre les scélérats qui avoient juré sa ruine, et les terrassoit.

Elle connoissoit toutes les trames qu'on ourdissoit contre les citoyens qui étoient détenus, et qu'on se proposoit d'envoyer successivement à l'échafaud ; elle savoit que le décret qui avoit été rendu le 17 germinal, contre tous les ex-nobles, pour les obliger de sortir de Paris et des villes frontières et maritimes, et de choisir une municipalité, qui répondoit en quelque façon d'eux, comme un concierge répond de son prisonnier, n'avoit été rendu que pour s'éviter la peine de les faire mettre tout-à-la-fois dans des maisons d'arrêt, et les y tenir en dépôt pour les y aller chercher à mesure que ces maisons se videroient en passant par le tribunal révolutionnaire. La maison d'arrêt de la rue de Sèvres étoit bien une preuve de cette vérité, puisque deux jours après l'expédition des onze malheureuses victimes, on en amena sept de la même famille, qu'une section de Paris avoit été chercher jusqu'au près de Tonnerre; parmi elles étoit une femme grosse de près de neuf mois, que l'on mit dans un grenier à 75 marches de hauteur; depuis ce tems il ne fut plus amené d'autres prisonniers, que ceux qu'on appelloit des gens du 9 thermidor.

Alors le sang cessa de couler, ou du moins on ne répandit plus que celui des monstres, qui depuis plusieurs mois, n'avoient cessé de s'abreuver de celui de l'innocent.

Il paroît certain que Robespierre auroit poussé les exécutions journalières du tribunal révolutionnaire, jusqu'au nombre de 100 par jour dans chaque salle de jugement; car on a su bien positivement par des citoyens attachés à ce tribunal, que les ordres avoient été donnés pour construire dans les salles des amphithéâtres capables de contenir à-la-fois ce nombre d'accusés.

Malgré tous ces moyens infernaux, il est encore plus que probable qu'on avoit formé le projet, et ce d'accord avec la commune de Paris, de se défaire, dans un jour d'émeute, que l'on auroit aisément excitée, et qui probablement auroit eu lieu la nuit du 9 au 10 thermidor, de tous les prisonniers; on avoit récemment changé à cet effet presque tous les concierges des prisons, pour que ces instru-mens du crime leur fussent totalement dévoués Celui de la maison de la rue de Sèvres, la nuit du 9 au 10 thermidor, sous prétexte de faire la visite des lumières de la maison, qui y étoient défendues passé dix heures, étoit venu, entre dix et onze heures, dans une grande partie des chambres, en recommandant qu'on lais-sât les clefs aux portes, parce qu'il pourroit bien y venir deux ou trois fois dans la nuit. On observa qu'il ne fit cette visite que dans un des côtés de la maison, et qu'il ne s'arrêta que parce qu'on entendit, à minuit, une sonnette à la porte de la rue qui le fit descendre, et l'obligea, sans doute, de ne plus poursuivre son projet. Aussi une des premières choses qu'on lui entendit dire, le 10 au matin, c'est que les choses étoient bougr......... changées, et ce mot énergique commença à répandre un rayon d'espoir dans l'esprit inquiet de tous les déte-nus, qui sentoient qu'ils étoient dans une crise violente, sans savoir ni ce qui la produisoit, ni quelle issue elle pourroit avoir.

Nous étions en effet, dans ce moment, dans la plus profonde ignorance de tous les évènemens. Non - seulement tous les journaux nous étoient interdits, mais même il étoit ex-pressément défendu à tous les colporteurs, de les annoncer à plus de deux-cents toises de la maison : une femme seulement, dont la voix étoit aussi forte que sanguinaire, avoit seule le privilège exclusif de nous crier, très-exactement, et à différentes reprises, le nom des condamnés par le tribunal révolutionnaire, et, lorsqu'il n'y en avoit que vingt, elle avoit coutume de dire que, le lendemain, elle espéroit bien en annoncer davantage.

Enfin, cette nuit du 9 au 10 thermidor nous annonçoit de grands évènemens, tant par la quantité énorme de patrouilles que nous voyions passer, que par la générale que nous entendions battre, depuis dix heures du soir ; une grande partie des détenus, sentant la position affreuse dans laquelle ils pouvoient se trouver à chaque instant, il avoit été convenu que plusieurs de ceux qui habitoient les remises veilleroient toute la nuit, pour avertir les autres. La connoissance que nous avions acquise du caractère atroce du nouveau concierge, qu'on nous avoit donné depuis quinze jours, nous donnoit à croire qu'il étoit propre à se livrer à toutes les cruautés qui lui seroient ordonnées. Aussi, quelques jours après l'exécution des chefs de ces horribles complots, on vint se saisir de lui, à neuf heures du soir, pour le conduire en prison ; ce qui procura quelque soulagement aux détenus.

G 5

Ce concierge avoit imaginé, depuis quelque tems, de mettre des sentinelles, même le jour, dans la cour, pour la traverser diagonalement, avec injonction de rompre tous les grouppes de trois en quatre personnes, qui, en se promenant, s'arrêtoient quelquefois un instant; mais, heureusement pour nous, il se trouva que, le 10 thermidor, un jeune homme de bonne famille, et fils d'un malheureux père très-riche qui venoit d'être guillotiné depuis peu, prenant part à notre situation, ne put s'empêcher de nous faire part des bonnes nouvelles, dont il sentoit bien l'importance pour ceux qu'il étoit obligé de garder ; et, tout en marchant, il lâchoit de tems à autre un mot sur Robespierre ; ce qui nous apprit sa chûte totale. Aussi, deux jours après, le concierge, furieux de voir que, malgré sa vigilance extrême, nous étions instruits de ce qui se passoit, imagina de supprimer les sentinelles de la cour et du jardin, pour mettre de gros chiens à la place.

Quand on rapproche toutes ces particularités, d'autres faits antérieurs ; quand on se rappelle que la municipalité conspiratrice de Paris, étoit venue sans aucun décret faire la visite pendant deux jours consécutifs, nuit et jour, de tous les effets, argent et argenterie des détenus ;

que ces mêmes municipaux firent cette visite
sans faire apparoître aucun ordre à cet effet ;
quand on songe qu'ils poussèrent la recherche
jusqu'à ôter tous moyens de défense , même des
objets les plus minutieux , tels que compas et de
petits outils à faire des fleurs ; que le concierge
vint même quelques jours avant le 9 thermidor , enlever jusqu'aux moûchettes , quoique la
chandelle fut permise , il en résulte qu'il est plus
que probable que depuis long-tems on méditoit
un affreux projet contre les prisons , et qu'on
vouloit non pas que les détenus n'attentassent
point à leur vie , mais leur ôter jusqu'à la moindre défense contre tous ceux qui devoient être
chargés d'y attenter.

Il est certain qu'on n'avoit placé d'autres
concierges dans les maisons d'arrêt , qu'afin qu'on
fût sûr qu'ils se prêteroient au changement des
écrous (1) , et ceux de notre prison ont été no-
toirement dénaturés.

Ceux que la tyrannie avoit dévoués à la
mort, étoient écroués sous la simple dénomination,
arrété par mesure de sûreté - générale.

---

(1) Le nouveau concierge a raconté à l'un des détenus
qu'il étoit sorti de la prison de l'Abbaye , pour n'avoir
pas voulu se prêter au changement des écrous , les ayant
toujours regardés comme un dépôt sacré.

G 6

C'est ainsi qu'on enfermoit les victimes, qui, rassurées en quelque sorte sur le genre d'inculpations qui leur étoient faites, ne s'appercevoient du précipice, que lorsqu'ils y étoient tombés.

MAGDELONNETTES.

LES nombreuses arrestations des premiers jours de septembre 1793 (vieux style), encombrèrent tout-à-coup cette prison, et d'une maison de force, en firent une maison d'arrêt. Au commencement de ce mois, les Magdelonnettes comptoient peu de prisonniers ; ce qu'on appelle la paille logeoit au troisième étage, elle se composoit de fabricateurs de faux assignats, de faussaires et de voleurs. Cette tourbe ayant voulu s'évader, on la fit descendre au rez-de-chaussée, où on eut soin d'empêcher de nouvelles tentatives.

Les premiers suspects qui étrennèrent cette maison, furent les citoyens des sections de la Montagne, du Contrat-Social, des Marchés, etc. au nombre de quinze et vingt par contingent de chaque section ; les citoyens de la Montagne furent placés dans le corridor du troisième, et jurèrent de ne point se séparer que d'après un ordre supérieur; les sections qui vinrent ensuite furent confinées dans le local qu'occupoient les pailleux : c'étoit des chambres de cinq pieds carrés, de neuf de haut, donnant sur les derrières, ayant chacune deux fenêtres de six petits carreaux et ornées de grilles bien solides; dans chacune de ces chambres, se trouvoient douze crêches, accolées trois ensemble; chaque crêche avoit un pied et demi de large sur six pieds de long, et garnie d'une mauvaise paillasse toute chargée de vermine.

Le concierge de cette maison, Vaubertrand fils, homme exact, mais sensible, dont le caractère ne s'est jamais démenti pendant cent jours que j'ai resté dans cette maison, cherchoit toutes les occasions d'adoucir le sort des citoyens qui n'étoient que suspects. L'institution des crêches inventées pour avilir l'espèce humaine, disparut par ses soins, et les objets de première nécessité furent distribués avec affabilité aux prisonniers.

La première nuit de notre arrivée, il fallut coucher sur la paille; le lendemain on nous donna des matelas; et quelques jours après, nos chambres furent décorées de tablettes, et de petits meubles très-commodes.

Les bois de lits tenant plus de place que

des crêches, on n'en put placer que huit dans
chaque chambre; chacun mit la main à l'œuvre, et en moins d'une heure les crêches
furent démontées et les lits placés, ce qui
réduisit les chambrées de douze qu'elles étoient,
à huit citoyens.

Ces premiers jours de captivité peuvent être
appellés avec vérité, le siècle d'or. Nous
étions tous sensibles à la perte de notre liberté,
mais n'ayant rien à nous reprocher, nous supportions cette privation avec cette fermeté qui
caractérise l'homme probe, le véritable républicain qui sait se soumettre aux lois. Hélas !
nous ne prévoyions pas les jours de douleur
et de désespoir qui ont marqué depuis notre existence ! On n'égorgeoit pas encore, les boucheries n'étoient pas en permanence...... Mais
n'anticipons pas sur les évènemens.

Nous jouissions alors de la permission de voir
nos femmes, nos parens, nos amis, qui venoient
tous les jours nous apporter des consolations et
de l'espérance.

Les commensaux de notre corridor, étoient
plusieurs artistes du théâtre Français, Boulainvilliers, de Crosne, le général Lanoue, Fleurieux (1); ils nous avoient précédé de quel-

____

(1) Fleurieux, ex-ministre de la marine.

ques jours, et ils occupoient à deux des chambres de huit pieds carrés.

Cette maison qui ne devoit contenir que 200 personnes, en renferma bientôt 270 à 280 ; cette augmentation resserra les prisonniers, et on couchoit dans les corridors.

Ces corridors avoient cinquante pas de long. A l'une des extrêmités, étoient des latrines infectes, qui répandoient, dans toute la maison, une odeur tellement insupportable, qu'il étoit impossible de s'y promener, et l'on ne pouvoit tenir les portes ouvertes, sous peine de tomber en asphyxie. A l'autre extrêmité, étoit une petite fenêtre, qui fournissoit à elle seule un petit courant d'air, qui n'étoit pas suffisant pour neutraliser le méphitisme des latrines. Aussi il survint bientôt une sorte d'épidémie, qui auroit emporté beaucoup de monde, sans les secours et les soins infatigables de l'honnête et zélé Dupontet, médecin de la section de l'Homme-Armé. Nous aurons occasion, par la suite de reparler de ce citoyen. Dupontet fit ouvrir toutes les portes et fenêtres, à une certaine heure et pendant un tems déterminé, fit brûler du vinaigre et prescrivit, pour ordonnance, de prendre de l'exercice, avant de dîner et de rentrer. On exécutoit régulièrement des marches et des évolutions, que commandoit le général Lanoue, ou Saint-Prix, artiste du théâtre Français. De cette manière, nous conjurions la maladie.

On remarquoit, dans ces évolutions, l'ex-lieutenant-civil, Augrand-d'Alleray, qui, quoiqu'octogénaire, se tenoit aussi droit que le plus vigoureux jeune homme. Aux exercices du soir, il paroissoit, une bougie à la main, marchoit au pas, et ne manquoit point une évolution. De Crosne étoit aussi de la partie.

Malgré toutes ces précautions, la petite vérole se manifesta, et Sabran (1) en fut victime. Dupontet, malgré tous ses soins, toutes ses veilles, et Seignelai (2), son infirmier, ne purent le sauver.

Lecamus de Laguibourgère (3) la prit de lui, et fut assez heureux pour en revenir. Heureux ! que dis-je ?...Quelques jours après, Laguibourgère fut supplicié.

Chaque fois qu'il entroit un administrateur

______

(1) Sabran, ancien colonel de cavalerie.

(2) Seignelai, marchand de vin, de la section de Grenelle.

(3) Lecamus de Laguibourgère, ancien conseiller au parlement de Paris.

de police , nous lui portions nos plaintes , sur
ce qu'il n'y avoit pas d'infirmerie dans une maison
où les prisonniers étoient amoncelés en si
grand nombre : l'arrogant municipal faisoit fort
peu de cas de nos réclamations ; il promettoit
vaguement , rien ne s'exécutoit. On demandoit
une cour, offrant de payer le supplément de
garde que cette permission nécessiteroit : on
promit encore une fois , et la cour ne fut ouverte
que le 18 frimaire, tems où il n'étoit plus possible de jouir de la promenade , vu la rigueur
de la saison.

Tous les agens de l'autorité étoient de glace
pour nos maux. Arrivoit-il quelqu'un d'entr'eux,
aussi-tôt il étoit entouré ; on lui faisoit le tableau déchirant de l'affreuse situation de plusieurs détenus : l'agent de la tyrannie écoutoit
avec distraction , jouoit l'homme affairé , lâchoit
quelques mots insignifians, disparoissoit , et laissoit dans l'abattement des malheureux , luttant
contre la mort et le désespoir.

Le 8 octobre (vieux style), on nous annonça
la visite des administrateurs de police , dont l'un
étoit Marino , de la section de la Montagne,
l'un des bourreaux de Lyon, connu de tous les
prisonniers , comme le plus hardi scélérat. Il
arrive, avec une grotesque dignité , une allure
insolente , un habit sale , chapeau gras , écharpe

pareille : on se précipite autour de lui ; on lui présente des mémoires ; on cherche à exciter sa sensibilité. L'anttropophage administrateur donne à tout le monde des réponses évasives, et entre dans la chambre qui renfermoit les citoyens de sa section. Il parcourt des yeux ses victimes (car c'étoit d'après ses dénonciations que ses co-sectionnaires avoient été arrêtés) ; il les contemple, avec le souris du tigre, et les accable de grossièretés. Avec un pareil brigand, on ne pouvoit pas parler de sa liberté ; on se contente de lui demander le jardin. « Patience, bons citoyens, répond le Néron écharpé, on établit de belles maisons d'arrêt, à Pic-puce, à Port-libre, etc. Ceux qui auront le bonheur ou le malheur d'y aller, y trouveront des jardins, où ils pourront se promener. » Puis un prisonnier s'évertua jusqu'à se plaindre à Marino de sa détention, qui n'étoit motivée que sur des suspicions très-légères, son écrou portoit : « suspecté d'être suspect d'incivisme. » L'administrateur lui répondit froidement : « J'aimerois mieux être accusé d'avoir volé quatre chevaux, volé enfin ou assassiné, que d'être suspecté d'incivisme. »

Un grand hussard, à larges moustaches, logeoit au premier ; il présenta humblement sa requête à Marino ; il l'appelloit avec respect, *Monsieur* : — parle en républicain ; je tutaie tout le monde : point de *Monsieur*; mais *Gitoyen*, et tutoie-moi. — Eh bien , par la S...... nom d'un Dieu, fais-moi sortir d'ici et donne-moi la liberté. »

Il sortit le troisième jour : on avoit besoin d'hommes à moustaches.

Marino termina la visite en nous annonçant, avec un visage rayonnant, l'arrêté de la commune, qui nous défendoit de communiquer au-dehors ; l'ordre fut exécuté sur-le-champ. Un prisonnier fit à ce sujet les stances suivantes :

STANCES

Sur la défense faite aux détenus de communiquer avec leurs parens.

(Ces stances peuvent se chanter sur l'air
Commen grûter quelque repos.)

Ordres cruels et rigoureux !....
Nous ne voyons plus qui nous aime ;
Ciel ! a quel désespoir extrême
Réduisez-vous les malheureux !
N'êtes-vous donc époux ni pères,
Vous qui causez tous nos malheurs?
Descendez au fond de vos cœurs ,
Et n'augmentez pas nos misères.

Voyez les pleurs et la douleur
De l'innocence qui supplie,

Pour presser l'auteur de sa vie
Contre son jeune et tendre cœur ;
Voyez cette épouse éplorée ,
Qui guette en vain le long du jour
L'objet de son plus tendre amour ,
Et s'en retourne désolée.

   Parens , amis , qui pour nous voir ,
Errez dans ces tristes enceintes ,
Etouffez vos trop justes plaintes ,
Et calmez votre désespoir ;
Vers nos barreaux fixez la vue ,
Et si nous rencontrons vos yeux......
Lors nous serons moins malheureux
Par une aussi douce entrevue.

   Que de ce bien on soit jaloux !.....
Qu'à notre sort on porte envie !.....
Et qu'une insigne barbarie ,
Non contente de nos verroux ,
Ajoute à nos cruelles peines ,
En nous privant de ce bienfait ;
C'est le châtiment du forfait....
C'est doubler le poids de nos chaînes.

Vous pourrez tourmenter nos corps
Et maîtriser nos destinées ;
Mais pour dominer nos pensées ,
Vous tenteriez de vains efforts ;
L'homme, fort de sa conscience ,
Est toujours au-dessus du sort ;
Sans crainte il affronte la mort ,
Où l'attend avec patience.

Dieu ! qu'il est triste à son réveil
De ne vous retrouver qu'en songe !
Chères moitiés , un tel mensonge
Demande un éternel sommeil.
Dans nos bras tendrement pressées ,
Vous charmez nos cruels ennuis.....
Qu'elles sont heureuses les nuits
Qui vous offrent à nos pensées !

Un doux espoir luit à nos cœurs ,
Justice enfin sera rendue.....
La vérité perçant la nue
Va terminer tous nos malheurs.
Séchez vos douloureuses larmes,
Bientôt nous jouirons en paix ,
De vos grâces , de vos attraits ,
De votre amour et de ses charmes.

Par le citoyen COITTANT.

Il fallut donc nous séparer de vous , maîtresses
adorées , épouses vertueuses , amis trop chers!
On ne connut plus dans notre prison les douces
étreintes de l'amour , les délicieuses émotions de
la piété filiale , les tendres épanchemens de
l'amitié, toutes les consolations nous furent en-
levées. La farouche tyrannie avoit prononcé ses
arrêts , il ne restoit à ses victimes qu'à obéir ; cet
ordre rigoureux paralysa en nous toute espèce de
sentiment, nous en fûmes anéantis ? le tems

et la philosophie cicatrisèrent nos blessures, et nous reprimes l'attitude d'hommes qui savoient supporter le malheur. L'espérance jettoit quelques fleurs sur nos chaînes, l'amitié les allégea, les goûts sympatisèrent, et dès-lors se formèrent des liaisons que la mort seule détruira.

Des scènes épisodiques venoient quelquefois nous distraire des ennuis de notre captivité : le concierge Vauberttand avoit un fils âgé de quatre ans ; cet enfant avoit déjà toutes les vertus de ses parens ; l'affabilité, la douceur et la sensibilité brilloient dans son jeune âge. Il venoit souvent nous voir, et affectoit particulièrement le citoyen Dazincourt, artiste du théâtre françois, qui le divertissoit beaucoup, et le citoyen Coittant, qui lui faisoit avec des cartes, des petits chats, des ânes, des chiens, des oiseaux, etc.

Le 11 octobre, vieux style, deux jeunes femmes qui ne connoissoient pas l'arrêté de la commune, fondirent en larmes à la porte de la prison, et faisoient les plus vives instances pour voir leurs maris. Une d'elles trouvant sur son passage cet aimable enfant, le prit dans ses bras, en le priant d'obtenir du gardien l'entrée de la prison qu'il lui avoit refusé. L'enfant se jette aux genoux du gardien. — Je t'en prie, laisse entrer la citoyenne ; tu vois, je suis à tes genoux. »

Rien n'émeut l'inflexible gardien, l'enfant supplie et n'obtient rien, les larmes coulent, le désespoir est dans les yeux des deux femmes sensibles; elles sont obligées de s'en retourner sans avoir rien obtenu.

La fille du citoyen Fleury, artiste du théâtre français, enfant de quatre ans, aussi intéressante qu'on l'est à cet âge, quand on réunit tout ce qui en fait le charme, se présente dans le dehors, et dit bon jour à son papa, qu'elle apperçoit par la fenêtre; on l'arrache de sa vue, les pleurs de l'innocence ne peuvent toucher le stupide gendarme.

Malgré tous les dégoûts dont on cherchoit à nous abreuver, nous jouissions cependant de la douceur de parler à nos proches par nos fenêtres; le son de leur voix étoit un bonheur pour nous; on nous en priva, et voici ce qui en fut cause : un des gendarmes préposés à notre garde, se conduisit grossierement envers la femme d'un prisonnier; on dit même qu'il s'oublia jusqu'à se porter à des voies de fait. Une douzaine de femmes à la langue déliée et aux gestes significatifs, qui étoient venues voir leurs maris, furent témoins de la scène; elles traitèrent le gendarme d'une manière assez verte; celui-ci alla porter ses plaintes à la commune, et les ordres furent donnés de ne plus parler par les croisées.

Sequestrés du monde entier, nous passions cependant quelquefois des momens assez agréables. Dans notre corridor, sur-tout celui du troisième, il s'étoit établi une amitié, dont les nœuds se resserroient tous les jours par le malheur commun. La nouvelle d'un décret favorable, d'un succès, d'une victoire, nous rendoit notre gaî é.

Les bons mots, les plaisanteries faisoient un peu de diversion à notre ennui. Dazincourt étoit toujours jovial. « N'est-il pas étonnant, disoit-il, de me trouver ici ? Qu'on y retienne des empereurs, des rois, des tyrans, des ducs et des marquis, cela se conçoit ; mais que je me voie en leur compagnie, moi, qui ne suis qu'un pauvre valet sans culotte, oh ! certes, il y a de l'injustice ! »

Notre petit ange, Vaubertrand fils, nous donnoit aussi des consolations. Voici la conversation qu'il eut un jour avec son aimable mère, femme autant estimable que sensible, qui venoit souvent examiner s'il ne nous manquoit rien de ce que la loi nous accordoit. Il y avoit dans la maison un petit jardin, où le concierge seul avoit droit d'entrer. — Nous ne voyons personne dans le jardin, dit l'enfant ; allons rendre visite à nos *pigeonniers* (c'étoit ainsi qu'il nous appelloit, — Eh bien, mon fils, allons-y. — Maman

Maman, il faut leur ouvrir les portes; ils n'ont rien fait de mal ; oh ! je t'en assure, ils n'ont rien fait. — Mais, mon fils, tu veux donc me faire guillotiner ? — Non, maman. — Mon ami, ce n'est pas moi qui ai les clefs, ce sont les gardiens. — Oh ! bien, si tu veux, je vais les amuser, et pendant ce temps, tu les prendras, et nous leur ouvrirons les portes. » — Ainsi s'exprimoit ce charmant enfant.

Nous avions établi, dans notre prison, une police correctionnelle. C'étoit à ce tribunal qu'étoient traduits les dénonciateurs qui venoient grossir le nombre des prisonniers. On les recevoit de manière à les guérir de la manie dénonciative, en cas qu'ils recouvrissent leur liberté.

Le 23 octobre, vieux style, le ci-devant chevalier de Bussey, américain, est reconnu par le citoyen Saint-Hilaire, qu'il avoit fait arrêter. — Quoi ! dit Saint-Hilaire, coquin, scélérat, te voilà ici ? il y a donc une justice humaine ? Citoyens, cet homme est un monstre, qui a employé des moyens infâmes pour me faire arrêter : c'est un espion. — Aussi-tôt, on entoure le ci-devant chevalier, qui pâlit, et qui cherche en vain une réponse pour justification. On insiste pour qu'il parle : toujours même silence. Les sarcasmes, les huées tombent sur lui ; il bat en retraite dans une chambre , où on ne veut pas le recevoir. L’indignation est prête à éclater, l’orsqu’un gardien vient le chercher pour le mettre à la paille. Les pailleux , déjà instruits , ne veulent pas de sa compagnie , et le repoussent très-rudement. Enfin on le relègue provisoirement dans la loge du cochon , jusqu’à ce qu’on lui ait trouvé un autre gîte.

Pareille aventure , mais plus comique , arriva à Bénard, commissaire-civil de la section de la Montagne , qui nous fut amené le 17 frimaire.

Les co-sectionnaires s’étoient réunis par chambrées autant qu’ils l’avoient pu. Au guichet on demanda à Bénard , de quelle section es - tu ? — De la Montagne. — Montes au troisième, n°. 12, tu trouveras-là de bons enfans. — Ce n’étoit pas là tout-à-fait le compte du nouvel hôte qui , malheureusement, n’étoit pas connu très-avantageusement de ses co-sectionnaires. Arrivé au premier étage , il y reste , et prend langue avec les prisonniers. Ses réponses , aux demandes qu’on lui faisoit , étoient obscures ou entortillées ; on prit une idée peu favorable de sa personne. Pour éclaircir les faits, on le fait accompagner par une députation , et on l’amène vers ses camarades. Il entre dans la chambre fort décontenancé, et donne le bon jour d’un air embarrassé. Un regard de mépris et d'indignation fut toute notre réponse.

La députation étoit restée à la porte ; elle s'informe du moral de l'individu. On lui apprend que c'est un dénonciateur, un happe-chair et un voleur, car sa réputation l'avoit devancé. Pour son malheur, il rencontre, au bout du corridor, le citoyen Roland, qu'il avoit fait arrêter au palais Egalité, comme assassin de Lepelletier, et qui acheva de le faire connoître. On le conduit au premier étage, avec un accompagnement de malédictions. Là, on ne veut pas le recevoir et on le rudoie. Un garde arrive et lui dit : « Monsieur vous êtes trop honnête homme pour rester avec ses citoyens ; suivez-moi, je vais vous loger. » Il le conduit à la paille. Un prisonnier officieux crie : *au chat, au chat......* C'est le mot du guet, qui avertit qu'on leur envoie un mauvais sujet. Descendu dans cet endroit, on le prie de raconter son affaire. Il répond qu'il est accusé d'avoir voulu voler des ornemens d'église et des galons de chasubles, des patènes, des vierges d'argent, qui avoient effectivement été trouvés chez lui, mais qu'il n'y avoit mis qu'en dépôt, comptant bien les rendre à qui il appartiendroit, et qu'enfin son affaire ne seroit pas longue.

Notre homme se connoissoit en orféverie de-

puis long-tems; il avoit été sacristain à la Magde-
laine, puis clerc à St.-Roch, puis grenadier au
bataillon du même nom, puis aboyeur de section, puis commissaire-civil et des jeux, puis
dénonciateur, puis happe-chair, et enfin voleur,
faisant la pluie et le beau tems dans sa section. Ses nouveaux camarades le consolèrent, et
lui dirent que pour ne pas engendrer de mé-
lancolie, il falloit s'amuser à de petits jeux.

On propose de jouer au tailleur; il accepte.
Pour cet effet, on approche deux tables; on met
une couverture dessus, et un des pailleux y
montant, et dans l'attitude d'un tailleur, fait
ôter la redingotte du nouvel hôte, et en prend
la mesure; puis le faisant monter à sa place,
il lui dit d'en faire autant. Pendant ce tems on
avoit fait de bonnes poignées de verges d'un balai
tout neuf, et à un signal convenu, on le renverse,
et on le fesse d'importance.

Un des fustigeurs va à la provision dans un
des baquets à latrines, et souille la culotte du
grenadier-sacristin. Le patient se trouve mal;
les pailleux le métamorphosent en Sancho-Pança,
qu'ils font voltiger sur la couverture. Pendant
la cérémonie, on chantoit en chœur les litanies,
ou bien *aperua bona*. Enfin l'ex-commissaire
ouvre les yeux; il appelle le guichetier, qui
arrive, et qui dit, avec sa grosse voix : « Ci-

toyens (notez qu'il s'adressoit à 35 voleurs qu'on avoit transférés de Bicêtre, il y avoit quelques jours), quand on vous amène un citoyen honnête, ce n'est pas pour le tracasser. Je vous prie d'être plus circonspects, autrement je vous renfermerai dans vos chambres. »

A la voix du gardien, chacun avoit soufflé sa chandelle, et s'étoit retiré chez soi. La farce étoit jouée.

Comme le voltigeur se nettoyoit le visage, Vaubertrand, à qui le gardien venoit de faire son rapport, arrive.

« Qu'est-ce que c'est? Il se bouche le nez. Mon Dieu ! comme vous sentez mauvais ! — C'est.... c'est.... » — Enfin, dit Vaubertrand, je vois, je sens ce que c'est ; je vais vous faire mettre dans une chambre à part ; ce qui fut exécuté sur-le-champ. De cette manière les citoyens de la section de la Montagne furent un peu vengés des atrocités de ce scélérat, qui mettoit dans sa section les citoyens aux prises les uns avec les autres, et s'enfuyoit ensuite comme un lâche coquin. Depuis, le tribunal criminel du département l'a condamné à faire une séance de six heures sur le tabouret, et à douze ans de fers. Amen.

Quelques jours après la mésaventure de l'ex-commissaire, une scène d'un autre genre vint nous égayer ; un jeune homme, ci-devant conseiller au parlement, étoit logé au second étage, dans une chambre à huit personnes ; il voulut occuper celle de St.-Prix, dans laquelle il vaquoit une place par la sortie de Duval son commensal.

Il la disputoit à un ci-devant procureur au parlement, Duchemin, homme aussi doux et honnête, que l'autre étoit altier et bouffi d'orgueil. Le concierge l'avoit promise à Duchemin, à qui elle appartenoit par droit d'ancienneté. Après quelques contestations, le jeune conseiller lui dit : — Je suis étonné que vous éleviez des difficultés de vous à moi ; il ne devoit pas y en avoir. — Monsieur, lui répondit le procureur, si vous aviez mis plus d'honnêteté dans votre demande, j'aurois pu vous satisfaire ; mais, ici, nous sommes tous égaux, et je soutiendrai mes droits : c'est au concierge à décider entre nous deux ; et de suite il lui tourna le dos. Le père du conseiller, Villers de Montmartin, étoit là, et dit au procureur : Et à moi, monsieur, me le disputerez-vous ? Sans doute, répliqua Duchemin : si c'eût été pour vous, votre âge auroit pu me faire transiger : mais c'est pour votre fils, aussi jeune que moi, et je ne cederai rien de mes prétentions, qui sont fondées sur la justice et sur mon droit d'ancienneté. En définitif, la chambre lui resta. Dazincourt dit à ce sujet : « Je suis bien persuadé qu'il n'auroit pas demandé à être dans la mienne, si elle eût été vacante ; car il se seroit sans doute refusé à demeurer avec un pauvre valet ; il aimoit mieux partager la chambre d'un empereur (1). » Le jeune Latour-du-Pin-Gouvet, âgé de treize ans, ayant été témoin de la dispute, dit : « voilà comme sont tous ces nobles de robe ! » Le citoyen Laborde, de la section de la Montagne, lui répondit : « vas, vas, tu as beau dire, ta noblesse est aussi bien f.... que la sienne.

Un facétieux fit les deux couplets suivans, qui furent affichés à la porte du corridor, et qui coururent toute la prison ; de sorte que le sobriquet, de vous à moi, resta au conseiller :

Air : *Du haut en bas.*

Le Conseiller.

De vous à moi,
Faites, monsieur, la différence.
De vous à moi,
Dit le conseiller en émoi ;
Je dois avoir la préférence ;
Eh ! songez donc à la distance
De vous à moi.

______

(1) Saint-Prix remplit au théâtre les premiers rôles du tragique.

Le Procureur.

De vous à moi,
Quelle est donc cette différence ?
De vous à moi,
Soyez enfin de bonne foi ;
Egaux en droits par la naissance,
Je n'admets aucune distance
De vous à moi.

On devoit transférer quatorze Anglais ; ce qui laissoit des chambres vides : le même Villiers de Montmartin vint trouver Vaubertrand qui, pour lors, étoit au troisième étage ; il lui dit qu'il avoit un mot à lui communiquer. Le concierge lui répondit : « citoyen, je vais dans ce moment chez le citoyen Boulainvilliers qui est malade. — Mais je n'ai, je vous assure, qu'un mot, un seul mot à vous dire. Voyant que Vaubertrand continuoit son chemin, et piqué de ce que celui-ci n'avoit pas été à lui pour recevoir la requête qu'il lui présentoit devant beaucoup de monde ; humilié même d'avoir eu l'air de supplier le concierge d'une maison d'arrêt, il cria, en se redressant avec dignité : je vous attends chez moi. — Je vais y passer tout-à-l'heure, dit Vaubertrand, et comme il suivoit de loin le conseiller : « Ah ! ah ! ajouta - t - il, toujours, toujours l'homme de 1788 !»

Duchemin tomba malade assez dangereusement. Pendant tout le tems de sa maladie, il n'eut point d'autre garde-malade que Saint-Prix, son camarade de chambre, qui lui donnoit bouillon, médecine, etc., et qui après trois nuits de veille, en sortit une fois avec les lèvres aussi noires que du charbon.

Le citoyen Boivin, marchand de vin, porte Bernard, étoit accusé d'avoir souffert la vente du numéraire dans sa maison ; il avoit déjà été interrogé au tribunal révolutionnaire ; il alloit y paroître une·seconde fois pour être jugé. Un matin il est appellé ; il part. Nous n'étions pas sans inquiétude sur l'issue de son jugement. Enfin, nous apprenons qu'il est acquitté.

Lui-même arrive sur les 5 heures du soir, et nous confirme cette heureuse nouvelle, et il ajoute : j'ai été acquitté sous caution ; on m'a demandé mille écus ; ne les ayant pas, j'ai offert de souscrire un engagement beaucoup plus fort ; j'ai été refusé. Il me faut la somme demandée, si-non je vais rester en prison jusqu'à ce que je l'aie trouvé. Logette, négociant, rue de la Chanvrerie, voyant son embarras, lui dit : il ne vous manque que cela pour avoir votre liberté ? Voilà mille écus ; allez jouir de ce bien précieux. — Permettez au moins que je vous fasse mon billet. — Non : la parole d'un honnête homme me suffit.

Les larmes de la reconnoissance sont la récompense du bienfaiteur ; ils s'embrassent, et Logette, pendant cette scène attendrissante, paroissoit lui-même l'obligé.

Cependant la nouvelle s'étoit répandue dans la prison, que Boivin devoit garder prison, jusqu'à ce qu'il eut trouvé mille écus pour sa caution. Elle parvint jusqu'à Vanhove l'aîné, qui faisoit sa partie de piquet avec Fleuri ; il tire son portefeuille, en s'écriant : « Que je suis heureux ! je puis faire sa somme. J'ai à-peu-près 4500 liv., 1500 me suffiront pour le tems que je compte rester en prison. Où est-il ?» Il court pour les lui offrir. Boivin étoit parti ; il apprend que Logette l'avoit prévenu ; l se console de n'avoir pu obliger un frère, en pensant qu'il s'est trouvé dans la prison un homme que la fortune avoit mis dans la position de venir au secours d'un malheureux.

Jadis les prisons étoient presque toujours l'école du crime ; la nôtre étoit devenue celle de la bienfaisance. Combien de fois l'honnête Dupontet n'a-t-il pas été éveiller la sensibilité des détenus, en leur présentant le tableau déchirant de l'infortune et des besoins de quelques-uns de nos camarades ; et je dois dire que ses démarches n'étoient pas infructueuses ; l'indigence étoit secourue et jamai s humiliée.

Un jour un pailleux, recommandable par sa

probité, est acquitté par le tribunal révolutionnaire. Le décret qui accorde une indemnité aux
citoyens dont l'innocence a été reconnue, n'existoit pas encore ; ce malheureux est absolument
nud. Il avoit 20 lieues de route à faire pour retourner chez lui. On fait une collecte ; il est
aussi-tôt équipé de pied en cap ; on lui donne
de quoi se rendre dans ses foyers ; et comme le
produit de la collecte avoit été considérable , le
surplus fut distribué aux autres pailleux qui , en
reconnoissance , formèrent des vœux pour leurs
bienfaiteurs.

Le tems n'adoucissoit pas nos maux ; la tyrannie
se faisoit une étude de les rendre plus accablans ;
pour nous distraire, nous faisions de la musique.
On exécutoit tant bien que mal des quatuors de
Pleyel. Notre charmante concierge ne nous abandonnoit pas, et assistoit assez régulièrement à ces
petits concerts. C'étoit la seule femme que nous
voyions. Voici un couplet qui fera connoître cette
aimable famille ; il n'a pas été chanté.

Air : Jeunes amans cueillez des fleurs.

On voit l'amour et la beauté
En voyant le fils et la mère ;
De même on voit l'humanité
En voyant le fils et le père.
O ! mes amis, qu'on est heureux

H 6

De trouver en lui le bon frère ,
L'ami sincère et généreux,
Qui souffre de notre misère !

Ce couplet donna l'idée de faire des bouts rimés , sur les mêmes rimes ; voici ceux qui remportèrent le prix ; ils sont de Reynal , de la section de la Montagne.

A la citoyenne Vaubertrand.

Même Air.

Dans ton sourire la . . . . *bonté*
Nous peint la plus tendre des . . . . . . *mères;*
De ton époux , ... *l'humanité*
Peint aussi le meilleur des . . . . *pères :*
Chacun de nous seroit . . . . *heureux*
Si la loi qui nous fit ses . . . . *frères ,*
Vouloit que ses soins . . . . *généreux*
Pussent adoucir nos . . . . *misères.*

Concierges du 10 thermidor , que ne peut-on en rimer autant en votre honneur !

Le 7 novembre , vieux style , Marino nous honora d'une seconde visite. Sa mission consistoit à établir une sorte d'égalité dans la maison , de faire manger le riche avec le pauvre , le tout aux dépens du premier. Il vouloit aussi que les prisonniers de la paille quittassent leurs affreuses demeures pour occuper des chambres ; *et vice versa;* il vouloit que les suspects allassent prendre

la place des pailleux. Heureusement ce projet
n'eut pas lieu ; on lui fit observer que la paille
étoit presqu'entièrement composée de criminels,
de voleurs, fabricateurs de faux assignats, et
qu'il y auroit de l'inconvenance, malgré son grand
système d'égalité, à favoriser des brigands, en
déplaçant des citoyens, qui n'étoient que prévenus
d'incivisme. Marino n'insista pas sur cet objet ;
mais il donna l'ordre d'organiser les tables communes. Puis il parcourut toute la maison, inter-
rogea les individus sur leur fortune, et assigna
aux personnes aisées des pauvres à nourrir.

Arrivé à la chambre de la Montagne, où
étoient ses co-sectionnaires, ceux-ci voulurent
l'entretenir des causes de leur détention ; mais
Marino, sans les écouter, alla chercher de Crosne;
(il a été guillotiné dans une masse), l'amena dans
cette chambre, et lui dit : tiens, mon fils,
voilà les hommes de ma section, il faut que tu
en ayes soin ; entends-tu bien ? — Oui, citoyen.
— Assis-toi-là. — Oui, citoyen. — En le flattant
sur la joue, ah ! ça, tu payeras le fricot, entends-
tu bien? — Oui, citoyen. — La chambre, les
frais, le vin ? — Oui, citoyen. — Tiens, voilà
le président, en désignant Jousseran, il fera la
carte de toute la dépense, entends-tu ? — Oui,
citoyen. — Tu as de la fortune, ils n'en ont pas ;
c'est à toi à payer, entends-tu ? — Oui, ci-

toyen. — N'y manque pas. — Non, citoyen.
—Et tu leur donneras le gigot à l'ail, les pommes
de terre et la salade. — Oui, citoyen.

Après ce colloque, il quitta de Crosne, en lui
donnant le petit soufflet sur la joue.

Sorti de cette chambre, il distribua des tables
aux citoyens la Michaudière, Villemain et autres,
et dit aux artistes du théâtre français qu'il leur enverroit un fermier-général pour les nourrir, parce qu'il sentoit le besoin qu'ils pouvoient en avoir.
Il dit aussi à de Crosne et à Villemain, que sous
le règne de l'égalité, ne devant pas y avoir de
paille, il enverroit chercher leurs matelas ; il
leur recommanda sur-tout, pour pièce fonda-
mentale, le gigot à l'ail.

Marino étoit ce jour-là en belle humeur, et sa
visite nous avoit égayés. Il fallut de suite exécuter
ses ordres ; tout s'arrangea à merveille : de Crosne
s'offrit de bonne grâce ; mais la chambre de la
Montagne qui, sans renfermer des citoyens très-
fortunés, n'avoit eu besoin jusqu'alors des secours
de personne, car tout le monde étoit solidaire,
déclara qu'elle étoit en état de se suffire à elle-
même. De Crosne insista pour être utile aux moins
aisés, et demanda si un bon curé, que l'on avoit
accueilli dans cette chambre, n'éprouvoit pas
des privations sensibles. Ce curé s'étoit ouvert
depuis quelques jours sur son peu de fortune à

l'un des citoyens avec lesquels il vivoit ; ceux-ci s'étoient déjà fait un plaisir de l'obliger. De-Crosne apprit d'eux que ce bon curé devoit le loyer de sa chambre , et partie de la nourriture qu'il faisoit venir du dehors , et dès-lors il eut soin de délivrer le curé des inquiétudes qu'il auroit pu avoir sur ces deux articles.

On nous entretenoit , depuis long-tems , d'une translation de prisonniers qui devoit s'exécuter elle eut lieu définitivement. On commença par nous enlever tous les curés , parmi lesquels étoit celui de Saint - Roch. Il avoit une fièvre brûlante, accompagnée d'un transport très-violent: son état ne toucha point les administrateurs de police , qui le firent partir avec ses autres con-frères. Nos adieux furent touchans ; les larmes inondoient nos visages. Tous furent transférés à Bicêtre , et nous apprîmes, le lendemain , qu'ils avoient été réunis cinquante-six dans une même salle , où ils avoient passé la nuit sur des chaises , et qu'il leur étoit impossible de se procurer rien du dehors , même en payant.

On amena, le 3 frimaire, le citoyen Blanchard, commissaire - général des guerres. Le premier besoin d'un prisonnier , nouvellement arrivé et qui se voit bien accueilli , est de raconter les causes de son arrestation ; celui-ci en nous faisant son récit, ne peut s'empêcher de verser des larmes de sang, en prononçant les noms de son épouse et de ses filles.

Philippine et Amélie, s'écrioit-il, je ne vous verrai donc plus ! Son chien qu'il avoit amené avec lui et qui l'avoit suivi à l'armée et dans ses différens voyages, hurloit d'une manière douloureuse toutes les fois qu'il entendoit prononcer ces noms chéris : ce spectacle nous déchiroit l'âme.

Les défenseurs officieux étoient les seules personnes qui eussent le droit d'entrer dans la prison. Cahier, l'un d'eux, étoit dans ce qu'on appelloit le foyer du troisième ; il cherchoit un prisonnier dont la défense lui avoit été confiée, ses yeux se fixent sur un brave sans-culotte, le citoyen Grappin qui, le 2 septembre 1792 (vieux style), l'avoit arraché des bras des assassins, et lui avoit sauvé la vie. Ils restent immobiles, se reconnoissent, les larmes s'échappent de leurs paupières, tous deux se précipitent, confondent leurs embrassemens, et restent plusieurs minutes dans cette attitude, sans pouvoir proférer une parole ; ils la recouvrent et la perdent de nouveau dans de douces étreintes.

Eh ! brave homme, s'écrie Cahier, pourquoi te trouvai-je ici ? Grappin lui raconte les motifs de son arrestation. — Quelle injustice ! reprend Cahier ; dispose de moi, de ma fortune ; ma

vie t'appartient , tu me l'as donnée une seconde fois ; sois tranquille , je ne dormirai pas
que je n'aie obtenu ta liberté. »

Cette scène avoit attendri tout le monde ,
chacun fondoit en larmes.

Grappin qui avoit sauvé plus de soixante personnes à l'Abbaye , lors des massacres , ne re-
couvra sa liberté que par la révolution du 10
thermidor.

On parloit toujours de la translation générale
des prisonniers ; le but de l'administration étoit
de rendre cette maison à sa première institution ,
c'est-à-dire de n'en plus faire qu'une maison de
force.

Nous nous préparions à une séparation douloureuse ; on nous promettoit que dans notre
nouveau séjour nous pourrions voir nos parens et
nos amis , et que nous jouirions d'un air plus salubre : cette espérance diminuoit les regrets
que nous avions de quitter nos aimables concierges.

Cependant on saisissoit tous les moyens de
rendre nos chaînes plus pesantes , et on y parvenoit aisément.

Le 5 frimaire , une femme apporta une paire
de souliers à un des trente-cinq voleurs qui étoient
à la paille : elle y avoit caché une lime ;
elle voulut remettre ces souliers par les bar-

reaux de leurs chambres, qui sont au rez-de-chausée; un des gardes s'y opposa, et voulut voir les souliers : la femme essaya de retirer la lime, mais elle le fit si mal - adroitement que l'on s'en apperçut. Le rapport de cette tentative fut aussi-tôt envoyé à la commune ; elle expédia un ordre, portant. défense à tous les prisonniers de se mettre à la fenêtre, ni de parler à personne.

Dans le commun malheur, tout le monde fraternisoit. Ceux qui, jadis dans le monde, avoient joué les personnages les plus brillans, se trouvoient fort heureux de venir prendre leur café dans le passage d'un étroit corridor, qui servoit de chauffoir commun, modestement assis sur une mauvaise paillasse, ou sur une pile de bûches.

Quand le petit ménage étoit fait, qu'on s'étoit seulement salué, en allant vider la fortune du pot de Champville (1), artiste du théâtre Français, et qu'on avoit déjeûné, on voyoit le

---

(1) Un jour que Boulainvilliers alloit vider son pot de nuit, canne en main, parce qu'il étoit goutteux, Champville dit du plus grand sérieux : « Prenez garde, citoyens, voici la fortune du pot qui passe. » — Ceci est renouvellé de l'ex-marquis de Bièvre, l'homme le plus prodigieux du siècle pour les calembourgs.

ci-devant lieutenant de police, perruque bien poudrée, souliers bien cirés, chapeau sous le bras, se rendre chez les ci-devant ministres, Latour-du-Pin, St.-Priest, le frère de l'ex-ministre ; et puis chez Boulainvilliers ; puis enfin chez les ci - devant conseillers au Parlement.

De retour chez lui, venoient à leur tour, Boulainvilliers, Latour-du-Pin, les ex - conseillers, en grande cérémonie, qui rendoient la visite ; c'étoit-là l'occupation de la matinée.

Le 27 frimaire, la translation tant annoncée s'exécuta, et 54 prisonniers furent conduits des Magdelonnettes, à Port-Libre, rue de la Bourbe.

Nous nous croyions assez forts pour supporter avec résignation cette douloureuse séparation. Ce moment fut terrible : le visage inondé de larmes, nous ne pouvions nous décider à nous quitter, nous nous embrassions, nous nous pressions mutuellement, et les sanglots s'échappoient avec peine de notre cœur oppressé. La même scène se passoit dans tous les corridors, dans toutes les chambres ; on se dit adieu comme pour l'éternité. Hélas ! combien furent éternels ! On promit de s'écrire, et aucun prisonnier ne négligea ce devoir sacré de l'amitié. Quand on fut sorti des guichets les yeux humides, on se

tendoit encore les bras...... Enfin, nous sommes partis.

ADIEUX

AUX ARTISTES DU THÉATRE

FRANÇAIS (1).

C'EST donc après cent jours d'une affreuse prison,
Que mes pieds engourdis touchent enfin la terre !
C'est après ce long tems , d'une douleur amère ,
Que mon œil affoibli voit un autre horison !
Ce n'est pas sans regrets , amis , que je vous quitte ;
J'emporte votre image et vous laisse mon cœur ,
Et lorsque le malheur s'acharne à ma poursuite,
Je ne forme des vœux que pour votre bonheur.
Adieu Fleury , cent fois aimable ,
Qu'une sombre douleur accable ;
Vanhove aîné, le sérieux ;
Larochelle et Champville , aimables , facétieux.
Adieu , Gérard le débonnaire ,
Homme franc, autant que loyal.
Adieu , mon bon ami Saint-Fal ,
Nourricier de ton tendre père :
Tu vis sans crainte et sans remords ;
Des méchans bravant les efforts ,
Mais trop craintif et trop timide ,

---

(1) Ce fragment est extrait d'une pièce de vers intitulée
les Souvenirs.

Malgré toi , ta paupière humide ,
Décèle l'état de ton cœur....
Courbé sous le poids du malheur ,
Cher Dazincourt , j'ai vu ton âme
Quelquefois trop se tourmenter.
Pour toi , Dupont , qu'une brûlante flamme
Ne cesse point d'alimenter ,
Puisses-tu voir ta belle amie
Chaque matin te consoler ,
En te soufflant le plus joli baiser ,
Et puiser dans tes yeux une nouvelle vie ,
Qui te soutienne en ta captivité.
En attendant ta liberté !
Adieu , cher Vanhove le frère ,
Bon vivant et bon réjoui ,
Qui ne connut jamais l'ennui ,
Grâce à ton heureux caractère.
Enfin , adieu serviable Saint-Prix (1).
Des amis , l'ami le plus tendre ,
Qui ne sait point mettre de prix
Aux services que tu sais rendre.

. . . .

Je te vois près de ton malade ,
Remplissant envers lui les devoirs d'un Pylade ,
Et te payer de ce plaisir.
Je me souviens qu'en ton loisir,
Tu dessinas la symétrique arcade
De l'irrégulier bâtiment

____

(1) Cet homme si sensible , dont l'aspect est froid ,
se permettoit aussi quelques facéties. Un jour qu'il
balayoit sa chambre , il s'écria : « O malheureux empereur ! qui eût jamais pensé que tu dusses être réduit à
mourir de fatigue en faisant ce pénible métier ! »

Où demeuroit notre concierge,
De son épouse encore amant ,
Mère aussi chaste qu'une vierge ;
Et toi, joli petit enfant ,
Qui m'aimoit et que j'aimois tant.
Long-tems gravé dans ma mémoire,
Bon et sensible Vaubertrand (1),
Vous resterez fidèlement.
Mais ce lieu purificatoire
N'a pas fait mon amendement.
Hélas ! si j'étois condamnable ,
Je suis toujours aussi coupable
Que j'étois auparavant ;
Car toujours je suis tolérant !

. . . .

. . . .

. . . .

Si quelque chose me console ,
C'est que mon âme fuit et vole
Vers d'autres lieux , témoins de mon bonheur,
Et qui furent long-tems l'asyle
De celle que mon cœur aimoit ,
Qu'il aime encore. . . . .

. . . .

. . . .

Par le citoyen COITTANT.

------

(1) Concierge des Magdelonnettes. Il ne venoit pas un administrateur de police qu'il ne demandât le jardin et la reconstruction des latrines ; il écrivit même plusieurs lettres à cet égard, tant au département qu'à l'administration de police , qui furent toutes sans effet.

MAISON D'ARRÊT

DE PORT - LIBRE.

Communém ent appellée la Bourbe.

CETTE maison, agréablement située et en bon air, comprenoit plusieurs bâtimens, et contenoit, le 16 frimaire, deux-cents et quelques détenus, dont vingt-sept fermiers-généraux, et vingt-sept receveurs-généraux des finances, qui y avoient été envoyés par décret, pour être à portée de se communiquer, et de se concerter pour la reddition de leurs comptes.

Parmi les autres prisonniers remarquables par leur fortune, on voyoit le citoyen Perigny, ancien administrateur des domaines ; Lamillière, son gendre, ex-intendant des Ponts et Chaussées ; Angran, ex-président au parlement ; le ci-devant comte de Bar, qui, des Magdelonnettes, avoit été transféré au Luxembourg, et de cet endroit à Port-Libre, avec sa femme et sa mère.

Les autres femmes étoient la citoyenne veuve de Sabran , morte aux Magdelonnettes, de la petite vérole ; d'Aguay, de Crosne et son fils , jeune homme de quatorze ans, la citoyenne Desmenieres, avec sa famille, composée d'un fils et d'une fille, les citoyennes Chabot et Duplessis, avec chacune leur fille.

Les hommes habitoient ce qu'on appelle le grand bâtiment, composé de deux étages ayant chacun un grand corridor et trente-deux cellules, les unes ayant vue sur l'Observatoire et sur la rue d'Enfer, et les autres sur le cloître, qui servoit autréfois de cimetière.

Au bout de chaque corridor, il y avoit deux grands poêles bien échauffés.

Il y avoit, en outre, un autre bâtiment, faisant face à la rue d'Enfer, et ayant vue sur la campagne. Il étoit élevé de trois étages, à chacun desquels il y avoit trois grandes salles communes, où, dans les premiers jours de la translation, on coucha jusqu'à vingt et vingt - deux. Celle du rez-de-chaussée portoit le nom de l'Unité ; celle du premier, celui de salle du Républicain ; et celle du second, celui de salle des Sans-Culottes. Le troisième étoit divisé en quatre chambres à feu, et à trois et quatre lits.

Les femmes occupoient un bâtiment séparé par un guichet. La décence et les mœurs exigoient cette séparation.

Les riches étoient au corridor du premier, dans des cellules à deux lits ; et les sans-culottes au deuxième ; car on en avoit beaucoup amené de la Force et autres prisons.

Les deux corridors ne communiquoient point ensemble. Un factionnaire, placé au pied de

l'escalier

l'escalier qui y conduisoit, ne laissant passer que pour aller aux latrines.

L'évasion de trois prisonniers, qui avoit eu lieu quelques jours avant notre arrivée des Magdelonnettes, avoit nécessité qu'on mit plusieurs sentinelles dans l'intérieur, pour la sûreté du concierge Haly, dont la figure n'étoit rien moins que prévenante, et à qui il manquoit l'esprit d'ordre et la tête nécessaires pour l'administration d'une maison aussi considérable; son cœur, au fond, étoit assez bon.

Petit de taille, c'étoit un petit despote. Sa réponse ordinaire à ceux qui lui présentoient quelques requêtes, ou lui faisoient des observations, dans ses momens d'humeur, étoit celle-ci : « tais-toi, je te ferai mettre à Bicêtre. Apprends que je suis le maître ici. » Et, de fait, il a tenu plus d'une fois parole. Il a, depuis, été concierge au Plessis.

On remarquoit dans cette maison trois classes bien distinctes.

Celle de ceux qui payoient pour les indigens ; celle de ceux qui se nourrissoient eux - mêmes, et celle des payés.

Cette distinction répugnoit à ceux qui avoient les principes d'égalité profondément gravés dans le cœur, et cette classe étoit nombreuse.

Il y avoit au fond du corridor du premier un

grand foyer , qu'on appelloit le Sallon , dans lequel on dressoit six tables, de 16 couverts chacune , où dînoient les riches. On donnoit trente sols par jour à ceux qui ne pouvoie nt passe. nourrir, et le pain à tous les prisonniers aux dépens des riches , qui donnoient chacun en raison de leurs facultés.

Pour subvenir aux dépenses de la maison , on avoit établi une administration intérieure, qui étoit parfaitement organisée. Un trésorier faisoit la collecte , et ordonnançoit toutes les dépenses, bois , eau, lumières, poëles , tablettes dans les cellules , chaises et autres menus meubles. Tout s'achetoit et se faisoit aux dépens des riches. On leur fit même acheter un chien pour les garder , qu'ils payèrent deux-cents-quarante livres.

Il ne faut pas oublier les frais de la garde , qui montoient journellement à cent-cinquante livres.

On a constamment payé ces frais jusqu'en prairial , époque où la commune fit sa visite , et prit pour son compte l'administration intérieure des prisons.

Le soir on se réunissoit au sallon , au milieu duquel on dressoit une grande table ; chacun apportoit sa lumière , hommes et femmes.

Les hommes se mettoient autour de la grande table ; les uns lisoient, les autres écrivoient ;

c'étoit un véritable cabinet de littérature. On observoit le plus grand silence ; ceux qui se chauffoient ayant l'attention de parler bas.

Les femmes se rangeoient autour d'une petite table, et y travailloient aux ouvrages de leur sexe ; les unes à broder, les autres à tricotter.

Ensuite venoit un petit souper ambigu ; chacun s'empressoit de mettre le couvert, et la gaîté remplaçant le silence, faisoit oublier qu'on étoit en prison.

Effectivement, rien n'y ressembloit moins que cette maison. Point de grilles, point de verroux ; les portes n'étoient fermées que par un loquet. De la bonne société, excellente compagnie, des égards, des attentions pour les femmes ; on auroit dit qu'on n'étoit tous qu'une seule et même famille réunie dans un vaste château.

La famille augmentant, par les nombreuses arrestations, désorganisa le régime de la prison.

On envoyoit par masse des riches et des sans-culottes. On couchoit sur la liste les arrivans pour les faire contribuer. On établit des collecteurs par corridor, et on faisoit des efforts pour subvenir aux frais de la dépense, qui excédoient toujours la recette. Cependant on vint a bout de se trouver au pair.

Le nombre des citoyennes ayant augmenté en raison des arrestations, elles venoient au

sallon à sept heures du soir : alors , les lecteurs
levoient le siège ; les femmes prenoient la
place , y faisoient leurs petits ouvrages , sur-tout
de la charpie , et les hommes conversoient avec
elles. Puis , à des jours déterminés , on varioit
les loisirs par de la musique, ou par la lecture de
differens ouvrages. Vigée (1) ne contribua pas
peu à nous rendre le séjour de la prison moins
horrible. Enfin, d'autres fois , on proposoit des
bouts-rimés ; les amateurs se faisoient un plaisir de les remplir. C'est ainsi que nous dévorions
nos peines , nos tourmens, et que nous cher-
chions à nous tromper nous-mêmes sur notre pénible situation.

Le ci-devant baron de Wirback, la première
viole-d'amour que nous ayons jamais entendue ,
étoit d'une grande ressource pour les prisonniers ;
il se prêtoit de la meilleure gráce du monde, à
adoucir notre sort.

Si quelques personnes paroissoient n'être pas les
amies de l'égalité, cette petite disparate s'effaçoit
par l'union qui régnoit entre tous les détenus ; car
la défense de communiquer ayant été levée dès
le premier jour, tous les sans-culottes de la prison communiquèrent avec les autres prisonniers ,

____

(1) Auteur connu dans la littérature , par plusieurs
ouvrages estimés.

assistèrent à nos concerts, à nos lectures, et n'étoient pas le moindre ornement du sallon ; cependant, à neuf heures, il falloit se rendre à l'appel. Chacun se retiroit dans ses cellules ; mais toujours dans l'espérance de se revoir le lendemain.

C'étoit avec une véritable peine qu'on entendoit la malheureuse sonnette, qui nous forçoit de nous séparer ; et sur-tout quand c'étoit au milieu d'une lecture ou d'un concert. Quelquefois le concierge nous donnoit un quart-d'heure de plus, et nous lui en témoignions notre gratitude.

Après avoir assisté à l'appel, on pouvoit se réunir, soit au foyer, soit dans ses chambres. Les hommes ou les femmes qui avoient des connoissances logées dans les bâtimens extérieurs de la maison, avoient la faculté d'aller y passer le reste de la soirée, munis toute-fois de cartes signées du concierge.

Ces petites jouissances rendoient moins dures la privation de la liberté.

L'argent fait tout, en prison plus que par-tout ailleurs ; aussi c'étoit en donnant beaucoup qu'on se procuroit ces cartes, un logement commode, une chambre à feu et la permission de voir ses parens. Cet abus, en enflant le porte - feuille du gouverneur de la maison, faisoit murmurer

I 3

hautement les sans - culottes indignés d'une préférence que l'avidité accordoit à l'opulence.

Chaque arrivant trouvoit un frère , un ami ; qui l'accueilloit , et, par d'obligeantes prévenances , tempéroit l'effervescence d'une première douleur.

Cependant , rien n'échappoit à l'œil observateur , et il étoit facile de découvrir , parmi les prisonniers , ceux qui n'étoient pas d'un goût bien prononcé pour notre révolution.

C'étoit sur-tout à la lecture du journal du soir , qui se faisoit tout haut dans le foyer , que les personnages se signaloient. A la nouvelle d'une victoire , on voyoit passer le bout de l'oreille. Les figures pâlissoient, des soupirs étouffés , des contractions de nerfs , des trépignemens de pied annonçoient l'aristocratie incorrigible.

Chaque prisonnier étoit dans la croyance qu'en sa qualité de suspect , il resteroit dans la maison, jusqu'à ce qu'il plût aux autorités d'alors de les en faire sortir ; mais on s'apperçut de son erreur , le 18 mars (vieux style) , époque où l'on commença à extraire de cette maison des hommes qui furent envoyés à l'échafaud.

Depuis ce tems , Port-Libre devint , comme les autres prisons , l'anti-chambre de la Conciergerie et du tribunal révolutionnaire ; et nous ne comptâmes des jours heureux, que celui où l'on ne venoit chercher personne.

Il y avoit trois promenades ; celle dite des palissades, dont on parlera dans la suite , et dont on n'eut la jouissance qu'en prairial ; celle de la cour du cloître , et celle de la cour de l'acacia.

Celle du cloître , qu'on nous donna dès les premiers jours de notre arrivée , étoit la seule dont nous jouissions depuis plus de trois mois.

Quand celle des palissades fut prête , et que les communications furent établies , il s'y rendoit peu de monde, et on n'y voyoit guères que les veuves , enfans et parens de ceux qui avoient été suppliciés.

C'étoit-là qu'ils se livroient à leur douleur. Ils se réunissoient , se consoloient mutuellement de leurs pertes , et la terre fut souvent imbibée de leurs pleurs.

Celle de l'acacia tiroit son nom d'un grand et bel acacia, autour duquel on avoit fait un banc de gazon. C'étoit le rendez-vous de la gaîté. On s'y retiroit après l'appel , et on y prenoit le frais jusqu'à onze heures du soir. Ceux qui occupoient les bâtimens environnans pouvoient y passer la nuit, car on ne la fermoit pas.

Cependant tout se passoit avec la plus grande

I 4

décence, et jamais aucune anecdote scanda-
leuse n'a exercé la critique, ni flatté la méchanceté.

A mesure que le nombre des pensionnaires
augmentoit, on mit en réquisition pour les loger, le pavillon de l'acacia, celui du nouveau
greffe, un autre bâtiment donnant sur la rue de
la Bourbe et sur la cour dite sablée, dans lequel on entroit par les escaliers dits de J - J.
Rousseau et de Marat : l'infirmerie étoit placée
en bon air, ayant vue sur le boulevard qui conduit aux invalides.

Ce fut encore à Dupontet qu'on dût un établissement aussi précieux.

Grâces aux soins des comités révolutionnaires, tous les bâtimens furent bientôt pleins,
et dans les derniers tems le concierge fut obligé
de refuser des prisonniers qu'on amenoit.

Cette maison contenoit en tout 600 personnes;
et ce nombre ne diminua jamais, malgré les
charretées de victimes qu'on en amenoit tous les
jours.

Dans la quantité des gardiens, il s'en trouva
de serviables et d'humains, comme aussi on en
rencontra de féroces et de barbares; du nombre
des premiers, étoient Garnier, Desjardin, Guil-
lebaut, Lamblin.

Le journal qui suit cette description, fera connoître le cœur généreux des premiers, et la froide atrocité des autres, qui, guidés par le plus sordide intérêt, se plioient à toutes les volontés des tyranneaux, et se faisoient un plaisir d'enchérir sur leurs ordres.

Nous citerons ici deux ou trois traits, qui pourront donner une idée de la manière dont ils se comportoient avec les prisonniers.

Arrivoit-il du dehors une fricassée de poulets, l'un en prenoit une cuisse, et l'auroit dévorée, sans la surveillance du marmiton, qui représentoit qu'on accuseroit son maître de ne l'avoir pas fournie; alors, après l'avoir sucée, il la remettoit dans le plat, en disant : je voulois voir si la sauce étoit bonne.

Un autre, quand on apportoit des pruneaux ou des fruits, commençoit par les goûter, et s'il les trouvoit bons, il en offroit à ses camarades, qui acceptoient, et diminuoient ainsi les douceurs qu'on nous apportoit, et qu'on se procuroit avec une peine infinie et à un prix excessif.

Ils donnoient l'exemple de l'infidélité aux commissionnaires, et plusieurs ont été chassés pour cette cause.

Je ne retracerai pas ici les horreurs qui se commettoient à la porte de la prison, les gestes licencieux, les propos indécens avec lesquels on accueilloit la vertu et la douleur suppliantes.

Cette maison d'arrêt ne se démentit jamais, par sa sagesse et sa prudence. Les administrateurs de police qui étoient chargés de son régime, ne pouvoient dissimuler leur fureur, en voyant échouer les projets qu'ils avoient conçus pour faire révolter les prisonniers à force d'atrocités. Ces monstres, pour sonder l'opinion des détenus, faisoient circuler de fausses nouvelles par leurs émissaires. Des hommes, nourris dans la bassesse et l'infàmie, se jouoient de la vie des citoyens; l'espérance d'une liberté prochaine, leur faisoit commettre les plus odieux forfaits.

Des combinaisons du gouvernement d'alors, firent transférer ces scélérats à la maison des Carmes, où leur exécrable talent fut mis en réquisition. Des listes de proscription furent dressées, et le génie, les vertus, furent envoyés à l'échafaud.

Je passe au tableau de l'intérieur de la prison, et de tous les évènemens qui s'y succédèrent chaque jour.

JOURNAL

*Des évènemens arrivés à Port - Libre,
depuis mon entrée dans cette maison.*

Du 27 Frimaire, an deuxième de la
République Française.

SORTI d'une prison infecte, chacun de nous
aimoit à respirer un air plus pur et plus salubre, et s'applaudissoit de n'être plus sous les
énormes verroux, ni sous les grilles d'une maison
de force. Les chambres n'étoient fermées qu'avec
de simples loquets, les fenêtres dégagées de
barreaux, et on ne s'appercevoit qu'on étoit
dans une maison d'arrêt, que par le greffe et
la grosse serrure de la porte d'entrée du bâtiment dans lequel on nous avoit mis.

Le greffier, ou celui qui en faisoit les fonctions, étoit lui-même détenu, et se nommoit
Brissolier ; il nous reçut avec affabilité, et s'occupa, ainsi que le concierge Haly, de nous mar-
quer nos logemens.

Quoiqu'on sut qu'on devoit se munir de lits,
tous n'avoient pas eu la précaution de s'en procurer, et bien qu'on s'entr'aidât en se prêtant
des matelas, quelques-uns furent obligés de
coucher par terre.

I 6

Les vétérans de la prison cherchoient à connoître nos figures, et ne communiquoient pas
avec nous. Cependant quelques-uns ayant été reconnus, on leur fit accueil et donner des logemens plus commodes.

Nous arrivions par détachement des Magdelonnettes ; c'est-à-dire , qu'un fiacre nous voitu-
roit par masse de trois.

Quand nous vîmes arriver le bon docteur Dupontet, notre joie fut extrême ; nous étions pour
lors au lieu dit le foyer , ou le sallon. Notre air
de satisfaction éveilla la curiosité; on voulut
connoître le nouvel hôte ; nous esquissâmes quelques-uns de ses traits , et on se réunit à nous,
en s'applaudissant de posséder un citoyen dont
l'humanité avoit été et pouvoit encore être si
utile.

Que de services ne rendit-il pas dans cette
nouvelle prison !....... Que de malheureux arrachés à une mort certaine. Il faut le dire , le
régime des prisons n'étoit pas consolant pour les
détenus en bonne santé ; il étoit horrible pour
les malades ; c'étoit presque un miracle de sortir
de l'infirmerie après y être entré. Dupontet fit
souvent les avances aux indigens, des médica-
mens nécessaires pour leur guérison. Il faut
espérer qu'on ne verra plus un aussi grand
nombre de citoyens jettés arbitrairement dans les
fers.

Cette journée ne fut remarquable que par l'intérêt que les invalides du Port-Libre, prenoient à notre sort, et par la reconnnoissance que nous leur témoignions pour leurs aimables prévenances.

Du 28.

L'administration intérieure de la maison, établie pour venir au secours des malheureux, prit des informations et s'enquit de ceux qui pouvoient contribuer aux frais de la prison et de ceux qui ne pouvoient se nourrir. C'étoit le citoyen Bagneux, ci-devant fermier-général, qui s'acquitta de cette mission.

Il nous arrriva encore du monde des Magdelonnettes, qui completta la liste des 54, qui devoient venir à Port-Libre. On nous donnoit des nouvelles de nos amis, et nous apprîmes que ce qui restoit de prisonniers suspects aux Magdelonnettes, seroient transférés à Picpuce et à Saint Lazare.

Du 29.

Ce jour arrivèrent les citoyennes Fougeret, la mère et les trois filles, qui donnèrent pendant notre séjour à Port-Libre, les preuves les plus touchantes de la piété conjugale et filiale.

Elles enttèrent dans la prison d'un air gai

et satisfait, et s'écrièrent : Oh ! que nous sommes contentes! ils ont rempli nos desirs , nous demandions tous les jours à être mises en état d'arrestation, pour pouvoir demeurer avec notre père : son innocence nous rassure et nous l'aimons tant! Oh ! sans doute il triomphera.

Les pleurs que la joie faisoit couler à cette intéressante famille, qui se voyoit réunie, ne tarissoient point : elle étoit alors bien loin de prévoir le coup qui l'a frappé.

Voici pourquoi Fougeret fut arrêté. On lui demanda une contribution révolutionnaire de 30000 liv. , pour une terre qu'il avoit à...... On le rançonnoit pour une somme quatre fois plus forte que celle exigée par la loi. Il eut beau observer qu'il avoit énormément payé en contributions volontaires et patriotiques , et que c'étoit commettre une exaction; il ne gagna rien que la prison, quoiqu'il eut offert de s'accommoder avec les contrôleurs révolutionnaires. Il a depuis été supplicié.

Du 30.

On nous avoit promis pour ce jour la jouissance du jardin ; on nous tint parole. C'étoit la cour du cloître , servant ci - devant de cimetière aux religieuses : quatre grands ifs, et une vingtaine de tilleuls, nous offrirons un peu d'ombre cet été. Au surplus, le cloître, qui est autour, nous promet une promenade fraîche ; si nous n'en n'avons pas d'autres, notre plus doux espoir, est de n'en pas profiter.

Du premier Nivôse.

Le concierge, toujours allant et venant accompagné de son greffier, donna des ordres pour rendre les grandes salles commodes ; on s'occupa aussi des noms à leur donner, pour faciliter la remise des lettres et paquets. Il auroit semblé qu'on voulût nous faire faire un bail amphythéotique.

Du 2.

Plusieurs chambres se trouvant prêtes dans les bâtimens de l'intérieur, on y fit passer plusieurs prisonniers, ce qui mit au large ceux qui étoient entassés les uns sur les autres dans les grandes salles. La famille Foucheret embellit notre sallon, et y répandit une gaîté qui nous avoit été inconnue jusqu'à ce jour.

Du 3.

Dès le matin nous fûmes honorés d'une visite de Grandpré, secrétaire du ministre de l'intérieur, qui s'informa de quelle manière on étoit chauffé ;

il ordonna de faire placer, dans le jour, des poëles dans les grandes pièces, aux dépends de qui il appartiendroit; de faire mettre des carreaux de vitres où il en manquoit; enfin, il donna les instructions nécessaires pour que nous fussions logés d'une manière salubre.

Le soir, autre visite de Biquet, administrateur de police, qui donna les mêmes ordres : ces actes d'humanité nous réjouirent beaucoup; et comme nous étions en accès de bonne humeur, nous fîmes chanter quelques couplets au fils de du Crosne, qui s'en acquitta fort risiblement et qui amusa beaucoup les femmes.

Voici un trait de bonhommie peu commun. Le citoyen Laborde, de la section de la Montagne, avoit eu le matin une rixe avec un de ses chambristes; le concierge arrive, lorsque les parties finissoient leurs débats; il leur recommande la paix et la concorde, et les prévient qu'en cas de nouvelle rumeur il les fera transférer à Bicêtre; après cette mercuriale fraternelle, des embrassemens terminent la querelle.

Sur les trois heures de l'après-midi, on demande Laborde chez le concierge; un gendarme s'empare de lui, et le conduit au tribunal de police correctionnelle. Ne sachant à quoi attribuer la cause de son déplacement, il raconte au gendarme l'aventure du matin ; celui-ci le rassure, en lui disant que ces sortes de disputes n'avoient rien de grave en elles, et qu'il en seroit quitte pour une prolongation de détention d'un mois ou deux.

Arrivé dans la salle du tribunal, il trouve un tailleur avec qui il avoit eu jadis une contestation, au sujet d'un habit qu'il avoit voulu lui faire payer trop cher, et pour solde duquel il lui avoit donné un coup de pied au cul. Laborde avoit oublié le tailleur, l'habit et le coup de pied.

L'affaire avoit déjà été portée chez le juge de paix, qui avoit mis les parties hors de cour, dépens compensés. Le tailleur se trouvant mal jugé, avoit assigné Laborde pendant sa détention ; un honnête huissier avoit soufflé l'assignation ; bref, on appelle la cause, on la juge, et Laborde est renvoyé. Citoyen, lui dit le président, vous êtes libre. Le gendarme ouvre la barrière, le prend par la main et l'invite à se retirer. Etourdi du coup, Laborde dit aux juges : mais, citoyens, je n'ai pas été incarcéré pour le coup de pied au cul. Cela ne nous regarde pas, lui répond l'accusateur public. Un des juges lui demande quelle est la cause de son arrestation.

— J'ai été arrêté comme suspect. — Puisque les choses sont ainsi, reprend le président, mettez en marge du jugement, qu'attendu que le citoyen

Laborde a déclaré avoir été mis en état d'arrestation pour cause de suspicion, il sera remis entre les mains du gendarme, pour être réintégré dans la maison de Port-Libre ; ce qui fut exécuté.

Rentré dans la prison, il raconta son histoire ; beaucoup de détenus auroient voulu s'être trouvés dans de p reilles circonstances : ils se seroient conduits tous différemment que Laborde.

Du 4.

Un évènement funeste nous a attristé toute la journée. Pendant que les jeunes gens jouoient aux barres dans le jardin, un malheureux prisonnier, nommé Cuny, autrefois valet-de-chambre du ci-devant marquis de Coigny, s'est coupé la gorge dans un cabinet attenant le cloître ; on ne s'apperçut de ce suicide qu'un quart-d'heure après qu'il fut consommé.

Arrivé depuis deux jours à Port-Libre, Cuny avoit couché dans une des grandes salles, où il avoit fait le récit de son infortune ; le matin, la tristesse et l'abbattement étoient sur son visage ; on cherchoit à le consoler. Comme son projet étoit fortement conçu, il avoit lui-même affilé son couteau et fait son testament de mort, qu'on trouva dans sa poche, lorsque des officiers municipaux dressèrent le procès-verbal de cet évènement. Cuny ne mourut pas sur-le-champ.

Copie littérale du testament de CUNY.

« La personne qui est la cause de ma mort, est le citoyen commissaire de ma section, qui a fait l'inventaire de ma chambre, m'ayant toujours rebuté, ne me laissant jamais parler, ni m'expliquer, me rebutant sur chaque parole que j'avois la liberté de dire, me traitant de coquin et de voleur. En l'entendant, selon lui, j'avois tout volé mes effets, soit à mes maîtres, soit à d'autres ; ne pouvant m'expliquer et ne pouvant pas dire la pure vérité, faisant toujours le procès-verbal à mon désavantage, pour pouvoir me faire aller à la guillotine, me disant les choses les plus dures ; selon lui, j'étois le plus grand coquin de l'univers, me coupant toujours la parole lorsque je l'avois, ne pouvant m'expliquer et dire la vérité, j'ai été obligé de faire sa volonté, me rebutant sur tout, me faisant des reproches d'avoir économisé ; mais il ne savoit pas ce que j'ai économisé : c'étoit pour mes neveux et nièces, sur-tout pour un pauvre orphelin, que j'ai toujours aimé et assisté : je n'attendois plus que la mort pour les satisfaire. Il n'y a donc plus que le comité de surveillance de la Convention nationale qui peut venir à leur secours sur ma fortune.

» J'espère qu'elle aura des égards à ma demande, pour des malheureux sans-culottes; je prie le concierge d'en faire part au comité de Salut-Public. »

Signé, CUNY, valet-de-chambre du ci-devant marquis de Coigny.

A Paris, le 4 Nivôse, l'an II de la République Française, une et indivisible.

Cuny avoit beaucoup d'assignats en feuilles et autres; plus, une très-belle montre d'or. On le porta à l'infirmerie, et il fut confié aux soins de Dupontet, qui ne le quitta qu'à sa mort.

Ce jour-là et le précédent, fournissent plusieurs exemples de suicides.

Girardot, ancien banquier, qui dans les premiers jours de septembre, (vieux style), fut amené aux Magdelonnettes, se poignarda de sept coups de couteau dans la maison de santé de Belhomme, où il avoit été transféré.

Aux Magdelonnettes, un nommé Lafarre se tua d'un coup de couteau.

Du 5.

Le matin, l'état du malheureux Cuny donnoit encore quelqu'espoir; mais à trois heures il a expiré, après avoir souffert plus de 28 heures.

Les 27 fermiers-généraux furent transférés à l'hôtel des fermes. Ils firent leurs adieux à tout le monde, reconnurent grassement les services du concierge, et laissèrent 4000 liv. pour l'achat des matelas pour l'infirmerie, et pour venir au secours des citoyens indigens: ils furent généralement regrettés.

Le soir, nous apprîmes, avec plaisir, la mise en liberté du citoyen Boulard, de la section de la Montagne.

<h3 style="text-align:center">Du 6.</h3>

Point de nouveaux prisonniers, Dieu merci; mais un très-beau sallon, orné des grâces et de l'esprit : on y chante différens couplets, composés par Matras, négociant de Lyon.

<h3 style="text-align:center">Du 7.</h3>

On s'occupa d'un nouveau réglement pour la maison; on s'est arrêté à un régime plus conforme à l'égalité que le précédent. Il est question de réfectoire.

Il nous est arrivé deux prisonniers des Magdelonnettes, qui nous ont donné des nouvelles de nos anciens camarades qui y étoient restés, et les détails suivans, sur le suicide de Lafarre.

On amena aux Magdelonnettes, sur les huit

heures du soir, le nommé Lafarre, ex-marquis, à ce qu'il disoit sur son écrou : il étoit recommandé au concierge de le garder avec plus de soin que les autres prisonniers ; Vaubertrand le logea au quatrième étage, à la chambre N°. 43 ; il y rencontra Louis Roux, ex-administrateur de la police, auquel il s'ouvrit sur les causes de son arrestation. Il avoit été appréhendé à l'instant qu'il émettoit un faux assignat. Roux lui observa que l'homme le plus honnête pouvoit en recevoir de faux, et les remettre dans la circulation, sans connoissance de cause, qu'ainsi il pouvoit bannir toute espèce d'inquiétude. Lafarre lui répondit que ce n'étoit pas l'affaire des assignats qui l'inquiettoit le plus ; mais que portant un nom, il appartenoit effectivement à des émigrés ; il craignoit que cette circonstance ne le conduisit au tribunal révolutionnaire, et qu'il alloit réfléchir à cela.

Le concierge se rappellant l'ordre qui lui avoit été donné de surveiller ce prisonnier, le fit mettre au secret.

A peine enfermé, il se tua d'un coup de couteau. On présuma par le sang qui avoit jailli sur le mur, qu'il s'étoit appuyé contre pour exécuter son dessein. Au bout d'un quart-d'heure, comme on alloit faire la fermeture, on le trouva mort, et on dressa procès-verbal de l'évènement.

Du 8.

Cette journée s'annonça assez mal : nous apprîmes qu'on avoit volé à la citoyenne Debar la mère, pendant le tems qu'elle étoit au sallon, une montre d'or enrichie de diamans. On ne fit aucune perquisition pour la retrouver ; on nous annonça ensuite un nouveau réglement d administration intérieure, qui supprimoit les soupers du sallon.

Du 9.

On nous amena pendant la nuit beaucoup de prisonniers, entr'autres le citoyen Chevilly-de-Cipière, ancien intendant d'Orléans ; Vigée, l'auteur de la Fausse coquette, et de l'Entrevue ; Jules Rohan, et Chaugrand, ci-devant chevalier de Saint-Louis.

On commença à manger au réfectoire ; la cuisine étoit assez mauvaise ; on se flatta qu'elle seroit meilleure le lendemain.

On avoit écrit en lettres majuscules autour du réfectoire les maximes suivantes :

« L'homme libre chérit sa liberté, lors même qu'il en est privé. »

« Les évènemens, les..... (1) ne changent

---

(1) Ce mot est illisible sur le mur.

point son cœur ; la liberté, l'égalité, la raison, sont toujours les divinités qu'il encense. »

» Mœurs, vertu, candeur, voilà les principes du vrai républicain. »

« Nature, Patrie, raison, voilà son culte. »

» Dans la liberté sont renfermés les droits de l'homme ; c'est la raison, l'égalité, la justice. »

« La République fait le bonheur de la société ; elle range tous les hommes sous la bannière de l'intérêt commun. »

Le traiteur qu'on avoit chargé de notre subsistance, étoit un nommé Desnoyers, ci-devant coëffeur : on s'appercevoit qu'il étoit plus expert à donner un coup de peigne qu'à faire un ragoût ; mais où il excelloit, c'étoit dans la tenue de ses mémoires de fournitures de viande, de légumes, ect., le bourreau nous écorchoit vif ; nous payions au poids de l'or, et tout étoit servi froid et de la plus détestable qualité.

Le soir, quand les femmes furent sorties du sallon, le ci-devant baron de Witerback suspendit par le son enchanteur de son instrument, le cours de nos peines et de notre douleur.

Du 10.

L'on célébroit à Paris la prise de Toulon ;

les

les victoires de la République ne nous étoient pas étrangères, nous chantâmes les exploits de nos guerriers.

On nous amena onze nouveaux hôtes, dont six femmes, du nombre desquelles étoit la citoyenne de Magny, épouse du citoyen Chouart de Magny, ex-receveur général des finances : nous fîmes tout ce qui dépendoit de nous pour égayer nos nouveaux hôtes, et rendre leur position moins douloureuse.

Du 11.

On amena dans la journée la famille Villiers, de Montmartin ; le citoyen de Bussy et sa fille ; la citoyenne Mandar, épouse de Mandar, ci-devant officier aux gardes, et fils de celui qui fut tué à la journée du 10 août.

La citoyenne fille de Bussy, âgée de dix-huit ans, n'étoit pas encore écrouée, mais elle avoit mieux aimé perdre sa liberté, que d'abandonner sa mère. On amena aussi la famille Sombreuil, le père, le fils et la fille : tout le monde sait que cette courageuse citoyenne se précipita, dans les journées du mois de septembre, entre son père et ses assassins, et parvint à l'arracher de leurs mains ; depuis, sa tendresse n'avoit fait qu'accroître, et il n'est sorte de soins qu'elle ne prodiguât à son père, malgré les horribles convulsions qui la tourmen-

Tome II. K

toient tous les mois, pendant trois jours, depuis cette lamentable époque. Quand elle parut au sallon, tous les yeux se fixèrent sur elle, et se remplirent de larmes.

Du 12.

Lavoisier, de la section de la Montagne, supplicié le 9 thermidor, nous fut amené le matin; on l'arrêta au moment qu'il alloit offrir ses armes à son comité révolutionnaire : comme il étoit sans linge et sans chapeau, il sollicita la permission d'aller jusques chez lui, bien escorté, chercher ce dont il avoit besoin pour se rendre en prison. — Bah! répondit le commissaire, il faut que tu marches comme cela : les gardes plus humains, prirent sur eux d'acquiescer à sa demande.

Du 13.

On fit le soir de la musique au sallon; on y chanta plusieurs morçeaux, et les couplets suivans, faits par le citoyen COITTANT.

LE SALLON DE PORT-LIBRE.

Air : Du vaudeville des Visitandines.

D'ANS ce sallon point de parure,
Ni d'ornement que la beauté
Sortant des mains de la Nature,
Riche de sa simplicité   *bis,*

On n'y rencontre aucune glace ;
On ne s'y mire qu'en ses yeux,
Et chacun de nous est heureux
De pouvoir y prendre une place.

D'UN côté vous voyez le sage
De la lecture s'occuper,
De l'autre, le jeune et bel âge
Rire, causer et travailler.   *bis.*
C'est près de vous, belle jeunesse,
C'est au milieu de votre cour,
Que se tient l'assise d'amour,
Et l'école de la tendresse.

LE fils aîné de Cythérée
Est prisonnier ainsi que nous,
Et tant que dure la soirée,
Il veut folâtrer avec vous ;   *bis.*
Quoique léger ,on suit ses traces ;
N'allez pas vous inquietter :
Vous savez qu'il doit habiter
Le même temple que les grâces.

NE vous trouvant plus à la ville,
Il vous suit dans cette maison,
Qui devient son plus cher asyle ;
Voici quelle en est la raison :   *bis.*
Il reçut l'ordre de sa mère
En quittant le séjour des cieux,
De venir égayer ces lieux,
Pour nous faire oublier la terre.

SI notre âme est émerveillée
Par un aussi riant tableau,
Qui nous retrace la veillée
D'un ancien ci-devant château,   *bis.*

K 2

Mères sages autant qu'affables,
Cela ne peut vous alarmer :
On donne l'exemple d'aimér,
Quand on est comme vous aimables.

Après le concert, Vigée nous lut son *Epître à la Comtat*, et son *Ode sur la Liberté*. Ces deux morceaux ont été vivement applaudis.

Du 14.

On nous a amené plusieurs femmes, entr'autres les citoyennes de Gaville et de Montcrif.

Du 15.

Rien de nouveau que l'arrivée de Larive, artiste distingué du théâtre français.

Du 16.

Beaucoup d'ennui et beaucoup d'arrivans.

Du 17.

Le nombre des citoyennes qui s'aglomèrent dans la prison, fait craindre que le sallon ne soit bientôt plus assez spacieux pour les contenir toutes ; il est question de le supprimer, et d'y faire quatre chambres pour héberger ceux que la mauvaise fortune conduira dans ces lieux ; on est venu prendre des mesures pour ces dispositions ; cela jette beaucoup de noir dans les esprits. On est encore incertain sur l'endroit où on se réunira ; les uns disent que ce sera dans l'église, d'autres, dans le réfectoire. Quoi qu'il en soit, la société des femmes nous devient de jour en jour plus nécessaire.

On s'est fort amusé ce soir : le petit de-Crosne, âgé de quinze ans, d'une simplicité sans exemple, devant partir demain pour aller re-joindre son père dans une autre maison d'arrêt, voulut chanter quelques couplets en forme d'a-dieux : un prisonnier lui composa les suivans, d'un genre assez burlesque, et qu'il chanta, accompagné de la viole - d'amour , du citoyen Witerbach.

Air : Je suis né natif de Ferrare.

Je suis né natif de la ville,
Où par les soins de mon cher père,
J'ai appris à si bien chanter ;
Citoyennes , vous le voyez ,   *bis.*
Adieu toute la compagnie ;
Adieu, messieurs, adieu , mesdames ;
Je suis faché de vous quitter ;
Mais il faut aller voir papa.   *bis.*

Je ne joûrai donc plus aux barres,
Je ne ferai donc plus ma cour
A toutes ces jeunes beautés ;
Mais , citoyennes , vous riez.   *bis.*
Il est pourtant bien agréable
De voir en plein hiver des roses ,
Qu'ailleurs je ne retrouverai :
Mais je ne vous oublirai pas.   *bis.*

K 3

Cette petite comédie a beaucoup diverti.

Du 18.

La citoyenne de Crosne, son fils et Angran, sont partis pour Picpuce. Nous possédons ici Malsherbes, Rozambeau et son fils. On nous a amené ce matin le citoyen Robin, député à l'assemblée législative, qui nous a assuré qu'il y avoit 1200 arrestations de signées au comité de sûreté-générale ; il étoit accompagné du ci-devant baron de Margueritte, maire de Nismes, ex-constituant, qui étoit avec nous aux Magdelonnettes, et nous a annoncé, comme surcroit de société, le citoyen Fleury, et la tout aimable citoyenne Devienne, tous deux artistes du Théâtre-Français.

Du 19.

Notre concierge est en état d'arrestation chez lui ; différens sujets y ont donné lieu ; mais particulièrement celui-ci : mécontent de quelques gardiens, il les renvoya ; un de ceux-ci avoit laissé entrer, dans l'intérieur, la femme d'un prisonnier ; voici comme ce dernier s'y prit pour s'en venger. Le concierge Haly, par un de ces abus, trop communs dans les maisons d'arrêt, donnoit, pour une somme quelconque, des cartes qui facilitoient l'entrée de la prison à celui qui en étoit porteur. Le jour même de l'expulsion d'un des gardiens, un jeune homme entre malgré la loi à Port-Libre ; il étoit muni d'une carte signée du concierge. Le gardien chassé, instruit par ses confrères de cette contravention, va faire son rapport au comité révolutionnaire de sa section ; malheureusement pour le concierge, le jeune homme, comme intrus dans la prison, est une pièce probante.

On assigne une autre cause à son arrestation : on prétend qu'il a été dénoncé pour n'avoir donné aucun secours à une jeune femme qui, après plusieurs instances pour voir son mari, et après avoir resté 48 heures à la porte de la maison d'arrêt, étoit tombée évanouie.

On a transféré hier à la Force, un de nos camarades des Magdelonnettes, Ménil-Durand. Cet homme, ex-noble, d'un caractère remuant, a déplu au concierge, qui a usé envers lui de son droit de déplacer qui bon lui semble ; ce droit, tant soit peu féodal, fait trembler tous les prisonniers, qui ont soin de mettre beaucoup de circonspection dans leurs demandes ou requêtes à monsieur le concierge.

Du 20 *et* 21. — *Rien.*

Du 22.

On a découvert aujourd'hui le voleur de la montre de la citoyenne Debar ; on n'auroit jamais soupçonné l'auteur de ce vol : c'est un jeune élégant, de la plus aimable figure, doux, aimable auprès des femmes, passant pour avoir de la fortune, et faisant une dépense qui annonçoit la plus grande aisance; il se nomme Duvivier. Voici comme la chose a été éventée : il avoit eu l'audace de faire passer la montre dans du linge sale, à une fille d'opéra qui étoit sa maîtresse, et l'avoit chargé de la vendre ou de l'engager. Cette fille n'en trouva que 500 livres, mais qu'on ne voulut lui donner qu'à condition qu'elle exhiberoit le consentement du propriétaire. Apparemment que la venderesse avoit eu la bonne-foi de dire que la montre ne lui appartenoit pas : elle fit part à son amant de la difficulté qui s'opposoit à la vente ; le greffier, en visitant la lettre, s'apperçut de l'escroquerie, et la fit passer au jeune homme, qui fit une réponse où toute l'intrigue fut dévoilée. On fit venir alors le voleur, qui avoua tout. On va le transférer dans une autre maison d'arrêt, où sans doute il ne languira pas.

Cette bassesse d'un jeune homme bien né, a révolté tous les prisonniers.

Du 23.

Plusieurs détenus se sont escrimés dans l'art des bouts-rimés; voici ceux faits par Laval-Montmorency :

L'amour séduit les cœurs, sous l'air de la *constance*;
Il semble dans nos bras arrêter le *bonheur*.
Les souris, les doux soins, la tendre *prévenance*,
Nous ont bientôt plongés dans une aimable *erreur*.
Le dieu dont l'artifice endort notre *prudence*,
De ses rêves flatteurs charme notre *sommeil*.
O songe d'un instant! éclair de *jouissance*!
Que suivent la surprise et l'ennui du *réveil*!
Le premier charme a fui; l'objet que l'on *caresse*,
Pour un nouvel amant médite une *faveur*.
Amour, si c'est un jeu pour toi que la *tendresse*,
Pourquoi viens-tu ravir le voile à la *pudeur*?

Bouts-rimés de VIGÉE.

C'est à tort que dans la . . . . *constance*,
On croit trouver le vrai . . . . , . *bonheur*:
Mêmes soins, même. . . . . *prévenance*,
Mêmes penchans sont une . . . . *erreur*.
Retenons cet avis dicté par la . . . . *prudence*:
L'amour a quelquefois un moment de . . . *sommeil*,
Il s'endort dans la . . . . , ... *jouissance*,
Et l'on n'est pas toujours bien sûr de son . . *réveil*.
Il faut pour être heureux risquer une . . . *caresse*.
Laisser surprendre une . . . . *faveur*,
Varier ses plaisirs, laisser à la . . . . *tendresse*
Gagner en volupté ce que perd la . . . . . . *pudeur*.

Autres du citoyen C. T. , *à la citoyenne* DEBAR.

En vous voyant, je crois à la . . . , . . *constance*;
Quand je suis près de vous je connois le . . *bonheur*.
Je vous offrirois bien doux soins et . . . . *prévenance*,
Mais en blâmant une agréable . . . . *erreur*,

Vous sauriez à l'amour opposer la .... *prudence;*
Vous n'empêcherez pas du moins que le .. *sommeil*
Me ménage une ...., ... *jouissance;*
Elle sera détruite au moment du .... *réveil;*
N'importe : heureux celui qu'un prestige .. *caresse,*
Qui jouit d'une .... *faveur;*
Et qui peut dans un songe, enfant de la *tendresse,*
Dans ses bras, sur son sein, voir mourir la .. *pudeur!*

Nous avons entendu des chants d'église, tels que le *Gloria in excelsis*, le *Credo*, l'*Offertoire*, enfin la messe complette ; le soir, les vêpres, complies et salut, rien n'y a manqué ; cet office s'est célébré dans l'église de l'Institution de Jésus.

Il paroît que la liberté des cultes est en plein exercice ; je doute qu'on la permette long-tems.

Du 15

Deux personnes sont entrées dans le bercail, le citoyen Evrard et sa femme : le mari étoit ci-devant secrétaire de l'intendant de Châlons ; le motif de leur arrestation est d'avoir un fils émigré ; effectivement leurs fils, âgé de 13 à 14 ans, qui étoit tambour ou musicien dans un régiment, a disparu. La mère raconte un accident dans cette affaire, qui n'est pas à l'avantage de nos révolutionnaires, qui crient si fort aux mœurs. La famille Evrard a une fille de là plus rare beauté ; elle a été à la Convention solliciter l'établissement d'un lycée de musique ; y a été remarquée par les amateurs ; elle a été depuis dans les comités, réclamer la liberté de ses parens. On lui a fait entendre :

Qu'il est avec le ciel des accommodemens.

La douleur de la mère est si profonde, qu'elle nous a à tous arraché des larmes.

Du 25. — Rien. — Du 26.

Sont arrivés aujourd'hui, la citoyenne de Vigny et son fils, qui est impotent. On nous annonce aussi une nouvelle pensionnaire ; c'est la citoyenne Prévost, âgée de 91 ans ; une fortune de cent-mille livres de rente a fait présumer qu'elle étoit en état de contre-révolution. Les arrestations sont plus nombreuses que jamais : on remplit la Force et Saint-Lazare.

Les travaux d'une nouvelle promenade se poussent avec activité ; on assure que nous pourrons en jouir d'ici à quelques jours ; cela étendra un peu les limites de notre liberté, je veux dire que nous aurons un peu plus d'espace pour exercer nos jambes.

Des 27 et 28. — Rien. — Du 29.

Un décret rendu aujourd'hui fait espérer aux 23 ou 24 receveurs-généraux des finances leur

K 6

liberté provisoire ; ce sera une perte pour la maison , qu'ils défrayoient en grande partie.

Du 30. — Rien. — Du 1 pluviôse.

Il est arrivé aujourd'hui un événement fâcheux au sallon ; on lisoit le journal du soir, comme à l'ordinaire ; à l'article du tribunal révolutionnaire , on vient à nommer, dans la liste des suppliciés, le citoyen et la citoyenne de Charas. Au même instant Labretêche, qu'on ignoroit être de ses parens, tomba roide ; on eut toutes les peines du monde à le rappeller à la vie.

Du 2.

Les receveurs-généraux des finances attendent l'ordre de leur liberté provisoire , qu'ils croient ne pouvoir pas arriver avant quatre jours, attendu les longues formalités; leurs familles , qui sont à Port-Libre , sont dans la désolation d'être obligées de se séparer.

Du 3. — Rien. — Du 4.

Les receveurs-généraux des finances nous ont quittés aujourd'hui; la prison a été toute en mouvement; les adieux de ceux qui y laissent leur famille furent touchans : les larmes inondoient les yeux des épouses et des enfans qui y restoient.

Une brigade d'administrateurs de police, de membres de comités révolutionnaires, d'officiers de paix, d'inspecteurs de police, vinrent chercher les citoyens ci-après nommés, tous receveurs-généraux :

D'Aucour, Delorme, de Foissy, de Bondi, de Launay, d'Ablois, Auguié, Choart, Magni, Darjuzon, Randon-Dhanucourt, Thirion, Marinier, Tonnelier, Marquet, Randon-de-Pommery, Parseval, Vurson, Fougeret, Bergeret, Monbreton, Montcloux, Landry.

Durney resta, comme ayant rendu ses comptes.

Du 5.

Il est arrivé hier un accident fâcheux au citoyen Thevenin de Tanlay, ancien gentilhomme de Louis XVI. Cet homme, âgé de 84 ans, a fait une chûte très-grave, au bout d'un corridor très-noir. Il s'est fait une blessure profonde à la tête ; il est actuellement sans connoissance : on parle même de le trépaner, s'il a la force de supporter l'opération ; mais le docteur Dupontet en désespère.

Froidure, administrateur de police, Grandpré, adjoint du ministre de l'intérieur, sous venus nous rendre visite. Ce dernier a écouté avec affabilité nos plaintes, sur la mauvaise qualité du pain qu'on nous donne, et a proposé des mesures pour en avoir de meilleur.

Du 6.

Thevenin est mort des suites de sa blessure.

Notre sallon, jadis le séjour de la gaîté et de l'égalité, s'est changé en un ci-devant sallon de bonne compagnie. Les femmes se parent avec le plus grand soin, elles se rangent autour d'une grande table ; les hommes les regardent, et puis c'est tout. Les amis ou les personnes de leur cotterie leur parlent à l'oreille et leur disent des douceurs. Toutes n'ont pas la même fierté ; un froid bon-jour, une inclination de tête, sont le seul signe d'attention qu'elles donnent à celui qui s'évertue jusqu'à leur adresser la parole. En général, ce sallon ne présente plus l'attrait des premiers jours.

Du 7.

Les arrivés d'aujourd'hui sont, la famille Ménardot, les citoyennes Leprêtre de Château-giron, la mère et les deux filles, venant d'Evreux. L'une d'elles s'est trouvée mal plusieurs fois au greffe, et a été agitée de convulsions effrayantes.

Puis , la citoyenne Lachabeaussière qu'on a mise au secret. Son mari est aux Magdelonnettes (1), et ses deux filles à Pélagie ; ils sont tous au secret.

On reproche à cette famille d'avoir logé le député Julien de Toulouse, avec qui elle n'a jamais eu de relation. On assigne une autre cause à leur détention. Il paroît prouvé que leur gendre, pour assouvir une basse vengeance, avoit employé le ministère de Héron, agent du comité de sûreté générale, pour conduire cette famille à l'échafaud. Le nom de Lachabeaussière étoit inscrit sur la liste fatale pour le 13 thermidor. Il avoit consacré ses derniers momens à faire la pièce suivante, et avoit prié un de ses malheureux camarades de la faire paroître le jour de son supplice.

Nous nous faisons un devoir de la publier.

A MA FEMME,
LE JOUR DE MA MORT.

Par le citoyen LACHABEAUSSIERE.

Adieu, de mon bonheur tendre dépositaire,
Par qui je l'ai connu, je l'ai goûté quinze ans;

---

(1) Lachabeaussière, auteur connu par plusieurs ouvrages estimés ; directeur de l'opéra ; ordonnateur des fêtes nationales.

Des talens, des vertus, ô modèle exemplaire!
Adieu, je vais périr, victime des tyrans:
D'un monstre sans pudeur, la cruauté farouche,
Fait du glaive des lois un poignard assassin:
Un manteau de Brutus a déguisé Tarquin.

Peuple, que je te plains! On a rivé ta chaîne.
Je te laisse avili, c'est-là mon seul regret.
Je te vois encenser qui mérite ta haîne....
J'ai déjà trop vécu.... La mort est un bienfait.

Tyrans de mon pays ... destructeurs de sa gloire,
L'opprobre vous attend chez la postérité;
Vous n'échapperez pas au burin de l'histoire :
Le crime porte aussi son immortalité.
Adieu, femme chérie!... On m'appelle. .. Il est tems...
Je pars. .. Songe bien moins à pleurer qu'à me suivre. ..
Tu n'as pas mérité le supplice de vivre.
L'asyle des cœurs purs est ouvert... Je t'attends.

On apportoit ordinairement les actes d'accusation sur les 11 heures du soir. Il entend appeller le gardien de son corridor. Hé !... Allons, ouvre. — Combien t'en faut-il aujourd'hui? — Cinq. — Comment! il ne t'en faut que cinq? — Non. — Et l'on glissoit ces actes sous la porte des détenus. Il attendoit le sien; ce ne fut pas encore pour cette nuit. Par-tout l'atrocité étoit à l'ordre du jour.

Du grenier où il étoit au secret, il vit, aux approches du 10 thermidor, faire dans un terrein voisin de la cour où se promenoient les prisonniers, une profonde et large fosse. Cela lui parut étonnant. Il demanda ce qu'on vouloit faire ; on lui répondit que c'étoit pour des latrines nouvelles.

Le fait est que l'on travailloit aux latrines dans le même tems, dans toutes les maisons d'arrêt, et ces fosses n'étoient sans doute faites que pour enterrer et soustraire à la connoissance du peuple les victimes qu'on vouloit égorger.

Du 8.

Le nombre des prisonniers va toujours en croissant : on sera bientôt obligé d'en renvoyer. On nous a amené aujourd'hui la citoyenne Saint-Remi de la Mothe. On la prit d'abord pour la Mothe-Collier ; mais comme on s'est rappellé qu'elle étoit morte en Angleterre, on a reconnu définitivement que ce n'étoit que sa sœur.

Il nous est encore arrivé sept nouveaux camarades d'infortune ; la famille d'Aubigny, composée du père, de la mère, des deux filles et du mari de l'une d'elles, nommé Leroi ; ils étoient accompagnés de Chamilly d'Etoges, fils de Chamilly, l'un des valets-de-chambre de Capet, qui est lui-même au Luxembourg.

Un vol assez considérable vient d'être fait à

Jousseran, arrivé tout fraîchement des Magdelonnettes. On lui a pris 8050 livres.

Jousseran avoit dix-sept assignats de 400 liv.
et 150 liv. de petits assignats, dans un porte-
feuille qu'il avoit mis dans la poche d'un gilet ; le tout enfermé dans une cassette de sa-
pin à mauvaise serrure. Il logeoit dans une
cellule à deux personnes, qui ne fermoit qu'au
loquet. On lui avoit apporté un paquet de linge
avant le dîner, qu'il avoit négligé de serrer.
En sortant du réfectoire, il trouve sa cassette
ouverte et fracturée ; il visite son gillet, plus
de porte-feuille.

On nomme des commissaires pour se mettre
à la recherche du vol ; ils se transportent dans
toutes les chambres du bâtiment, ils font une
perquisition exacte sans rien découvrir.

On employa un second moyen, qui ne réus-
sit pas mieux ; ce fut de laisser ouverte une
chambre noire, avec invitation à tous les citoyens d'y entrer les uns après les autres, et
d'y rester deux minutes, afin de donner au voleur, s'il étoit susceptible de remords, le tems
de remettre le porte-feuille. L'opération finie,
il ne se trouva rien.

Des commissaires de la section se sont transportés ici pour recevoir la déclaration de Jousseran.

Notre concierge est parti pour la Force, et c'est un guichetier de cette prison qui le remplace provisoirement; il s'appelle Huyet.

Nous n'avons pas encore d'idées bien fixes sur cette arrestation; on pense que les dénonciations de ses gardiens l'ont seule motivée: peut-être est-ce une mesure générale que l'on prend; car nous apprenons à l'instant que plusieurs concierges d'autres maisons d'arrêts ont été également arrêtés. Quoi qu'il en soit, celui de Port-Libre étoit très-despote, méconnoissoit les principes de l'égalité, mais étoit très-accessible aux recommandations effectives, telles que les bouteilles de vin, pâtés, etc.

Du 9.

Toujours des arrivans, dont la nomenclature seroit trop longue. Point d'évènement. On a entendu avec plaisir, au sallon, les deux pièces de vers suivantes:

ROMANCE

DU CITOYEN COITTANT.

Air : *Quand le bien-aimé reviendra.*

Auguste et sainte liberté,
Dont j'apperçois briller l'aurore
Dans ma triste captivité,
Loin de murmurer, je t'adore

Et sans me plaindre, (*bis.*) hélas! hélas!
Pour toi que n'endurai-je pas? *bis.*

Plongé loin de mes chers amis,
Dans un abîme de misère,
Je souffre de mes ennemis
Les vengeances et la colère.
Pour ma patrie, (*bis.*) hélas! hélas!
Je languis et ne me plains pas! *bis.*

Quand pourrai-je tranquillement,
Au sein d'une famille chère,
Sur mon cœur presser tendrement
Mon fils, mon épouse et mon père!
Jour de délices, (*bis.*) hélas! hélas!
Bientôt n'arriveras-tu pas! *bis.*

Si l'image de ce plaisir,
A mes yeux surprend quelques larmes,
Aussi-tôt vient le souvenir,
Que mes frères sont sous les armes;
Pour te défendre, (*bis.*) hélas! hélas!
Dieu fais qu'ils ne succombent pas! *bis.*

ENVOI

A LA CITOYENNE GUÉGAN,

Pour la remercier d'une paire de jolis ciseaux qu'elle m'avoit envoyés.

J'ai reçu tes charmans ciseaux,
Et déjà j'en ai fait usage:
Ils sont aussi bons qu'ils sont beaux;
Mais, Guégan, étoit-ce bien sage

D'accepter ce joli présent ?...
Le croiras-tu ?... dans ce moment ;
Je fais la douce expérience
Qu'ils servent mal ta volonté.
Tu ne me les donnas, je pense,
Que pour trancher le fil de ma captivité ;
Et les bourreaux, oubliant l'ordonnance,
N'ont coupé, c'est la vérité,
Malgré ta sage prévoyance,
Que celui de ma liberté.

Par le même.

Du 10.

Notre nouveau concierge est peu communicatif ; il commence à visiter son nouvel empire et cherche à connoître ses pauvres sujets. Il paroît plus fait pour remplir sa place que le précédent. Son extérieur n'a rien de farouche. Il veut que chaque prisonnier ait, à son tour d'ancienneté, des chambres plus commodes ou regardées comme telles. Il paroît desirer aussi que chacun paye proportionnellement à ses revenus. On espère que tout ira bien avec ce nouveau gouverneur. Son ménage est composé d'une femme et de deux filles, qui n'ont rien de remarquable qu'une honnête laideur.

Du 11.

Plusieurs prisonniers dont la résidence est ancienne dans la maison, et qui étoient mal lo-

gés, parce qu'ils n'avoient pas capté la bien-
veillance du concierge expulsé, par des cadeaux
ou assignats, ont pris des chambres plus commodes et plus saines.

Du 12.

On cherche tous les moyens possibles de
procurer de l'agrément aux femmes dans le
sallon. On proposa des bouts-rimés à Vigée et
à quelques autres. Les rimes étoient, croc,
broc, carcasse et filasse. Ces rimes, assez ba-
roques, firent qu'on ne s'empressa pas de les
remplir. Lamalle, ci-devant avocat, courut la
chance. Voici comme il s'en tira :

> En amour je ne suis pas. . . . . *croc* ;
> Je n'aime point ni bouteille ni. . . . . *broc*,
> Encore moins une vieille . . . . *carcasse*,
> Et je déteste la . . . . *filasse*.

Ce badinage amusa un instant, et il fut arrêté que ce seroit les femmes qui proposeroient
les rimes, et qu'elles donneroient un prix à
celui qui les rempliroit le mieux. Voilà une
académie parfaitement organisée.

Du 13.

Notre ancien concierge, Haly, est revenu
aujourd'hui ; on prétend qu'il va reprendre sa

place ; mais auparavant il veut avoir quelques jours pour arranger ses affaires, de manière qu'il ne fera que coucher cette nuit, et il ne sera à demeure dans notre maison que dans deux ou trois jours. Il est plus aimé que haï de certaines personnes qui l'ont singulièrement accueilli. Il a rendu sa petite visite à chaque prisonnier en particulier ; au total, avec son air brouillon, on le préfère au nouveau concierge, qui, habitué au régime d'une maison de force, s'ennivre tous les jours, et n'a pas tous les égards qu'on doit à des citoyens qui ne sont que suspects.

La citoyenne Debar la jeune a proposé aux amateurs, des bouts-rimés, dans la séance du soir de notre académie ; Vigée, Laval-Montmorency, Coittant, et Chéron de l'assemblée législative, allèrent les méditer et les remplir dans leurs cellules.

Chacun ayant apporté son travail, on en fit lecture.

Voici les bouts-rimés de Vigée.

Un songe sous vos traits m'offroit le doux. . *plaisir.*
Je m'approche, le vois, le contemple à. . . . . *loisir :*
A mes vœux, m'écriai-je, ah ! ne sois point.. *rebelle,*
Je porte une âme pure, un cœur tendre et... *fidèle.*

Dans les lieux où je suis en proie à la. . . . . *douleur;*
Par grâce, de mes maux daigne adoucir. . . *l'aigreur.*
Je m'éveille.... L'amour, ainsi de nous. . . *s'amuse,*
Et son plus grand bienfait, souvent cache une. . *ruse.*

Bouts-rimés de Laval-Montmorency.

Au fond de la prison, vit encor le . . . . . . *plaisir.*
Le jour peut éclairer notre sombre . . . . . *loisir.*
Ce dieu toujours enfant, et rarement . . . *fidèle,*
D'un seul de ses regards, soumet un cœur... *rebelle.*
Il dispense aux mortels la joie et la . . . *douleur;*
Des maux les plus cruels, il adoucit . . . *l'aigreur;*
Mais il tourmenté aussi le couple qu'il. . . . *amuse,*
Et sourit, dans les airs, du succès de sa . . . *ruse.*

Vigée nous lut ensuite l'opuscule suivant, qu'il appelle son Paradis :

AUX CITOYENNES

Détenues avec moi à Port - Libre.

Nouvel Adam, par plus d'une Ève,
Dans ces lieux je me vois tenté.
Citoyennes, ainsi votre présence achève
Un tableau par l'esprit avec peine enfanté,
Et d'un séjour par la crainte habité,
Où le cœur n'a ni paix ni trève,
Me fait, d'un autre Eden, le séjour enchanté,
Si l'illusion est un crime,
Dans le timide aveu d'une erreur légitime,
Si l'on ose entrevoir des projets trop hardis,

Dès

Dès ce soir, j'y consens, que j'en sois la victime,
Et que, pour me punir de mes vers étourdis,
Le Dieu, qui sous nos pas ouvre et ferme l'abîme,
    Vous chasse de son paradis!

Du 13.

On a fait ce soir sortir un instant du secret la citoyenne Lachabeaussière, pour prendre
un peu l'air. Cette malheureuse victime d'une
atroce dénonciation, a fait verser des larmes à
tous les assistans. Ses jambes étoient prodigieusement enflées et ses yeux très-malades.
Elle s'occupe du dessin, et nous a fait voir
un portrait de sa fille, peint par Isabey, qui
est d'un fini précieux. Elle espère n'être plus
au secret dans deux jours (1), et obtenir la
permission de faire venir sa fille avec elle.

Du 14.

On nous a amené le fameux Potin de Vau-
vineux, si connu par sa banque où l'on échan-
geoit les assignats pour des matières d'or et
d'argent; il étoit accompagné de Rolland, ci-
devant receveur des tailles d'Orléans, et con-
trôleur de sa caisse. Ce charlatan a essuyé
quelques plaisanteries, dont il s'est tiré à merveille.

____

(1) Elle n'en est sortie qu'en fructidor, deux jours
avant sa liberté.

Tome II,   L

Sont-encore arrivés Lecoulteux de Canteleu, ex-constituant, et Saint-Priest, qui étoit avec nous aux Magdelonnettes.

Quatre agens des autorités supérieures sont venus conférer avec le banquier Duruet ; ils l'ont engagé à faire valoir son crédit auprès de l'étranger, pour en obtenir des subsistances. Duruet a observé aux envoyés que la qualité de prisonnier empêchoit toute espèce de négociations à cet égard. Il a donc réclamé préalablement sa mise en liberté : on ne sait s'il l'obtiendra.

Du 15.

Les nouveaux pensionnaires d'aujourd'hui, sont le ci-devant comte de Thiars, ancien commandant de la ci-devant province de Bretagne ; le citoyen Darmaillé, oncle de d'Hauteville, ci-devant page de Capet, et le ci-devant prince de Saint-Maurice, fils du ci-devant prince de Montbarrey, avec sa jeune épouse.

Nous avons sous les yeux, depuis quelques jours, un spectacle bien déchirant. La citoyenne Malessi, femme divorcée de Grimoard, fille de la citoyenne Lachabeaussière, est arrivée depuis peu dans cette maison. Cette femme, pleine de grâces et de majesté, et enceinte dans ce moment, a sollicité son transfèrement, pour être à portée de rendre des soins à sa mère qui est toujours au secret. On sort cependant quelquefois cette victime de son cachot. Ce soir, on l'amena au foyer ; elle y rencontra sa fille, qui se précipita dans ses bras, et elles restèrent serrées l'une contre l'autre pendant un quart-d'heure, sans pouvoir articuler une seule parole. Que ce langage étoit éloquent ! tout le monde fondoit en larmes.

Les malheurs de la citoyenne Lachabeaussière ont tellement affectés sa sensible fille, que son esprit s'est aliéné. C'est la Nina de la piété filiale. Mon cœur se déchire chaque fois que je la considère.

Si elle essaie quelqu'ouvrage d'aiguille ; elle travaille une minute ou deux ; puis, se levant avec précipitation, elle parcourt les corridors, et va s'asseoir à la porte du cachot de sa mère ; elle écoute ; si elle n'entend rien ; elle pleure et s'écrie douloureusement et à demi-voix : « O ma mère ! ma tendre et malheureuse mère ! »

Si elle l'entend marcher ou faire quelque mouvement, elle lui parle et reste des heures entières assise par terre.

Sa voix douce est l'accent de la douleur et de la folie. Vient-elle se rasseoir au foyer, ses grands yeux se fixent, et elle ne voit personne. Elle soupire, elle gémit. Sa figure et son corps sont tourmentés de convulsions. Ses organes sont si vivement frappés, qu'elle ne prend aucune espèce de soin de sa personne ; elle ne se coëffe point ; ses cheveux sont abandonnés au vent ; elle se couche, sans se couvrir la tête, dans une cellule où elle demeure seule.

Quand la citoyenne Lachabeaussière fut mise au secret dans une chambre qui étoit destinée à servir de logement aux gardiens, elle fut obligée de coucher, pendant quatre jours, avec une chienne qui nourrissoit six petits ; deux gardiens y couchèrent aussi les deux premières nuits. Cette femme, d'une constitution délicate, ne put résister à l'odeur infecte qui s'exhaloit des ordures de cette portée de chiens. Elle pria qu'on la débarrassât d'une compagnie aussi désagréable. On ne lui rendit ce service qu'après bien des supplications. Quand on retira la paille, on s'apperçut que le séjour des ordures avoit dégradé le carreau.

La citoyenne Lachabeaussière, connoissant peu les usages des prisons, ne savoit si elle pouvoit témoigner sa reconnoissance aux guichetiers qui l'avoient délivrée d'une infection qui l'auroit conduite au tombeau. Elle tenoit à la main son porte-feuille, dont elle avoit tiré un assignat de cent sous ; elle le regardoit sans

oser l'offrir. Un des gardiens s'approche : —
Qu'est-ce que tu fais de cela ? — Mais, citoyen, ... je ne sais pas si je puis vous offrir quelque chose. — Oui, nous prenons ;
donne ; — et elle acquitta le bienfait.

On a laissé à cette citoyenne un chien d'un
instinct surprenant, et qui fait sa seule consolation. Brillant est son nom. Cet animal connoissoit si bien les gardiens bienfaiteurs de sa
maîtresse, Garnier et Desjardins, qu'il ne se
trompoit jamais dans son choix. Avoit - elle
quelque besoin , elle disoit à son chien qui
étoit dehors : « Je n'ai pas déjeûné, ou je n'ai
pas dîné ; ou , enfin , j'ai besoin de prendre
l'air , vas chercher Garnier ou Desjardins : »
et Brillant alloit chercher le gardien , lui sautoit
au col , et ne le quittoit pas qu'il ne vînt vers sa
maîtresse.

Ce chien avoit contracté beaucoup d'aversion
pour le concierge ; et comme il ne pouvoit se
venger sur lui des mauvais traitemens qu'il faisoit éprouver à sa maîtresse , il se rejettoit sur
son chien ; et quoique beaucoup plus petit et
plus foible , il ne le quittoit qu'après l'avoir terrassé.

La citoyenne Malessi portoit chaque jour à
son infortunée mère, une partie de sa subsis-

rance, dont elle se seroit souvent passée sans ce soin filial.

Un jour elle invoquoit, avec l'accent de la douleur, l'ouverture du cachot, pour remplir ce devoir. Par malheur, la troupe des geoliers étoit à table et se régaloit d'un civet de chat, autre victime de leur dégoûtante barbarie ; ni la résignation courageuse, ni l'intéressant maintien de cette jeune personne ne fléchissent les cerbères. Que ta mère attende, lui disent-ils, avec tous les accompagnemens grossiers d'un langage digne d'eux, nous ne sommes pas ses valets. Des pleurs échappent à sa fille.— Tu pleures, lui dit un des sbires ; attends, attends, je veux bien me déranger ; mais à deux conditions : la première, de manger du chat, et la seconde, de boire dans mon verre. — Envain des représentations douces essaient de démontrer le dégoût invincible que sa grossesse et ses souffrances lui donnent pour manger du chat et boire du vin, dont elle ne boit jamais ; point de clefs sans cela. Il fallut bien que la tendresse filiale surmontât cette humiliation ; elle se détermine à subir les deux épreuves, l'inconvénient qui devoit en être la suite, le rire indécent et les sales plaisanteries des auteurs de cette gentillesse : ce ne fut qu'à ce prix qu'elle obtînt, au moins au bout d'une grande demi-heure, le droit de porter à manger à sa malheureuse mère et de la voir quelques minutes.

Nous donnons ici la romance que la citoyenne Lachabeaussière a faite dans son cachot.

ROMANCE.

'Air : *Comment goûter quelque repos.*

COMMENT te conter mes malheurs ?
Ah ! je n'en ai pas le courage ;
Mon triste cœur ne se soulage
Que par les soupirs et les pleurs.
Victime de la calomnie
Et d'un gendre ingrat et pervers,
Il me fait gémir dans les fers,
Et me dénonce à ma Patrie.

Je vivois ; d'un cœur innocent,
Au sein chéri de ma famille,
De mon époux, de ma fille,
Plus adorée à chaque instant.
Mais ce monstre de perfidie,
Ce gendre imposteur et méchant,
Pour nous ravir un peu d'argent,
Nous rends suspects à la Patrie.

Un jour je priois l'Eternel
Qu'il daignât protéger la France ;
Je lui peignois notre souffrance :
On me frappa d'un coup mortel,
Au nom de la France chérie,
On vient, on me charge de fers :

J'ai tout perdu dans l'univers,
Honneur, enfans, époux, patrie.

Mourante on m'arrache des bras
De mon époux et de ma fille,
Et j'entends ma triste famille
Invoquer en vain le trépas.
Epoux trop cher, fille chérie !
Hélas, ne vous verrai-je plus ?
Conservons au moins nos vertus,
Sachons mourir pour la Patrie.

Ma fille, jeune et sans soutiens,
Périra des maux de sa mère ;
Mon époux, trop malheureux père,
Pourra-t-il supporter les siens ?
Puisse la justice, attendrie,
Punir enfin les cœurs pervers !
Il me reste, dans mes revers,
Mon innocence et ma Patrie.

Du 16.

On est venu interroger huit religieuses qui
sont au secret. On a voulu leur faire prêter
le serment de la liberté et de l'égalité ; elles
ont refusé en disant qu'elles ne vivoient pas
sous le règne de la liberté, puisqu'elles étoient
prisonnières. Quant à l'égalité, elles ne voyoient
pas que ce fut plus son règne, puisque celui
qui les interpelloit mettoit tant de hauteur et
d'arrogance dans ses interrogations. On les a
menacées du tribunal révolutionnaire ; elles ont

répondu qu'elles y iroient avec plaisir.—Mais, renoncez-vous à votre pension, leur a-t-on dit? — Non, parce qu'elle représente les biens qu'on nous a pris. — Mais la loi défend de payer ceux ou celles qui refusent de lui obéir, et comment vivrez-vous? — La providence aura soin de nous. — Mais la providence ne vous donne pas de pain. — Nous ne demandons rien à personne. — Comme la République ne souffre pas d'ennemis dans son sein, on vous déportera: où voulez-vous aller? — En France, qui est notre patrie.

Ces huit religieuses ont été depuis guillotinées, comme fanatiques.

Du 17.

La commune vient de faire paroître un réglement sur le régime des prisons. Il est dit dans un des articles: que l'égalité doit alléger les chaînes de ceux qui, privés de leur liberté par mesure de sûreté générale, en ressentent plus vivement le poids par le défaut de fortune, et que pour l'exécution du décret qui prescrit une nourriture égale pour tous les prisonniers, il n'entrera dans les maisons d'arrêt aucune nourriture du dehors, excepté le vin. Chacun sera nourri à raison de 50 sous par tête. Cette mesure n'a satisfait personne. Une des-phrases de ce réglement porte : qu'il faut que les riches expient leur fortune. D'après cette expression, il paroît que la richesse est réputée pour crime dans le vocabulaire révolutionnaire des municipaux.

Du 1.

Il y a eu aujourd'hui sallon. La séance a été intéressante. Vigée nous a lu la pièce de vers suivante, qui a été fort applaudie.

A L'ACACIA (1).

Arbre dont la feuille légère,
Aux amans réunis sous tes rameaux nombreux,
　　Prête son ombre tutélaire,
　Arbre chéri, que ton sort est heureux !
　Dès que la Nuit, suivant sa route obscure,
Couvre de son rideau l'azur brillant des cieux ;
L'Amour, pour préparer ses larcins et ses jeux,
　　Choisit le trône de verdure
　　Dont s'entourent tes pieds noueux.
　De la pudeur en secret tourmentée,
　Discret témoin, tu vois tous les combats,
Et sa langueur modeste et son chaste embarras.
Tu vois la main que presse une main agitée ;
Le bras que mollement enlace un joli bras ;
L'innocence confuse et jamais irritée ;
Le baiser qui s'approche et qu'on n'évite pas.
　Toi seul est dans la confidence

____

(1) Cet arbre étoit planté dans une des cours de Port-Libre.

Des soupirs hasardés, de ces mots suspendus,
Toujours mal prononcés, toujours bien entendus ;
De ces aveux craintifs la timide éloquence
Provoque le desir et prévient le refus.

Oh ! que le tems respecte ton grand âge,
Bel arbre ! le dieu que tu sers ,
Le dieu qui s'applaudit de ton utile ombrage,
Doit te sauver du couroux des hivers.
Tous les matins, que sa main empressée,
D'une eau pure à tes pieds discrètement versée,
T'offre en tribut les flots réparateurs ;
Tandis que des zéphirs doucement caressée,
Ta tête de l'Aurore amassera les pleurs.
Sur-tout que la hache barbare
S'émousse à ton aspect , crainte de te flétrir !
Puisqu'ici-bas tout doit mourir,
Tu mourras, mais du moins, que le destin bisarre
Et de nos jours cruellement avare,
Ne hâte pas l'instant où le fer destructeur
Devra sur toi déployer sa fureur !
Quand ton heure sera venue ,
Je veux qu'un simple monument
Te rende aux regrets de l'amant,
Au souvenir de l'amante ingénue ;
Je veux que sur la pierre émue,
Ces foibles vers se gravent tristement :
« Ici, des cœurs exempts de crimes,
Du soupçon dociles victimes,
Grâce aux rameaux d'un arbre protecteur,
En songeant à l'amour, oublioient leur douleur ;
Il fut le confident de leurs tendres alarmes ;
Plus d'une fois il fut baigné de larmes.
Vous que des tems moins rigoureux

L 6

> Amèneront dans cette enceinte,
> Pleurez cet arbre généreux ;
> Il consoloit la peine, il rassuroit la crainte,
> Sous son feuillage on fut heureux. »

Le citoyen Coittant a donné lecture d'une romance de sa composition, sur le dévouement de la citoyenne Sombreuil, qui, à la journée du 2 septembre, a arraché son père des bras sanglans des assassins. La voici.

TRAIT HISTORIQUE
DE PIÉTÉ FILIALE.

Air : du Vaudeville de la Soirée orageuse.

> TENDRE Sombreuil, à ton aspect,
> On sent couler de douces larmes,
> On est saisi d'un saint respect ;
> L'âme goûte les plus doux charmes.
> Ta filiale piété,
> Fait qu'on t'honore et te révère :
> Tu trouvas l'immortalité,
> En sauvant les jours de ton père.

> Je vois encor ton foible bras
> Détourner la hache homicide,
> Et retenir les attentats ;
> Je t'entends d'une voix timide
> T'écrier :... « Ne le frappez pas....
> Respectez cette tête chère....
> Faites-moi subir le trépas ;
> Mais conservez mon tendre père »!....

> Tu fais un rempart de ton corps,
> Et tu remportes la victoire.
> Aussi, tes généreux efforts,
> A jamais assurent ta gloire.
> Tes pleurs charment les furieux;
> Ils s'arrétent... ton âme espère....
> Tes cris sont entendus des cieux,
> Qui sauvent les jours de ton père.

La citoyenne Sombreuil étoit présente ; elle écoutoit, la tête baissée, son visage étoit baigné de pleurs. L'auteur de la romance s'avance vers elle et lui dit : « En célébrant le courage, je n'ai suivi que l'impulsion de mon cœur, et je me trouve très-heureux d'avoir pu rehausser l'éclat de la vertu captive, en consacrant le récit d'une belle action. — « Citoyen, répondit la citoyenne Sombreuil, j'en ai reçu la récompense dans le tems, je la reçois encore aujourd'hui. »

Le citoyen Grappin, sur l'invitation de plusieurs prisonniers, nous a donné les détails les plus curieux sur divers évènemens arrivés dans les premières journées du mois de septembre 1792. Ce brave homme est parvenu à sauver 60 à 70 victimes, parmi lesquelles sont les citoyens Sombreuil, Cahier, le juge de paix de la section du Temple, Duperron, juge de paix de celle de Bonne-Nouvelle, Valroland, maréchal-de-camp, un marchand de bois de Nancy, 12 femmes; pour les autres, il n'a jamais su leurs noms.

Grappin étoit un des huit députés de sa section (Contrat-Social), nommés pour aller réclamer deux prisonniers qui alloient être égorgés. On avoit déjà été trois fois à l'Abbaye pour les découvrir ; les commissaires, voyant leurs démarches infructueuses, alloient se retirer, lorsque Grappin demande au concierge son registre d'écrou, le compulse et parcourt en vain la prison avec lui. Grappin étoit désespéré ; le concierge lui dit : ne vous découragez pas, peut-être sont-ils dans la petite église. Ils y vont ensemble ; elle contenoit à-peu-près quatre-cents prisonniers, du nombre desquels étoient 246 Suisses qui avoient mis bas les armes à la journée du 10 août. On les met tous en rang ; le concierge faisoit l'appel, lorsqu'un jeune homme essaie de se sauver en sautant par une fenêtre ; on le crible de coups de fusils ; ce bruit répand l'effroi dans l'église, le concierge se sauve avec le registre, et Grappin reste enfermé dans cet asyle de la mort. Il étoit en uniforme, il en impose à la tourbe des guichetiers ; il descend entre les deux guichets, où siégeoit le grand juge MAILLARD, assisté de quelques autres assassins. On alloit livrer un citoyen aux bourreaux qui attendoient leur proie. Il étoit père de six enfans. Grappin a le courage de prendre sa défense. « Je n'ose pas assurer, dit-il, qu'il est innocent, mais s'il n'est pas coupable, les juges auront à se reprocher d'avoir fait égorger le nourricier d'une famille nombreuse, et d'avoir fait couler le sang du juste. »

La harangue a fait son effet ; on écoute l'accusé, il se justifie, il est sauvé.

Ce succès encourage Grappin. Il vole retrouver le concierge. Ils vont ensemble dans une chambre où étoient renfermés huit prisonniers, qu'il reconnoît pour la plupart. Ils étoient plongés dans l'abattement le plus profond ; ils attendoient, dans un morne silence, qu'on vînt les arracher à leur cachot, pour les traduire devant le fatal tribunal. « Rien n'est encore désespéré, leur dit Grappin. Ecrivez à vos sections, pour qu'on vienne vous réclamer. » Ces malheureux écrivent ; Grappin se charge de leurs lettres, et descend chercher ses collègues, qui étoient partis, et qui avoient eu le bonheur de trouver et de sauver les deux citoyens qu'ils avoient réclamés au nom de la section.

Grappin alloit sortir de l'Abbaye, lorsqu'il rencontre les exécuteurs qui amenoient le citoyen Sombreuil, gouverneur des Invalides. Il parvient à suspendre leur fureur ; la soif du meurtre s'éteint un instant chez ces monstres tout haletans de carnage. Il s'approche du citoyen Sombreuil ; celui-ci l'assure qu'il n'a pas quitté son poste au 10 août, qu'il n'a contre lui que quelques dénonciations que ses ennemis ont surpris à la bonne-foi d'un petit nombre d'invalides.

Grappin le fait introduire dans un cabinet retiré ; les bourreaux n'avoient pas quitté leur proie. La fille du citoyen Sombreuil s'étoit précipitée à leurs genoux : « prenez ma vie, leur disoit-elle, mais sauvez mon père. »

Grappin essaie de fléchir les assassins, il leur propose d'envoyer des commissaires aux invalides, pour s'assurer si véritablement Sombreuil n'avoit pas quitté l'hôtel le 10 août. Maillard expédie l'ordre, on part. On rapporte une lettre du Major qui atteste la vérité du fait. Les égor-geurs ne la trouvent pas valable. Grappin insiste : « Mais, citoyens, vous ne prononcerez pas un jugement inique, vous entendrez ses dénoncia-teurs ; les vieux défenseurs de la Patrie sont incapables de trahir la vérité. Ordonnez, je pars avec quatre citoyens dignes de votre confiance, nous irons aux invalides, et nous en rapporterons des témoignages dignes de foi. » Les assassins balancent un instant ; ils cèdent. Un second ordre est expédié.

Grappin arrive aux invalides, il étoit quatre heures et demie du matin ; le Major se lève, les pouvoirs sont exibés, la générale bat, les invalides se rassemblent dans la grande cour au nombre de huit-cents. Grappin monte sur une table : « Amis, s'écrie-t-il, que ceux qui ont des dénonciations à faire contre Sombreuil, passent d'un côté ; que ceux qui n'ont rien à dire passent de l'autre. »

Douze s'ébranlent et en entraînent cent-cinquante ; ils vouloient écrire, et motiver leurs dénonciations. Grappin n'avoit qu'une heure pour sauver le citoyen Sombreuil. « Nous n'avons pas le tems d'écrire, leur dit-il ; encore une fois que ceux qui ont des plaintes à former, les fassent publiquement, et qu'ils ne parlent que d'après leur âme et conscience. »

Une dispute survenue entre quelques invalides faillit faire perdre à Grappin le fruit de ses soins généreux. De braves gens qui n'avoient rien à reprocher au citoyen Sombreuil, ne vouloient pas passer du côté des dénonciateurs, malgré les instances et les menaces de quelques séditieux ; la rixe prenoit un caractère inquiétant ; des coups de crosse avoient déjà été donnés, lorsque Grappin fait retirer des rangs les plus mutins, et les fait conduire dans leurs chambres. Quand le calme est rétabli, il recommence l'épreuve, et la minorité articule verbalement ses dénonciations.

Dans cet état de chose, Grappin témoigne sa satisfaction aux invalides, et fait remarquer aux commissaires qui l'accompagnoient, que la très-grande majorité n'avoit point inculpé le citoyen Sombreuil, qu'elle lui avoit au contraire rendu justice ; il leur fait aussi observer que l'esprit de parti avoit seul dirigé les dénonciations qui avoient été faites. Après cet exposé, il invite les commissaires à circonstancier le rapport des faits ; ceux - ci s'en excusent, et répondent à Grappin, que ce qu'il dira sera bien dit, et qu'ils sont disposés à l'appuyer de toutes leurs forces.

On retourne à l'Abbaye. Arrivé devant les juges, Grappin rend compte de sa mission. Les égorgeurs ne paroissent pas satisfaits ; il presse, il invoque le témoignage des commissaires ; le jugement est rendu, Sombreuil est acquité. Il vole vers ce citoyen et sa fille qui étoient restés dans le fatal cabinet ; il leur annonce leur délivrance ; il les accompagne jusqu'au dehors de la prison ; il les montre à la populace, en lui disant : « c'est un brave officier, c'est un bon père de famille. » Après les avoir conduit quelques pas, il les embrasse et les confie à des hommes qui reconduisoient chez eux le peu de citoyens qui échappoient à la boucherie.

Grappin rentre à l'Abbaye, il a le bonheur de sauver encore plusieurs victimes, entr'autres un vieillard de quatre-vingt-cinq ans, que les bourreaux alloient mettre en pièces ; c'étoit à qui lui arracheroit la vie. Il le charge sur ses épaules, et parvient à le soustraire à la rage des assassins.

Après avoir déposé ce vieillard en lieu sûr, Grappin se ressouvient qu'il a reçu des lettres à l'Abbaye adressées à différentes sections. Il monte en voiture, arrive dans l'enceinte des délibérations, il implore l'humanité des citoyens ; l'éloquence d'un homme de bien électrise tous les esprits, des commissaires sont nommés, ils vont réclamer les huit prisonniers détenus à l'Abbaye, ils sont sauvés : le citoyen Cahier étoit du nombre. Lors de l'arrivée des commissaires, il paroissoit devant le redoutable tribunal ; l'espérance avoit fui de son cœur ; il alloit être livré aux bourreaux ; il avoit déjà donné sa montre à un des juges ; il sanglotoit et s'écrioit : « Adieu ma femme, mes enfans ! »

Le tribunal étoit aux opinions sur l'affaire des Suisses. On délibéroit si on les feroit exécuter, ou si on les enverroit à la Commune. Grappin devient leur défenseur officieux : « Dans un combat, dit-il, tout ce qui périt est de bon droit, mais après la victoire, il y auroit de la barbarie à assassiner des hommes qui, égarés par leurs chefs, ont ensuite déposés les armes. Laissez-les vivre, et rendez-les à leur patrie. Ils y publiront nos bienfaits, notre courage et notre générosité. Les XIII Cantons ont toujours été alliés avec la France, voulez-vous en faire des ennemis, en massacrant leurs enfans ? Je pense donc que le seul parti à prendre est de conduire les Suisses à la Commune. »

Cet avis est adopté, Grappin monte au conseil - général, il y plaide la cause des Suisses avec chaleur.

Pétion qui étoit présent, frappé de l'énergie de son discours, lui dit : « Brave homme, allez à la Force, et dites de ma part qu'on se retire, et que la loi seule juge les coupables.» Pétion fait accompagner Grappin par un municipal. Ils arrivent à la Force, où l'on massacroit encore. Ils font, au nom de Pétion, des représentations aux assassins : on n'y a aucun égard. Grappin retourne à la Commune, s'empare de Pétion, et l'emmène, presque malgré lui, à la Force. Arrivés à cette prison, le Maire de Paris prend la parole. A sa voix les exécutions sont suspendues ; cependant les flots d'une multitude avide de carnage et de sang continuoient à se presser. Grappin monte sur des planches, harangue la populace, et lui représente qu'il est instant pour elle de se retirer dans les sections, pour y déjouer les complots de quelques scélérats qui conspirent contre sa liberté. La multitude se retire, la cavalerie bouche les avenues, et les massacres finissent avec le jour.

Grappin, né pauvre, n'ayant reçu d'éducation que de la nature, lutta soixante-dix-huit heures contre les assassins pour leur arracher leurs victimes, et il en sauva un grand nombre. Homme vertueux! que ton nom béni de tes contemporains passe glorieux à la postérité!

Le lendemain des exécutions, Maillard, les juges égorgeurs, et quelques bourreaux avoient entraîné Grappin chez Martin, marchand de vin à l'Apport-Paris, où on devoit déjeûner. Il fut question de s'adjuger les effets et bijoux des victimes qui avoient été inventoriés dans un procès-verbal fait sur les lieux, et que Grappin avoit signé. Ceux qui avoient de l'argent devoient en acheter une partie, le reste des effets auroit été distribué à ceux qui n'en avoient pas. Grappin étoit de ces derniers, il ne vouloit pas se souiller d'un pareil brigandage. Il sortit pour aller rendre compte de ces faits au maire, qui invita deux municipaux à se transporter chez le marchand de vin. Les municipaux, dont un étoit le nommé L'enfant, ne voulurent pas se compromettre, et les assassins se partagèrent paisiblement les dépouilles. J'ai depuis entendu dire au citoyen Rolland, qui étoit commissaire aux scellés des effets des massacrés, et à la comptabilité de la Commune, qu'il y avoit dans le compte des sommes allouées pour cette *expédition* (c'étoit le mot technique), un article de 36 livres payées à une femme, pour avoir fait son devoir dàns ces épouvantables journées.

Il nous est arrivé aujourd'hui un citoyen qui a beaucoup fréquenté Bazire et Chabot, et qui nous a raconté sur ces deux personnages, des anecdotes assez curieuses.

Bazire est né à Dijon, et occupoit, aux anciens états de la ci-devant province de Bourgogne une place de dix-mille liv. par an ; il épousa une femme riche, et tenoit à Dijon une maison assez splendide; il s'occupoit de botanique, d'histoire naturelle, et recevoit chez lui les savans de la ville. Cet homme avoit natutellement le cœur bon, mais, le plus souvent, il se laissoit entraîner par les impulsions qu'il recevoit. Il se lia avec Chabot, moine défroqué très-paillard. L'ex-capucin, par une industrie active, étoit parvenu à se donner un mobilier assez propre. Il desiroit traiter chez lui quelques amis; il parla à Bazire de l'emplette d'une cuisinière; Chabot vouloit avoir maison montée.

Une jeune fille, arrivée fraichement de Dijon, étoit venue chez Bazire implorer sa protection et ses bons offices. Bazire la proposa à Chabot qui l'accepta. Comme elle étoit grande et bien faite, l'impudique lui donna doubles gages. La cuisinière quitte ses ajustemens villageois, une demi-parure relève ses rustiques attraits ; ce n'est plus Jeannette tout court, c'est mademoiselle Jeannette, cousine issue de germain de M. Chabot, et gouvernante en chef de sa maison.

Tandis que ses arrangemens se faisoient à l'amiable à Paris, madame Bazire avoit renvoyée de chez elle, à Dijon, une cuisinière qui l'avoit volée ; elle avoit mandé cet évènement à son mari, et lui défendoit de la recevoir si elle venoit à Paris. La cuisinière arrive, et nonobstant l'avertissement, Bazire la prend à son service.

Madame Bazire qui probablement s'ennuyoit beaucoup à Dijon loin de son époux, résolut de lui causer une surprise agréable. Elle arrive à Paris à l'improviste, et la première personne qu'elle rencontre chez son mari, est la cuisinière qu'elle avoit renvoyée. Sa surprise est extrême: Bon jour, madame Bazire, lui dit cette fille: — Que faites-vous ici ? — Mais, madame, je suis avec monsieur. — Mademoiselle, commencez par vous retirer sur-le-champ, et que je ne vous revoie jamais. »

La fille sort sans mot dire ; arrive, sur ces

entrefaites , la cousine Chabot qui dit d'un ton léger : «où est Bazire ? Mais c'est bien singulier, on ne le trouve jamais ce Basire.» Madame Bazire étoit dans la stupéfaction , elle ne reconnoissoit pas Jeannette de Dijon , qui étoit toute fringante avec un bonnet à la mode , une pelisse et des bas de soie. — Mais, qui êtes-vous , mademoiselle , dit madame Bazire ?— Je suis la cousine de Chabot , député à la Convention nationale ; il est bien surprenant que ce Bazire ne soit point ici , il m'avoit promis de s'y trouver , c'est un homme bien étonnant. — Mademoiselle , monsieur Bazire , va venir tout-à-l'heure.

Pendant ce colloque , madame Bazire examinoit la cousine , et tâchoit de se remettre ses traits. — Pourrois-je vous demander , mademoiselle, où vous êtes née ? — A Dijon , madame. — Eh bien ; mademoiselle , je vous prie de ne plus remettre les pieds ici , tant que j'y demeurerai. » La cousine s'en alla un peu décontenancée.

Bazire arrive à son tour ; il cache , sous des caresses , l'embarras où il se trouve. Madame Bazire , après lui avoir adressé des reproches très-amers , lui raconte ce qui s'est passé en son absence. Elle lui signifie que son intention est de ne pas voir Chabot , le dissolu ; et que pendant son séjour à Paris , elle entend qu'il n'ait d'autre société

société que la sienne dans l'intérieur de sa maison. Elle lui déclare en même tems qu'elle ne sortira jamais avec lui pour aller au spectacle ou ailleurs, et que toute espèce d'intimité est absolument rompue entr'elle et lui. Ce régime sévère dura tant qu'elle resta à Paris.

Un jour que madame Bazire se disposoit à sortir pour aller au spectacle, un homme à cheveux noirs se présente, et demande à parler à son mari. On l'introduit dans son cabinet. Pendant ce tems, la cuisinière qui avoit laissé une corbeille d'argenterie dans l'anti-chambre, étoit allée aider sa maîtresse à s'habiller. L'homme aux cheveux noirs n'ayant pas été long-tems sans sortir, elle entend un cliquetis d'argenterie; quitte sa maîtresse, et court à l'anti-chambre; la corbeille avoit disparu ; elle descend précipitamment et crie au voleur. On saisit le quidam sous un des guichets du Louvre (Bazire demeuroit rue Saint-Thomas); il fut mis entre les mains de la garde, et Bazire ne put le sauver, quoiqu'il en eut manifesté le desir.

Le comité de sûreté-générale voulant s'assurer si les correspondances étoient bien surveillées à la poste, fit faire un paquet adressé au ci-devant comte d'Artois. Il fit arrêter la malle à quelques lieues de Paris, on trouva le paquet. Parmi les autres lettres, Bazire en décacheta une écrite par une princesse étrangère, détenue à l'Abbaye peu de jours après les exécutions de septembre, et dont les caractères étoient tracés avec son sang. Elle avoit exprimé, dans cette lettre qui contenoit un paquet de ses cheveux, les sentimens les plus tendres et la ferme résolution de mourir.

La sensibilité de Bazire fut vivement émue, il envoie un gendarme pour connoître l'écrou de cette femme ; il n'en existoit point. Il donne un mandat pour la faire venir. Cette infortunée, croyant que c'étoit son arrêt de mort qu'on alloit prononcer, se jette aux genoux de Bazire, qui lui dit en la relevant : « Je n'ai point trouvé de charges contre vous au comité, et comme il n'y a pas de raison pour que vous soyez privée de votre liberté, je vous la rends ; et je suis très-heureux de pouvoir vous être utile. »

Tous ces détails nous ont un peu distraits des ennuis de notre captivité.

Du 7 Ventôse.

Depuis six heures du matin il se fait beaucoup de bruit dans la maison. Concierge, greffier, guichetiers, chiens et gardes sont en mouvement pour deux prisonniers qui, à l'aide d'une planche passée transversalement, se sont évadés. L'un est un Italien nommé Palmaléoni, né à Venise, espion du ministre des affaires étrangères, qui lui donnoit de tems en tems des subsides.

Dans la journée il s'est passé un autre petit évènement. Un amant idolâtre de sa maîtresse lui a voulu faire passer un billet dans la manche d'un gillet ; le pauvre billet a été découvert. Cet accident a redoublé la surveillance du concierge et des gardiens.

Du 8.

L'évasion de l'Italien nous a valu une visite nocturne, pour s'assurer si nous étions tous dans nos lits. Ce Palmaléoni a été repris deux fois dans la ville, mais il a eu l'adresse d'échapper à la surveillance. Il avoit très-bien pris ses mesures ; car il avoit renvoyé de Port-Libre ses livres, un de ses matelas et sa petite valise. Malheureusement la valise n'a pu arriver à bon port, elle a été saisie au moment où elle étoit rendue à sa destination. Le commissionnaire et plusieurs autres personnes ont été arrêtées. Quelques municipaux sont venus constater l'évasion par un procès-verbal, et ont mis en état d'arrestation le concierge chez lui, le tout pour la forme.

Du 14.

On nous a amené ce matin Berthaux, adjudant de l'armée révolutionnaire. Ce patriote à moustaches pleuroit comme un enfant ; tous les

prisonniers fuient ce misérable qui étoit bien insolent, lorsqu'escorté de 50 coupe - jarrets, il
alloit porter l'effroi et la désolation dans les familles, en enlevant nuitament de bons citoyens
victimes de fausses dénonciations.

Le traiteur qui nous fournit nous a appris l'arrestation d'Hébert, Ronsin, Vincent et autres
scélérats. Comme il étoit fort lié avec Hébert,
il a reçu une lettre de sa femme qui lui mande
cette triste nouvelle. Le père Duchesne a été
conduit à la Conciergerie, pieds et mains liés.

On nous a amené deux hommes à bonet rouge,
dont un a été cocher du ci-devant roi. On les a
prié d'ôter leurs bonnets, parce qu'il n'y a que le
concierge, les porte - clefs et commissionnaires
qui ayent le droit d'en porter. Tel est le réglement
de la prison.

La femme Momoro vient d'arriver, et nous a
confirmé l'arrestation d'Hébert. En nous apprenant celle de son mari, elle a dit au greffe qu'on
s'étoit assuré d'elle pour l'empêcher d'aller réclamer son mari à la section, mais que cette mesure
n'empêcheroit pas les patriotes de se remuer.

Du 25.

On disoit ce matin au jardin que notre traiteur
étoit arrêté. Il étoit sorti pour défendre son ami
Hébert. Il est arrivé un gendarme, portant l'ordre

de ne point laisser communiquer les conspirateurs, ni verbalement , ni par écrit , avec les personnes du dehors. Le concierge fort embarrassé répondit qu'il ne soupçonnoit de conspiration que l'homme à moustaches arrivé hier. Toutes les lettres sont arrêtées jusqu'à nouvel ordre.

Du 26.

Notre traiteur a été cité au tribunal révolutionnaire comme témoin à la décharge d'Hébert.

Il est arrivé ce matin un huissier du même tribunal qui a apporté quatre assignations , une pour le concierge , et les trois autres pour des guichetiers. On est venu chercher les deux Frey , beaux - frères de Chabot , qui se disoient comtes de l'Empire , faisoient ici une très-grande dépense , et trouvoient que notre traiteur ne vendoit pas assez cher deux cotelettes et une bouteille de vin de Bordeaux pour la somme de 11 liv. On a aussi amené au tribunal , ou au moins à la Conciergerie , un nommé Glaudy , du pays de Chabot.

On a signifié ce soir un ordre du comité de sûreté-générale de ne laisser entrer aucuns journaux. Cet ordre nous a d'autant plus contris è , que la curiosité est plus puissamment éveillée par les grands intérêts qui fixent l'attention universelle.

M 3

La citoyenne Vaucresson est morte aujour-d'hui , elle a béni son fils dans ses derniers instans, et lui a souhaité des enfans qui lui ressemblassent.

Les gardiens sont venus nous rendre une visite sur les minuit ; il paroît que la surveillance est à l'ordre du jour. Quelques détenus craignoient qu'il n'y eût des projets contre les prisons.

Du 27.

Ce matin deux gendarmes sont venus chercher Duruet, ancien banquier de la cour, et ancien receveur - général des finances , pour le conduire au tribunal révolutionnaire. On ignore la cause de cette traduction. Tout le monde est dans l'inquiétude sur le sort de cet honnête citoyen , qui n'a fait que du bien par - tout où il a demeuré , et qui verse encore des bienfaits sur ceux qui l'entourent.

On est venu également chercher le nommé Tarin, imprimeur, à qui on a mis les menottes.

On nous a amené trois anciens officiers aux gardes dont on ne sait pas encore les noms.

Druet et Tarin sont rentrés dans la soirée à la grande satisfaction de tous les prisonniers.

Du 28.

Duruet a reçu dans la nuit d'hier son acte d'accusation : il est parti ce matin à sept heures pour le tribunal ; il doit monter au fauteuil à neuf, et son jugement sera prononcé entre dix et onze. Quelle justice ! grands Dieux ! Nous sommes tous dans l'inquiétude. On assure que cet acte d'accusation contient des délits très - graves. Il en a pris lecture, et s'est couché fort tranquillement. Le matin ayant fait attendre les gendarmes qui étoient déjà de très-mauvaise humeur, il leur dit obligeamment qu'il étoit désespéré de les avoir retardés si long-tems, mais qu'il falloit au moins paroître d'une manière décente au tribunal. Un d'eux lui répondit , que ce n'étoit pas la peine de se faire si beau pour aller à la guillotine.

Une femme qui vient d'arriver nous a raconté qu'on faisoit courir le bruit dans Paris, que nous étions en insurrection , et qu'on devoit amener des canons à notre porte. Cette nouvelle nous a tous consternés, nos idées se sont portées sur des époques affreuses, et nous avons frémi. Cependant nous avons été un peu rassurés par l'imprimeur Tarin, qui nous a annoncé que le commissaire qui l'avoit interrogé lui avoit dit : « Nous savons qu'il y a de bons patriotes dans les prisons ; reportez à vos malheureux compagnons d'infortune des paroles de paix et de consolation ; dites-leur que quand l'affaire des conspirateurs sera terminée, on les mettra en liberté. Nous savons qu'ils ont couru de grands dangers; mais annoncez-leur qu'ils ne leur arrivera rien, et que nous périrons avant eux. »

Nous avons reçu la visite de deux administrateurs de police, qui nous ont promis que, sous deux ou trois jours l'ordre d'arrêter les lettres seroit levé.

Nous avons appris avec une vive satisfaction l'arrestation de Chaumette. On prétend qu'il s'étoit caché chez Patris, imprimeur de la Commune, rue Saint-Jacques, au ci-devant couvent des Filles Sainte-Marie, où l'agent national avoit loué deux cellules.

Un guichetier nous a annoncé le jugement de Duruet ; il a été condamné à mort. On dit qu'il étoit accusé d'avoir fait passer des fonds chez l'étranger, et d'avoir payé une lettre de change de 6000 liv. tirée sur lui de Londres. Ce citoyen est généralement regretté, il jouissoit de l'estime de tous les prisonniers.

On nous a amené quatre ou cinq individus qui ne se sont point encore fait connoître. Un d'eux est, dit-on, membre d'un comité révolutionnaire.

Du 29.

La femme Momoro est toujours triste ; elle

tremble beaucoup sur le sort de son mari.
Nous ignorions que cette femme avoit figuré
la déesse de la Raison dans une mascarade de
l'invention de Chaumette. Cette circonstance lui
attire des railleries qu'elle feint de digérer assez
facilement. Cette déesse est très-terrestre ; des
traits passables, des dents affreuses, une voix
de poissarde, une tournure gauche, voilà ce
qui constitue madame Momoro.

On a débarqué douze prisonniers qui, par leur
costume et leur langage, ont tout l'air d'être
du bord d'Hébert et Chaumette. Nous ne sommes
pas tranquilles sur le compte de ces gens-là, si
la faction sort saine et sauve du tribunal. Personne n'a pu se faire à la mine de ces coupe-
jarrets. Tous les prisonniers se tiennent sur leur
garde, en cas d'évènement.

Le rapport envoyé à Robespierre par Labou-
reau, un des accusés dans cette affaire, et qui
a été ensuite acquitté, pourra jetter quelques
lumières sur les menées de ces misérables. Cette
pièce est extraite des papiers trouvés chez Robespierre.

*Rapport de ce que j'ai vu et entendu depuis
ma détention.*

Je n'ai commencé à communiquer avec les
détenus, que quand il a fallu que je me présente

au tribunal. Là, en déjeûnant, je les ai vus ; mais, de la totalité des accusés, je n'y ai reconnu que Momoro, comme président de ma section ; Ronsin, pour l'avoir vu une fois seulement aux Cordeliers, le soir de sa remise en liberté ; Vincent, pour l'avoir vu non-seulement aux Cordeliers, mais encore à la société populaire de ma section, et à ma section, car il se fourroit par-tout ; Hébert, pour l'avoir vu une fois à la commune, où je demandois à parler à Chaumette sur quelque chose qui concernoit le comité révolutionnaire de ma section, et pour l'avoir vu deux fois aux Cordeliers ; et Ducroquet commissaire aux accaparemens, lequel étoit de ma section. Pour ce qui est des autres accusés, je ne les ai jamais connus, et les ai vus pour la première fois au tribunal.

Je n'ai pu retirer aucun renseignement de Vincent, parce qu'il s'est constamment méfié de moi. Depuis ma première entrevue pour le tribunal, jusqu'au moment où j'ai été appellé pour être acquitté, il parloit souvent à l'oreille de Momoro et de Ronsin, et fermoit son papier lorsque je voulois y regarder.

Pour ce qui est de Momoro, il m'a témoigné de l'amitié, beaucoup de reconnoissance, m'a plaint et a certifié de mon innocence, mais ne m'a communiqué aucune chose qui tint à une

conspiration, a affecté même de me faire conserver l'opinion qu'il croyoit que j'avois de lui.
Comme je lui ai demandé ce que c'étoit que
Pereyra et Dubuisson, il m'a répondu que c'étoit
la faction Prôli; que c'étoit un reste de la faction de Dumouriez; que le parti qui lui en
vouloit avoit implanté cette faction dans leur
affaire pour les rendre criminels, et préparer
une opinion défavorable sur leur compte, c'est-
à-dire sur lui Momoro, et Vincent, Ronsin et
Hébert; que c'étoient des fripons et des voleurs; que, quant à Laumur, c'étoit un aristocrate qu'on avoit aussi implanté là pour leur
donner un air de conjuration; que l'aristocratie
leur avoit mis cet homme en avant, et que
Westerman, son accusateur, étoit aussi coquin
que lui Laumur; que, si on faisoit bien, on
l'arrêteroit aussi.

Ronsin a constamment paru gai, sans que j'aie
pu deviner si c'étoit sa conscience ou l'effet du
déguisement, jusqu'au moment où il a dit cette
phrase à Momoro : « Qu'est-ce que tu écris ?
tout cela est inutile; ceci est un procès politique;
vous avez parlé aux Cordeliers, tandis qu'il falloit agir; cette franchise indiscrète vous a per-
dus; on vous arrête en chemin, et sur le coup
de temps; vous deviez savoir que tôt ou tard
les instrumens des révolutions sont brisés. Il

vous restoit une ressource, vous l'avez manquée : cependant, soyez tranquilles ; s'adressant à Hébert, Vincent et Momoro, le tems nous vengera ; le peuple victimera les juges, et fera justice de notre mort. J'ai un enfant que j'ai adopté, je lui ai inculqué les principes d'une liberté illimitée ; quand il sera grand, il n'oubliera pas la mort injuste de son père adoptif ; il poignardera ceux qui nous auront fait mourir ; il ne faut pour cela qu'un couteau de deux sous. » Le jour qu'on lut le journal d'Hébert, il lui dit : « Tu as verbiagé ; ta réponse étoit bien simple ; il falloit mettre en parallèle de certains numéros de Marat. Apprêtez-vous à mourir, leur dit-il, je jure que vous ne me verrez pas broncher. »

Hébert n'a rien dit qui portât caractère ; il a paru foible, embarrassé, et la dernière nuit, dans la prison, il a eu des accès de désespoir.

J'oubliois de dire que Ronsin, poursuivant sa harangue à Momoro, Hébert et Vincent, leur dit, en faisant un geste affirmatif : « Il y a déjà long-tems que je me suis apperçu que vous étiez mirés et suivis dans le sénat par un homme craintif, rusé et dangereux (du moins voilà ce qu'il m'a paru vouloir dire par un terme figuré dont je ne puis me souvenir) ; il vous a surpris, parce que vous ne vous en êtes pas assez méfiés, il faut mourir : et ; se tournant vers moi, La-

boureau, me dit-il, d'après ce que m'a dit
Momoro de toi, tu es un bon garçon ; il n'y
a rien ici qui te regarde, et je te réponds que
tu seras remis en liberté. Ensuite parlant à
Hébert, qui lui dit qu'il croyoit la liberté per-
due, il lui répondit: tu ne sais ce que tu dis ;
la liberté ne peut maintenant se détruire ; le
parti qui nous envoie à la mort y marchera à son
tour, et cela ne sera pas long. »

Du 2 germinal.

Le départ de notre traiteur pour le tribunal
révolutionnaire, a mis notre dîner en souffrance ;
nous attendons avec la plus vive impatience
l'issue de l'affaire d'Hébert et compagnie. La
nouvelle de leur supplice sera un jour de fête
pour tous les prisonniers ; il paroît que ces scélérats vouloient épurer les prisons à leur manière ; il est certain que Ronsin vint dernière-
ment à Port-Libre, prendre connoissance de
l'état de la maison, du nombre et de la qualité
des prisonniers qu'elle renfermoit. Ce fut vers
une heure du matin qu'il fit cette visite, avec
le concierge, à la lueur d'un flambeau. Comme
je dormois profondément alors, je ne les vis
point ; les détenus qui ne dormoient pas le
remarquèrent très-bien ; il étoit en uniforme
avec une houpe rouge à son chapeau. Ronsin

s'enivra ensuite chez le concierge où il passa la nuit. Le lendemain matin il sortit avec un coupe-jarret qui étoit venu avec lui.

On transfère beaucoup de prisonniers à Sainte-Pélagie , parmi lesquels sont Cypierre et son domestique, Rosambeau et Pasquier , ci-devant conseillers au parlement de Paris ; ils sont ac-cusés d'avoir signés, pendant la chambre des vacations en 1790, une protestation contre le décret de la constituante, qui cassoit les par-lemens.

Du 4.

Je faisois ce matin un tour au jardin, avec la ci-devant princesse de Saint-Maurice ; les gardiens vinrent nous prier de nous retirer. Madame de Saint-Maurice, un peu fâchée de cette invitation, s'écria : « O mon Dieu! ceci ressemble au collége ; mais qu'est-ce qu'on ap-prend avec ces figures bêtes ? »

Enfin, la bande des Hébert, Chaumette , Ronsin , Momoro, etc, a reçu la juste punition de ses forfaits. Cette nouvelle fait l'entretien et la joie de tous les prisonniers.

Un administrateur de police a visité les nou-velles palissades qui s'élèvent autour de notre promenade ; il s'est amusé à écrire dessus avec de la craie : rue de la Liberté. A coup sûr , ce municipal est un homme atroce.

La déesse de la Raison n'a pas été du tout raisonnable pendant la journée; elle s'est beaucoup lamentée sur l'accident arrivé à son mari.

Du 5.

Nous avons deux nouvelles pensionnaires; l'une d'elles est la citoyenne Beaufort, bel esprit, et qui recevoit chez elle les poëtes et les savans du quartier. On l'a dit maîtresse du député Julien (de Toulouse), qui a pris le bon parti de se cacher pour éviter la guillotine. La romance suivante, pourra donner une idée de son talent:

A M O N F I L S,

A qui l'on avoit refusé l'entrée de Port-Libre.

Air : *Comment goûter quelque repos.*

O vous, dont les sensibles cœurs
Savent aimer avec tendresse,
Venez partager ma tristesse,
Donnez un soupir à mes pleurs ;
Et puisse le destin sévère,
Pour vous, hélas ! moins rigoureux,
Vous épargner le mal affreux
D'être à-la-fois captive et mère !   *bis.*

O toi, l'objet d'un pur amour ,
Toi dont je pleure en vain l'absence !

Conserve long-tems ton enfance,
De sentir éloigne le jour :
Reste à cet âge où l'on ignore
Les soins d'un douteux avenir,
Où le pénible souvenir
N'éveille point avant l'aurore.   *bis*

Quand je te pressois dans mes bras,
J'oubliois le poids de mes chaînes,
Ton sourire écartoit mes peines,
Le bonheur erroit sur tes pas :
L'ordre nouveau qui nous captive
Double les maux que j'ai soufferts ;
J'aurois aimé jusqu'à mes fers
Près de l'enfant dont il me prive.   *bis.*

Du 6.

On nous a amené aujourd'hui le citoyen Noi‑
ret, employé à la poste, qui a été mis en li‑
berté hier, et réincarcéré aujourd'hui , voici
comment. Il sortoit du Luxembourg par ordre du
comité de sûreté-générale : arrivé chez lui , il
causoit avec un de ses voisins par la fenêtre. Celui-
ci lui demanda s'il n'avoit pas connu au Luxem‑
bourg un de ses parens qui y étoit détenu ; sur
l'affirmative, il lui demanda quand il comptoit
retourner au Luxembourg. « J'irai demain, ré‑
pondit Noiret ; pour y chercher mes effets. —
Vous me rendriez un grand service , si vous
vouliez vous charger de remettre une lettre à

mon parent. — Oh! pour une lettre, non; les ordres sont trop sévères, je n'en ferai rien. »

Un certain Dufaye entendit cette conversation, et alla dénoncer Noiret, comme s'étant chargé d'une lettre pour le Luxembourg. Noiret se rend à cette maison d'arrêt, et va trouver ses anciens camarades d'infortune; il étoit à peine avec eux qu'on le fait demander au greffe; le concierge lui signifie qu'il a reçu des ordres pour le garder au Luxembourg. Noiret demande la cause de cette nouvelle arrestation; on lui répond qu'il est soupçonné d'avoir apporté une lettre, au mépris des réglemens. « Je me souviens, dit Noiret, qu'hier un de mes voisins me pria de lui faire le plaisir d'en remettre une de sa part à un de ses parens qui est ici, mais je l'ai refusé. Au surplus, il sera très-facile de vérifier le fait, je n'ai pas encore vu ce parent, il n'y a qu'à le faire descendre, on l'interrogera, pendant que je resterai dans ce cabinet. Le concierge donne des ordres, on procède à l'interrogatoire en présence du greffier. La vérité jaillit des réponses du parent. Noiret est justifié. Le concierge lui dit qu'il faut attendre l'arrivée d'un administrateur de police qui décidera sur le fait.

Arrive, sur les cinq heures, l'administrateur Danger, qui fait subir un interrogatoire à Noiret ; on lui demande ce qu'il pense en général du Luxembourg ; il répond qu'il est persuadé qu'il y a beaucoup de patriotes détenus , et qu'ils méritent , ainsi que lui, d'avoir leur liberté.

Après cet interrogatoire , Noiret part pour la Mairie , Danger lui promet de faire son rapport à la police. Noiret est oublié pendant trois heures dans un cabinet obscur, où il subit encore un interrogatoire ; il y passe la nuit , puis la matinée ; enfin un gendarme lui annonce qu'il a reçu l'ordre de le conduire à Port-Libre. « Camarade , lui dit-il , prenons-nous une voiture ? — Pourquoi ? il fait beau. — C'est que si tu n'en prends pas, je te ganterai. — Me ganter ! c'est violent ! — Je ne puis m'en dispenser. » — Bref, on prend une voiture , et Noiret vient augmenter le nombre des pauvres prisonniers de Port-Libre.

Je viens d'avoir sous les yeux un spectacle bien affligeant pour l'humanité. Un de nos camarades d'infortune est tombé en démence , il se nomme Bazelaire ; c'est un des plus beaux hommes de la république ; il étoit autrefois capitaine dans les grenadiers de France. Ce malheureux fait une foule d'extravagances qui allarment beaucoup les femmes. Il avoit mis aujourd'hui sa culotte en place de son bonnet de nuit , et il s'efforçoit de passer sa jambe dans un bonnet de coton. Le docteur Dupontet assure qu'il n'y a que la liberté qui puisse lui rendre la raison.

On débite pour nouvelles le renouvellement du comité de sûreté-générale. On prétend que non-seulement Panis et Sergent en seront chassés, mais même qu'ils seront mis en jugement comme spoliateurs des deniers publics : c'est la commune qui les accuse.

On nous a amené une femme de la ci-devant cour, madame de Simiane, la belle maîtresse de Lafayette.

On dit que Gouttes, évêque constitutionnel d'Autun, a été guillotiné.

Du 7.

Le citoyen Noiret vient d'obtenir sa liberté pour la seconde fois ; son dénonciateur a été arrêté, on vouloit l'amener ici, nous nous y sommes tous opposés ; il est allé ailleurs.

Du 11.

Nous avons appris l'arrestation de quatre députés de la Convention nationale, Camille-Desmoulins, Danton, Lacroix, Philippeaux, et de plusieurs administrateurs de police : c'est probablement quelques conspirations nouvelles.

Le trait de la femme de Lavergne, commandant de Longwi, qui a crié vive le Roi, pour périr avec son époux , a singulièrement attendri. Cette malheureuse a été exécutée aujourd'hui.

Du 13.

La journée a commencé par l'arrivée des ci-devant marquis et marquise Lavalette , qui nous ont été amenés du Luxembourg. Hier , on a transféré à la Conciergerie les beaux-frères de Chabot. Un nouvel administrateur de police est venu nous rendre visite. Celui-ci avoit du moins la figure humaine. Il a promis beaucoup de choses ; comme de nous faire recevoir les journaux , de tâcher d'obtenir que les détenus voient leurs parens , de forcer enfin notre impitoyable traiteur à nous donner de la nourriture supportable.

L'affaire de Danton , Chabot , Fabre-d'Eglantines , etc. pique singulièrement la curiosité de tous les prisonniers. On veut que tous ces messieurs aient prodigieusement volé ; on prétend même que Danton a fait des acquisitions pour plus de cinq-cents-mille livres. Pour Fabre-d'Eglantines , on sait assez généralement qu'il vivoit d'emprunt en 1790 et 1791 ; sa fortune avoit pris une face plus riante , il habitoit un des appartemens les plus élégans de Paris. Ce qui est assez remarquable , c'est que son ancien ameublement est actuellement sous sa remise ;

il consiste en un mauvais lit , deux chaises de paille , un pot de chambre , et une misérable table de noyer , sur laquelle il composoit ses comédies et tragédies.

Du 14.

On nous a amené un membre de la société populaire du Contrat social. C'est le plus fougueux jacobin qu'il soit possible de voir. Il a été reçu comme il le méritoit par ses co-sectionnaires , et n'a pu rester dans l'intérieur de la prison ; il sera transféré à la Force.

Du 15.

Les accusés montrent une grande fermeté devant le tribunal révolutionnaire , et se défendent d'une manière très-vigoureuse. Un citoyen , qui a été témoin des débats , nous a rapporté que Danton fait trembler juges et jurés, il écrase de sa voix la sonnette du président: celui-ci lui disoit : « Est-ce que vous n'entendez pas la sonnette ? — Président , lui répondit Danton , la voix d'un homme qui a à défendre sa vie et son honneur , doit vaincre le bruit de ta sonnette. » Le public murmuroit pendant les débats. Danton s'écria : « Peuple , vous me jugerez qunad j'aurai tout dit : ma voix ne doit pas être seulement entendue de vous , mais de toute la France. »

Du 16.

Nous avons appris aujourd'hui l'exécution de Danton et compagnie. Le supplice de ces gens-là nous a moins étonnés que celui d'Hébert. On nous a amené ce soir Victor Broglie, l'ex-constituant.

Du 25.

On est venu chercher ici le nommé Marino, qui a méconnu la représentation nationale dans la personne du député Pons de Verdun, et qu'un décret a renvoyé au tribunal révolutionnaire. On a également enlevé un ex-chanoine du Mans, accusé de fanatisme. Ce dernier est revenu avec un acte d'accusation ; on lui a donné un défenseur officieux. Ce bon chanoine, qui est âgé de 74 ans, a subi un interrogatoire de deux heures ; à chaque réponse qu'il faisoit, on lui disoit qu'il mentoit. Sans doute on viendra le chercher au premier jour pour subir son jugement.

Du 28.

On nous a enlevé un prisonnier pour aller au tribunal révolutionnaire ; c'est le citoyen Roussel, père de deux fils émigrés, et chez lequel on a trouvé plusieurs chansons aristocratiques.

Du premier floréal.

Nous avons appris aujourd'hui, avec la plus

vive douleur, la condamnation et l'exécution de plusieurs membres du ci-devant parlement de Paris, assassinés par le tribunal révolutionnaire. Rozambeau a emporté les regrets de tous les prisonniers; il seroit difficile de réunir autant de vertus que cet estimable magistrat. Il a laissé dans le deuil et le désespoir son beau-père, B. Malsherbes, son épouse, ses deux filles, ses fils et ses deux gendres, qui gémissent tous dans notre maison d'arrêt.

Du 2.

Plusieurs bruits circulent dans la prison; on dit qu'il est arrivé à Paris trois charriots de prisonniers, chargés chacun de 60 infortunés, entassés les uns sur les autres; on prétend que ce sont des ouvriers qui vouloient aller à la messe, en dépit d'un arrêté de je ne sais quel proconsul montagnard. Ils avoient tous l'air riant, excepté un vieillard, vêtu proprement, qui pleuroit.

Le tribunal révolutionnaire continue le cours de ses assassinats. On raconte que 50 magistrats d'anciennes cours souveraines sont actuellement en présence de leurs bourreaux. On parle aussi de la traduction prochaine de Chapellier et de Desprémenil; ces deux ex-constituans, très-opposés d'opinion, périront ensemble comme conspirateurs. Fouquier-Tinville a fait sortir de la Bourbe, pour l'approvisionnement de son charnier, les ci-devant duchesses Du-châtelet et de Grammont, la citoyenne de Ro-zambeau, le citoyen et la citoyenne de Château-briand, le premier, gendre du citoyen Rozam-beau ; la seconde, sa fille ; et le vertueux Mals-herbes, grand-père de cette famille, dont il ne reste plus ici que trois enfans de Rozam-beau et les citoyens d'Aunay et de Tocque-ville, ses gendres. Le jeune homme et ses deux sœurs poussoient ce soir des cris affreux. Leur malheureuse mère, depuis l'assassinat de son mari, avoit tout-à-fait perdu la tête et étoit tombée dans le délire. Au moment où on est venu la chercher, elle a rassemblé toutes ses forces et repris ses esprits; elle est allée chez mademoiselle Sombreuil, et lui a dit ces pa-roles remorquables : « Mademoiselle, vous avez eu le bonheur de sauver monsieur votre père, et moi je vais avoir celui de mourir avec le mien et de suivre mon mari. »

Après avoir prononcé ce petit discours, elle est retombée dans son premier état, s'est pré-cipitée hors de la chambre, sans savoir où elle portoit ses pas.

On nous a amené un vieillard de 78 ans, avec son fils, âgé d'à-peu-près 30 ans. Ils se nomment Chemilly et habitent à Paris la section de Bru-

tus.

tus. Ce septuagénaire a autrefois servi dans le régiment des Gardes; son fils est capitaine réformé de dragons; tous deux sont hors de service depuis long-tems.

Du 3.

Deux brigands d'un comité révolutionnaire sont venus aujourd'hui méditer ici sur l'instabilité des choses humaines. On a arrêté notre gargotier, qui, non-content de nous empoisonner, nous voloit avec une impudence sans égale. Ce coquin ne craignoit pas de nous vendre 30 sols 72 haricots. On a dressé procès-verbal de tous ses vols, et les plaignans sont admis à déduire les friponneries du maraud.

On a disposé de nouveaux guichets; nous avons gagné, d'un côté, la liberté de divaguer sans carte dans tous les bâtimens séparés du nôtre, qui s'appelle fauxbourg Saint-Germain; mais nous sommes privés de la faculté d'aller au greffe et dans la cour d'entrée.

Nous avons appris l'exécution de la famille Rozambeau; la consternation a été générale.

On nous a amené aujourd'hui M. de la Rochefoucaud et mademoiselle Béthisy, fille de l'ex-comte de Béthisy; elle fait l apprentissage du malheur encore bien jeune, elle n'a que dix-sept ans; elle fut obligée de suivre son père , lorsqu'il émigra , il y a trois ans ; un décret de la constituante la déchargea du délit d'émigration. Revenue en France , elle s'adonna aux métiers les plus durs et les plus fatigans , pour pourvoir à sa subsistance ; elle fut tour-à-tour ouvrière et blanchisseuse. Hélas ! cette jeune et intéressante personne n'est peut-être pas encore parvenue au terme de ses maux.

Plusieurs prisonniers racontent différentes anecdotes sur le vertueux Malsherbes. Lorsqu'on vint chercher Rozambeau pour le mettre en prison, son épouse pria M. de Malsherbes , son père , de faire un mémoire en faveur de son mari. M. de Malsherbes en composa un , dans lequel il prit la défense de son gendre , et s'attacha à prouver qu'on ne pouvoit point punir de mort un magistrat qui avoit fait son devoir, en déposant son opinion sur quelques innovations, dans une protestation signée de ses collègues.

M. de Malsherbes , étant détenu ici , adressa une lettre à un de ses amis, dans laquelle il s'applaudissoit d'avoir été honoré de la confiance de Louis XVI , qui l'avoit chargé de sa défense. Cette lettre passa au visa du greffe, on la lui rendit en lui observant qu'elle pourroit avoir pour lui des conséquences funestes , si on parvenoit à en savoir le contenu. M. de Malsherbes la garda un moment dans ses mains et dit au greffier : « Vous avez raison, cette lettre pourroit bien me faire guillotiner. » Il rêva et resta quelques minutes dans l'indécision, et dit ensuite : « Qu'importe ? elle partira. Telle est mon opinion, je serois un lâche de la trahir, je n'ai fait que mon devoir. » La lettre partit ; elle a servi depuis, dans l'espèce de procédure où il a été assassiné.

Châteaubriand savoit aujourd'hui qu'il devoit être transféré le lendemain pour être mis en cause au tribunal. Il a dissimulé ses craintes à sa femme, et a montré la plus grande fermeté et la plus profonde résignation. En général, tous nos compagnons d'infortune nous quittent pour aller à la boucherie, avec le sang-froid le plus tranquille, je dirois presque avec héroïsme.

Du 5.

On nous a encore amené aujourd'hui deux patriotes ; c'est ainsi que les gardiens nomment les membres des comités révolutionnaires.

On vient d'arracher des bras de leurs mères, mesdemoiselles de Brion et de Bissy, la première âgée de 15 ans et la seconde de 19 ans. Comme elles n'étoient point en état d'arrestation, et que la piété filiale les avoit seule porté à s'associer au sort de leur mère, elles ont été comprises dans le décret qui expulse de

Paris toutes les personnes attachées à la caste ci-devant nobiliaire.

Toute la maison a frémi en apprenant le supplice de plusieurs victimes qui s'étoient concilié l'estime de tous les prisonniers ; on prétend cependant que l'accusateur public a dit à l'un des témoins : « Eh bien, on doit avoir eu peur dans la maison de Port-Libre, quand on a connu les exécutions de plusieurs personnes qui en faisoient partie. Cela devoit être ainsi. Mais vous pouvez assurer les citoyens qui y restent que je n'ai aucune note contre eux en ce moment, et qu'ils peuvent rester tranquilles. »

Ces paroles, qui nous ont été rapportées, ont un peu calmé les esprits abattus par la terreur.

Du 6.

Encore trois nouveaux prisonniers. Decotte, ci-devant président-rapporteur du point d'honneur ; Gui, secrétaire du ci-devant maréchal de Noailles ; et l'agent national de la commune de Tours.

Du 7.

Un général révolutionnaire, nouvellement débarqué, nous a donné une petite comédie qui a fait beaucoup rire. Ce personnage s'est montré dans le jardin en grand uniforme ; le collet brodé, le chapeau galonné et orné de ses plumes. Malheureusement la taille trahissoit un peu le héros; il n'avoit guères que quatre pieds trois pouces, et pour comble d'infortune, on avoit appris dans la maison que ce général étoit un ancien aboyeur de la foire Saint-Germain, ci-devant attaché à une ménagerie. Un prisonnier assez jovial l'accosta dans son passage, et s'écria : « Le voilà, le voilà, ce grand Talala, qui a été à la Vendée, ce grand animal d'Afrique qui a des dents et qui mange des pierres; venez, messieurs, venez le voir, il n'en coûte que deux sols après l'avoir vu. C'est ce grand général des bois, qui est venu des déserts de l'Arabie dans une montgolfière, et qui est descendu à la Bourbe ; c'est celui qui a une culotte blanche et un gilet noir; voyez, voyez. »

Cette petite scène a fait diversion à notre ennui. Ce général révolutionnaire fraie avec quelques Jacobins qui sont ici. Parmi ces derniers est un nommé David, de la section du Contrat-Social. Lorsqu'il est arrivé ici, il crêvoit d'embonpoint ; aujourd'hui il n'a plus que la peau et les os. On prétend qu'il a pris une part très-active dans les journées de septembre ; il paroît être actuellement déchiré par les remords.

N 3.

Du 8.

On a transféré aujourd'hui à la Conciergerie M. de Nicolaï, qui étoit autrefois président du grand conseil. Il a montré une grande fermeté en nous quittant. Il étoit à table, quand un gardien est venu le chercher; il lui a demandé pourquoi on l'appelloit. « C'est un gendarme qui est en bas, répondit le gardien. — Oh bien ! c'est bon, dit M. de Nicolaï, je sais ce que c'est ; qu'il attende. »

Il acheva de dîner, prit un verré de liqueur et se rendit au greffe, en disant à ceux qui étoient sur son passage : « Ce n'est rien; cela ne sera pas long, ce n'est qu'une levée de scellés. » Le gendarme lui demanda s'il n'emportoit rien. — Non, ce n'est pas la peine. »

Il avoit depuis huit jours une douleur à l'épaule ; on l'engageoit à consulter le médecin. — Non, répondit-il, cela n'est pàs nécessaire, le mal est trop près de la tête, l'une emportera l'autre.

M. et madame Terray, neveu et mère de l'abbé Terray, sont aussi partis pour la Conciergerie. M. Terray m'a raconté qu'il avoit un fils en pays étrangers; qu'il l'envoya, en 1790, à l'âge de quatorze ans, achever ses études à Oxfort et à Berlin. Il paroît que cette émigration sera le prétexte de sa condamnation.

Du 13.

Des commissaires du comité révolutionnaire de la section des Tuileries sont venus chercher, par ordre du comité de sûreté-générale, Sombreuil père et fils, Montmorency, les ci-devant princes Jules de Rohan et de Saint-Maurice. On croyoit d'abord que c'étoit pour les conduire au tribunal révolutionnaire; mais nous avons appris depuis qu'on les avoit transférés à Sainte-Pélagie, et mis au secret tous cinq. Il est difficile de se peindre la consternation de toute la maison et le courage des transférés. On a examiné tous leurs papiers. Mademoiselle Sombreuil encourageoit son père. « Il ne peut rien vous arriver, lui disoit-elle, vous avez toujours été vertueux, la justice protégera l'innocence; mais si le crime en ordonnoit autrement, je ne vous survivrai pas et j'irai bientôt vous rejoindre. »

Elle se promenoit en tenant d'une main son père, et de l'autre, Grappin, son libérateur. M. de Sombreuil disoit à sa fille, en montrant Grappin : « Si cet honnête homme n'étoit pas marié, je ne voudrois pas que tu eusses d'autre époux. »

Du 14.

Ce matin, je vis mademoiselle Sombreuil qui

N 4

avoit l'air très-calme ; mademoiselle Chabert avoit passé une partie de la nuit dans sa chambre ; elle avoit reçu une lettre de son père, qui lui recommandoit le calme et la résignation. Il, lui écrivoit qu'il étoit inutile de demander à venir avec lui, parce que toute espèce de communication étoit impossible. Il espéroit, au surplus, être interrogé dans la soirée. Nous avons appris, sur les quatre heures du soir, que nos anciens compagnons d'infortune étoient sortis du secret. On pense qu'ils n'ont été transférés que d'après la dénonciation de quelques scélérats qui habitent avec nous.

Du 15.

Encore une famille dans la douleur ; c'est celle de Fougeret, ci-devant receveur-général des finances. Un gendarme est venu le chercher ce matin. D'après un décret, il étoit en arrestation chez lui, sous la sauve-garde d'un gendarme. Il avoit préféré revenir ici pour vivre avec ses parens. Cet évènement a jetté la désolation dans toute la maison.

Fougeret est revenu ce soir ; il a été interrogé ; les inquiétudes sur son compte ont cessé. Ce retour nous a fait à tous le plus vif plaisir.

Du 16.

Madame de Sénozan, sœur de feu M. de

Malsherbes, et à-peu-près du même âge, a été amenée au tribunal. Cette respectable dame étoit très-affligée.

Du 17.

Une force armée considérable rode actuellement (8 heures du matin) dans le jardin. Des hommes bardés de rubans tricolors distribuent de tous côtés les sentinelles, qui sont doublées. Nous ignorons le sujet de cet appareil.

On nous apprend que trois prisonniers ont été visité, et qu'on leur ôte couteaux, rasoirs et ciseaux.

Il est trois heures et on sonne la cloche de l'appel. C'est pour nous consigner chacun dans nos chambres; on nous assure que l'opération ne sera pas longue, mais en attendant, toute communication est interdite. L'alarme est générale. Je viens de faire le sacrifice de mes poésies, toutes très-fugitives; je ne ferai celui de mon journal qu'à la dernière extrémité, et je le sauverai, si je le puis.

Au milieu des alarmes auxquelles nous sommes en proie, nous avons appris la mort du nouveau Sénèque Luillier, agent national du département de Paris, qui s'est ouvert les quatre veines au Luxembourg. Périssent ainsi tous les brigands!

Du 18.

Nous sommes toujours consignés. J'ai caché ce journal sous les cendres, derrière la grosse bûche du fond, au risque d'être brûlé. S'il en revient, je le continuerai. J'ai caché mes ciseaux, ma montre et un rasoir dans les trous de la ventouse de ma cheminée. J'espère que ces petits meubles échapperont aux recherches de nos inquisiteurs.

Il est resté cette nuit cent hommes de garde. On dit qu'il y a des canons à la porte et des charrettes toutes prêtes pour le transférement. Les instans qui s'écoulent sont affreux; c'est une agonie perpétuelle. Les commissaires instrumentent dans les autres bâtimens; comme j'habite la dernière chambre du dernier étage du dernier bâtiment, je serai sans doute examiné un des derniers.

Du 19.

Les commissaires travaillent toujours. On dit qu'ils traitent plusieurs prisonniers avec une grande sévérité. Ils ne laissent pas les couteaux à tout le monde; ils brisent la pointe de ceux qu'ils n'emportent pas. On répand même qu'ils font mettre absolument nuds certains individus. La mesure me paroît très-rigoureuse.

Tout le monde est triste, les communications sont tout-à-fait interceptées, on laisse
des sentinelles à la porte de ceux qui ont été
interrogés. On ne sait pas encore trop à quoi
tout ceci aboutira.

On ne peut se procurer à dîner, les ordres
sont très-sévères, rien ne transpire du dehors.
Cependant on a appris que les fermiers-généraux
avoient été assassinés sur la place de la révolution.

Les commissaires, après leur dîner, sont
passés dans notre bâtiment; ils ont commencé
leur visite par le premier corridor, et ils y
sont restés jusqu'à minuit, pour examiner à-peu-
près cent personnes. Cette opération s'est faite
avec plus de célérité que nous ne l'aurions imaginé;
mais elle a beaucoup resserré les communications
que nous avions jusques-là avec les prisonniers
de ce bâtiment. D'autres commissaires ont remplacé les premiers inquisiteurs, épuisés de fatigues.

Du 20.

Au moyen de quelques signes convenus avec
les prisonniers des autres bâtimens, nous avons
appris qu'on ne faisoit pas de questions relatives
à la détention, qu'on ne prenoit pas les montres
et qu'on n'examinoit pas les papiers. Cette nouvelle nous a un peu tranquillisés.

N 6

Quelques détenus, plus indiscrets que les autres dans leurs signes, ont donné l'éveil aux sentinelles, et on a donné sur-le-champ la consigne de fermer toutes les fenêtres.

Après le dîner, les commissaires sont entrés dans notre corps-de-logis. Deux de ces messieurs, tout fiers du ruban tricolor qu'ils portoient, avoient la figure la plus repoussante. L'un étoit ci-devant marchand d'habits sous les pilliers des halles. Ils ont été très-longs dans leur examen, et sont restés plus de deux heures dans la chambre du n°. 35, que j'ai habité à mon arrivée dans cette prison. Ils ont pris des femmes avec eux pour fouiller les dames. Nous avons été informés ce matin qu'ils avoient fait déshabiller plusieurs personnes, entr'autres, les citoyennes Coutures et Roussel, femmes-de-chambre de la Dubarry, et madame Poissonnier, ci-devant attachée à la reine.

Du 21.

On nous fait espérer que nous serons visités aujourd'hui. Nous attendons cet instant avec beaucoup d'impatience, car on nous rendra sans doute après la liberté des communications. Ceux qui ont passé à l'examen peuvent se promener dans le jardin, et les fenêtres peuvent actuellement s'ouvrir. Le citoyen Poissonnier nous a dit ces deux mots latins : *Sicut infans*, qui signifient sans doute qu'on nous met nuds, comme lorsque vous naissez.

Au milieu de ce tracas, nous bénissons la providence qui a pourvu, d'une manière toute particulière, à notre dîné. M. de Lambise, capitaine de marine qui a commandé l'année dernière la station de Saint-Domingue, et qui est ici avec sa femme, avoit une petite provision d'œufs et de beurre qu'il avoit déposée dans notre chambre avant qu'on interceptât les communications. Aujourd'hui mon co-chambriste qui est très-lié avec M. de Lambise nous dit qu'il pouvoit nous offrir des œufs qui ne lui appartenoient pas, mais qu'il espéroit ne pas être désavoué par le propriétaire. En conséquence, je me suis constitué cuisinier, j'ai fait une bonne soupe aux herbes et une excellente omelette à la célestine ; nous avions de plus une ample salade : nous avons fait un repas délicieux. Il s'est perdu entre deux compagnons un pari de 25 livres, qui doit être mangé sous peu. Voici le sujet : j'avois pour aide-de-cuisine un ex-chanoine de Troyes qui soufflant très-mal le feu, reçut de mon bras un coup de serviette tellement appliqué, que la marque fut imprimée sur-le-champ sur sa jambe. Il défit son bas et nous fit voir une tache noire. Un de nos co-chambristes dit qu'il plaisantoit, et que cette marque ne venoit pas du coup, le pari s'engagea, et le soir la marque disparut.

Après le dîné, je descendis chez Larive, et tandis que j'y étois, les commissaires apparurent et nous consignèrent rigoureusement dans nos chambres. Après leur examen ils dirent aux trois prisonniers visités qu'ils pouvoient aller se promener, et que pour eux ils se rendoient à la mairie où ils avoient affaire. Ce contre-tems nous a beaucoup affligé ; car nous étions ajournés à demain pour la visite.

Un moment après nous apprîmes que d'autres commissaires municipaux étoient en exercice. J'allai passer la soirée chez Emery ; à peine étois-je entré que les commissaires se rendirent dans la chambre voisine. Ils demandèrent combien il y avoit encore de chambres à visiter. On leur répondit qu'il n'y en avoit plus que trois. Après s'être assurés du nombre de prisonniers qu'elles contenoient, ils vouloient se retirer sans terminer leur opération. Je leur observai qu'il y avoit déjà cinq jours que nous n'avions joui de la promenade, et que nous avions le plus grand besoin de prendre un peu l'air ; je les engageai de finir ce soir, ce qu'ils promirent. Il étoit alors dix heures et demie.

A la tête de mon lit est une porte de communication avec la chambre voisine, elle est tellement disposée que l'on ne peut parler un peu haut sans être entendu de l'autre pièce; nous étions convenus que les prisonniers de la première chambre qui passeroient à l'examen élèveroient la voix pendant l'interrogatoire, de manière que nous puissions recueillir les demandes et les réponses.

Ne voulant pas subir l'humiliation d'être déshabillé par les commissaires, je me mis au lit; mes camarades de chambrée en avoient fait autant. Le silence le plus profond régnoit parmi nous. J'étois aux écoutes, l'oreille clouée à la serrure de la porte de communication. J'avois conservé mon couteau sous mon oreiller. D'après les interrogatoires j'appris qu'on enlevoit les couteaux, razoirs et ciseaux. Je me levai et allai cacher mon couteau sous les cendres.

Les commissaires arrivèrent enfin dans notre chambre. Le concierge qui les accompagnoit me dit : « Ah ! ah ! tu savois donc, l'ami, que nous allions venir, puisque tu t'es couché, tu mérites d'aller au cachot. » Je m'apperçus ensuite que le concierge, qui vouloit railler, avoit voulu m'effrayer par cette plaisanterie. On me demanda si j'avois un rasoir. — Oui. — Des ciseaux ? — Oui ; et en même tems je déposai le rasoir et les ciseaux. — As-tu un couteau ?

— Non. — Des assignats ? — Tiens, voilà mon porte-feuille ; et je tirai un corset de 5 livres et deux billets de 10 sous. — Oh ! oh ! dit affectueusement un des commissaires, oui, parbleu, je connois celui-ci, c'est un bon enfant. — Mais qui êtes vous, vous qui me connoissez ? — Dans trois jours tu le sauras. — Y a-t-il long-tems que vous me connoissez ? — Oui. — Comment m'appelai-je ?—Coittant : je dis que tu es un bon enfant, et je ne dis pas cela de tout le monde. »

Enfin ce commissaire ne voulut jamais me dire qui il étoit, malgré toutes mes sollicitations. Ces messieurs gardèrent mon antique rasoir et mes vieux ciseaux. L'examen ne fut pas long, nous étions tous en chemise, en vrais sans-culottes. Comme ces commissaires s'en alloient, après nous avoir fait signer le procès-verbal des effets qu'ils emportoient, j'insistai de nouveau auprès de mon interrogateur pour me dire qui il étoit. Il me répondit à l'oreille qu'il donneroi le lendemain de ses nouvelles à quelqu'un qui étoit de ma connoissance. Je n'ai plus entendu parler de ce commissaire.

Aussi-tôt après leur départ, j'allai retirer de ma cachette, ma montre, mes ciseaux neufs, un rasoir et mon pauvre journal que le feu avoit un peu endommagé. Ainsi se passèrent cent onze heures de véritable agonie. Je regrette beaucoup

quelques petites fables que je jettai dans le feu ;
l'indulgence de l'amitié y avoit ajouté quelque
prix.

Du 22.

Les communications sont entièrement rétablies.
Les commissaires, malgré leur surveillance et
leurs précautions, n'avoient pu empêcher les prisonniers de savoir quel étoit le but de leurs recherches. Chacun s'empressa de cacher les objets
auxquels il étoit attaché.

Un prisonnier avoit déposé 25 louis en or dans
des latrines sous de la paille. Après la visite il
n'eut rien de plus pressé que de voler vers son
trésor. Malheureusement il avoit disparu ; en vain
il fouille dans la paille, ses recherches sont inu-
tiles ; il dirige ses pas dans un autre coin et
trouve une pareille somme qu'un autre avoit
cachée et dont il s'empara. Il paroît que dans
cette aventure, quelqu'un s'est trouvé *subito*
propriétaire de 25 louis, dont un pauvre prisonnier aura été dépouillé.

Un autre avoit caché des assignats sous un tas
d'ordures. Un chien, en cherchant des os, découvre et met en évidence les assignats. Un prisonnier s'apperçoit de la manœuvre et recouvre
charitablement les assignats. Le maudit chien revient à la charge, et les découvre une seconde

fois. Sur ces entrefaites passe un gardien qui apperçoit les assignats et qui les empoche sans façon. Quand le malheureux propriétaire voulut reprendre son dépôt, il ne trouva plus que la place.

Tout le monde avoit mis son esprit à la torture pour soustraire à la voracité des inquisiteurs son argent et ses bijoux. Les uns les avoient cachés sous des seuils de porte, sous des appuis de fenêtre ; d'autres les avoient mis sous des bandes de papier colées sur des fentes de cloisons, des crévasses de mur, et quelques autres enfin sous des couvertures de livres, en les décartonnant.

Deux prisonniers pleins de jovialité se débarrassèrent assez adroitement de la visite des municipaux. Ils avoient déposé leurs assignats sur la partie haute du chambranle de leur porte. En attendant la visite, ils s'amusoient à fumer quelques pipes. Ils étoient tranquillement sur leurs lits, quand la sainte hermandade arrive. La cellule étoit tellement pleine de fumée que la lumière s'éteint. On rallume la bougie. Ouf, dit un des visiteurs, on étouffe ici. A ces mots les fumeurs lui lancent, ainsi qu'à la compagnie, plusieurs bordées de fumée. Les municipaux ne pouvant respirer, toussoient avec grand bruit. Est-ce que vous n'aimez pas la pipe ? dit un des fumeurs à l'un d'eux, et il lui obscurcit absolument la vue par une nouvelle bouffée. Est - ce que vous ne fumez pas ? dit l'autre , en renouvellant la bordée. Oh , mon dieu ! on ne peut pas tenir ici, crioient les frères visiteurs ; avez-vous des armes , des bijoux, des assignats ? — Voyez , cherchez ; et les flots de fumée rouloient dans la chambre. Oh ! non , dit un des tricolors , en toussant, il n'y a rien ici de suspect, signez et passons ailleurs.

Le corrégidor et sa bande furent plus heureux chez le général Dublaisel, vieillard presqu'octogénaire , homme probe , et qui s'en rapportant à la bonne - foi municipale n'avoit pris aucune précaution pour cacher ses effets. Il avoit à-peu-près pour trente-mille livres d'assignats à face, provenant d'un remboursement. La vue d'une aussi forte somme réjouit singulièrement les brigandaux. Oh ! oh ! dit l'un, voilà bien des assignats à face royale. Pourquoi en as-tu tant ? — C'est qu'on me les a donnés. — Mais, dit un autre , en s'en emparant , il y en a beaucoup. — Oui, mais il me paroît qu'ils sont assez de votre goût ; allez, continuez vos rapines ; emportez ces effigies ; mais vous ne m'enleverez point 78 ans d'honneur, de courage et de probité. Les municipaux, ne comprenant rien à ce langage, sortirent en ricannant, et les poches bien garnies.

Ces messieurs vexoient les prisonniers en proportion de leurs richesses présumées. Quand ils ne trouvoient rien ou peu de chose chez un homme qui, par son nom ou sa qualité, leur promettoit une ample moisson, ils ne finissoient pas leurs recherches, et lorsqu'elles étoient infructueuses, il n'est sortes d'injures dont ils n'accablassent le malheureux détenu.

Pendant l'opération municipale, on nous a amené madame Audouin, la très-digne moitié de M. Audouin, ex-vicaire de Saint-Thomas d'Aquin, gendre de papa Pache, et son adjoint dans le ministère de la guerre. Cette femme a amené son enfant avec elle.

Le bruit court dans la prison que madame d'Orléans et l'homme du 21 janvier, le général Santerre, ont été exécutés. Ce bruit s'est trouvé faux.

M. Fougeret vient d'être amené; on suppose que c'est pour une confrontation.

Du 23.

Les cris perçans et affreux des filles de M. Fougeret nous apprennent que cet infortuné vient d'être égorgé par le tribunal. C'est quelque chose d'horrible, que d'être le témoin de l'excès de la douleur de toutes les familles qui ont un père, un fils, un époux, une épouse à

redemander aux assassins brévetés du gouvernement. On meurt autant de fois qu'on enlève une
victime et qu'on apprend sa mort.

Madame Fougeret annonça cette triste nouvelle à ses trois filles, en leur disant : votre
père est tué. Ces enfans qui adoroient leur
père, le venoient voir régulièrement deux fois
par jour, tel tems qu'il fît, aux Magdelonnettes, où il étoit ci-devant détenu. Je les ai
vus arriver ici avec leur mère ; elles bénissoient
le ciel de leur arrestation, puisqu'elles étoient
réunies à leur père. Infortunées ! elles étoient
bien loin de prévoir alors le coup qui les frappe
aujourd'hui. Madame Desmemères, sœur de
M. Fougeret, étoit dans un état horrible ;
comme elle est sujette aux attaques de nerfs,
elle est tombée dans des convulsions effrayantes.
Ces sortes de spectacles se renouvellent souvent dans cette prison. Quelle vie ! grands
dieux !

Du 24.

On nous a amené cette nuit une femme de
Mazarin, âgée de 84 ans, sa demoiselle de
compagnie et son jardinier.

Le nombre des prisonniers augmente tous les
jours ; mais on les amène de manière qu'on
ne peut ni les voir ni les connoître.

Il court un bruit sourd sur les commissions populaires ; il paroît certain qu'elles sont organisées et qu'elles vont entrer en activité.

Du 27.

On a conduit ici plusieurs patriotes renforcés à bonnet rouge, tels que des membres de comités révolutionnaires et des municipaux. Le major des invalides les a suivis.

On parle toujours des commissions, comme devant être bientôt en activité ; quelques-uns assurent même qu'elles y sont déjà.

On dit aussi que les comités révolutionnaires de Paris ont été en députation au comité de salut public, où ils ont été mal reçus. On ajoute que la division a éclaté entre le comité-roi et le comité de sûreté-générale.

Du 29.

La citoyenne Malessi, fille de madame Lachabeaussière, vient d'accoucher d'une fille dans notre prison. C'est en vain que sa malheureuse mère, qui est toujours au secret, a demandé à la voir. Cette inhumanité fait frémir tout le monde d'indignation.

Voici une romance que madame de Lachabeaussière a composé sur ce douloureux évènement :

Une mère à sa fille, née en prison.

ROMANCE.

Air : *Je l'ai planté, je l'ai vu naître.*

Aimable enfant qui vient de naître
Au milieu des fers, des tombeaux,
Puisses-tu ne jamais connoître
Le cruel auteur de nos maux !

Goûte sur le sein de ta mère,
Un bonheur innocent et pur.
Que le sort d'un coupable père
A tes yeux sois toujours obscur.

Tandis que ta paisible enfance,
Exempte de soins et de douleurs,
S'écoulera dans l'innocence,
L'éternel séchera nos pleurs.

La France libre et fortunée,
Ayant fait périr ses tyrans,
Par la justice gouvernée,
Suspendra ses glaives sanglans,

Alors, au destin qui m'accable
Succèderont des jours charmans,
Et le sort fait pour les coupables
N'atteindra plus les innocens.

Il est arrivé aujourd'hui trois professeurs (mâles et femelles) de morale publique au jardin des Tuileries et autres endroits publics. Ces instituteurs populaires, qui tenoient des cours de loi agraire sur des chaises, ont été arrêtés pour avoir voulu donner une trop grande extension aux droits de l'homme.

On a transféré à la Conciergerie le ci-devant baron de Margueritte, ex-constituant et ancien maire de Nisme.

Du 30.

La nouvelle du jour est que la commission populaire est définitivement nommée, et qu'elle doit aujourd'hui prêter serment. Un arrêté du comité de sûreté-générale, adressé au concierge, et qui vient d'être rendu public, ne laisse plus aucun doute sur l'organisation de cette autorité révolutionnaire. D'après cet arrêté, il est enjoint au concierge d'exécuter ponctuellement les ordres de la commission, et de lui exhiber l'état de ses prisonniers, leurs noms, prénoms, âges, qualités, les motifs de leur arrestation, le nom des autorités qui ont délivré les mandats d'arrêt.

Du 3 prairial.

La nourriture commence à devenir détestable, l'ennui nous assiége, l'incertitude nous tue. J'avois demandé quelques livres philosophiques, on n'en a pas permis l'entrée. On ne tolère que les romans. Les livres dits de dévotion sont absolument prohibés, comme pouvant exalter les têtes. Les livres de morale sont également

proscrits,

proscrits, parce qu'on ne veut pas que l'on pense. Misérables tyrans! pauvre espèce humaine! quelle révolution!

Nous avons ici un ancien laquais de la ci-devant comtesse de Méhu, qui fait les fonctions de greffier ou plutôt de mouchard. Il a dit à quelqu'un, en confidence, qu'il étoit à la Bourbe par ordre du comité de sûreté-générale, pour reconnoître les aristocrates. Le misérable se nomme Petit.

Du 4.

La nouvelle du jour est que Collot-d'Herbois a failli être tué d'un coup de pistolet : on assure aussi que les jours de Robespierre ont été en danger. Ces bruits n'ont attristé personne.

Une nouvelle disposition de police vient de niveler les prisonniers pour la nourriture; on nous accorde à chacun 50 sols pour nous restaurer; les plus riches même ne dédaignent pas de recevoir la petite ration pécuniaire; la crainte d'être notés les rend très-exacts à toucher la rente journalière. C'est cependant quelque chose d'assez original, que de voir l'ancien garde-des-sceaux de France, Hue de Mirosménil, aller chercher modestement les 50 sols alloués par la nation. Tout ceci se fait au nom de l'égalité.

Du 6.

Le comité de sûreté-générale vient de nous

donner de ses nouvelles dans une affiche placardée dans l'intérieur de la prison. Il nous apprend que ceux d'entre-nous qui seront jugés ennemis de la République, ennemis de la nation, ennemis de Robespierre, du tribunal révolutionnaire, etc. seront guillotinés ou déportés *ad libitum*. De plus, il ordonne que les prisonniers n'auront aucune espèce de communication avec le dehors, plus de livres, plus de lettres, plus de consolation. Un cuisinier est en réquisition pour toute la maison, les prisonniers seront tous au régime de l'égalité. Il y aura deux boîtes à la porte, pour y déposer les paquets de linge sale, qui reviendra blanchi, par la même route. Cette extrême rigueur laisse beaucoup de noir dans les idées. Le désespoir est dans les yeux du plus grand nombre.

Du 8.

La femme Momoro vient d'obtenir sa liberté. Elle étoit si étonnée de ce bonheur, qu'elle avoit peine à le croire; la bonne femme s'est mise à pleurer en sortant.

Du 12.

On vient de nous enlever l'ex-marquis de Lavallette, ancien officier aux Gardes, pour aller au tribunal révolutionnaire. Les cris de sa malheureuse femme nous ont appris ce funeste évènement. Elle s'étoit pendue au cou de son mari, ses jambes étoient entrelacées dans les siennes; dans cette situation, elle prioit le guichetier de l'amener avec son mari. Cette scène déchirante avoit attendri tout le monde, excepté l'inexorable guichetier, qui, impatienté du retard, s'écria avec une voix rauque : Allons, est-ce bientôt fini ?

Ce misérable guichetier avoit déjà porté le désespoir dans l'âme de cette épouse infortunée. Les fenêtres de madame Lavallette donnoient précisément sur le jardin où son mari jouoit au ballon. Appelle ton mari, lui cria le guichetier. — Pourquoi donc ? — Appelle-le toujours. — Mais, mon ami, dis-moi donc pourquoi ? — Pour aller au tribunal. — Madame Lavallette, à cette triste nouvelle, tomba roide sur le plancher.

Du 14.

On nous a enlevé trois prisonniers pour approvisionner le tribunal révolutionnaire : madame Le Pescheux, de Lyon, et deux juges de paix du département des Ardennes.

Du 15.

Encore cinq procès pour le tribunal révolutionnaire ; Viart, Mezeray, commis ; Roger, agent national d'un district, prévenu de s'être approprié une partie de l'argenterie de l'église de Gennevilliers ; le ci-devant marquis Villeneuve de Trans, et Laigle, domestique ; ils sont tous accusés d'avoir blasphêmé contre le gouvernement révolutionnaire, dans un petit café qui est dans l'enceinte de notre prison. Sept témoins ou *moutons* sont assignés pour témoigner. Les Jacobins dont j'ai déjà parlé ont voulu jouer un tour au docteur Dupontet, qui le leur a bien rendu. Ces messieurs, qui s'étoient laissé gagner, au jeu, quelques assignats par le docteur, lui dirent, pour se venger, qu'on le demandoit au greffe pour aller au tribunal révolutionnaire. Le bon docteur, un peu étourdi, descend en robe-de-chambre et bonnet de nuit ; il s'apperçoit alors qu'on a voulu le jouer. Il avoit dans sa poche deux grains d'émétique qu'il portoit à un malade. Il va dans la chambre d'un des Jacobins et verse l'émétique dans une bouteille de vin. Le terroriste a été purgé d'importance.

Du 17.

Les *moutons* sont revenus du tribunal ; ils nous ont raconté qu'il n'y en avoit que trois de condamnés. Viart avoit tellement perdu la tête, qu'on fut obligé de le faire descendre du fauteuil.

Voici les noms des moutons : Cupif, ci-devant inspecteur du jardin des Tuileries ; Cruan, cordonnier ; Latour, ex-dragon ; Caron, ancien domestique et officieux dans la prison ; Folatre, ancien commandant du bataillon de Bonne - Nouvelle ; Schaff, horloger ; Roger, sur-nommé *le sot*. Quatre de ces *moutons* étoient plus connus par leur scélératesse ; c'étoient Cupif, Cruan, Latour et Roger. Comme ils craignoient le ressentiment ou le désespoir des malheureux prisonniers, ils demandèrent à l'administrateur Benoit d'être transférés ; celui-ci qui les protégeoit, les fit placer dans un petit corps de bâtiment adjacent à la première cour.

Ces quatre brigands étoient inaccessibles ; mais ils avoient la faculté d'aller par-tout pour exercer leur ministère. Dès ce moment ils marchoient la tête levée, et des hommes n'ont pas rougi d'aller mendier leur protection.

Les administrateurs de police venoient plusieurs fois par décade recevoir les dénonciations que ces scélérats avoient concertées entr'eux.

La chambre qui renfermoit ces quatre monstres étoit située au fond de la cour, à droite, dans un angle du bâtiment. Elle communiquoit auparavant dans l'autre aîle, par une chambre voisine de la leur, dont on avoit condamné la porte. Les prisonniers qui l'habitoient entendoient assez distinctement tout ce qui se disoit dans la chambre des moutons, et ils auroient été entendus de même, s'ils n'avoient pris la précaution d'étendre une couverture très-épaisse sur la porte, de manière que le son de la voix ne pénétroit pas dans l'autre pièce. Un citoyen qui étoit dans cette chambre, ayant vu monter l'administrateur Benoit, eut la curiosité d'entendre leur colloque; en conséquence, il se plaça entre la porte et la couverture. Il entendit les quatre dénonciateurs passer en revue la plupart des prisonniers. Benoit tenoit la plume et prenoit note des dénonciations. Celui-ci étoit un aristocrate, celui-là avoir l'air de mépriser les sans-culottes; un autre étoit accusé d'avoir de la tristesse sur la figure, quand il apprenoit l'exécution d'un prisonnier; un autre étoit ennemi de Marat, de Robes-pierre, etc.

L'administrateur faisoit aussi des questions sur tel ou tel détenu, et quand les dénoncia-teurs n'avoient rien à articuler contre lui, ils finissoient par dire qu'ils le soupçonnoient d'aris-tocratie.

L'administrateur, en se retirant, les engagea à toujours bien servir la République et à con-tinuer de dénoncer les aristocrates; il leur parla de justice et même de vertu.

Après le départ de l'administrateur, les quatre moutons se prirent d'un grand éclat de rire ; chacun se disputoit la gloire d'avoir fait le plus de dénonciations. La mienne, disoit l'un, étoit mieux imaginée que la tienne ; elle avoit au moins un air de vérité. J'aime mieux la mienne, répliquoit un autre ; elle est plus forte. Tous se réunissoient pour s'applaudir de conduire bien vîte leurs victimes à l'échafaud. Le citoyen qui écoutoit de pareilles horreurs, transporté de fureur, vouloit enfoncer la porte, appeller du monde, et faire dresser procès-verbal de tout ce qu'il avoit entendu. Les trois prisonniers, tous aussi irrités que lui, craignant que cette dénonciation ne les fît périr un peu plutôt, parvinrent, à force de prières, à calmer l'indignation du prisonnier, qui depuis me raconta cette horrible aventure. Et voilà quels étoient les brigands qui disposoient à leur gré de la vie des malheureux détenus.

Du 20.

Nous avons célébré la fête de l'Etre-suprême. J'avois fait un hymne qui fut chanté, et dont les dames entonnèrent les strophes ; tout cela alla tant bien que mal ; on dansa ensuite la carmagnole en grande ronde et à grands chœurs. Puis vint une prière à l'Etre-suprême, de la composition de Vigée , chanté par mademoiselle Béthisy , qui y mit beaucoup d'onction.

L'air *si vous aimez la danse* eut son tour , puis la Marseillaise.

Larive déclama , par intermède , des vers de *Guillaume Tell*, et le pauvre hymne de Chénier , répudié par Robespierre. Vigée fit la clôture de la fête par la lecture d'un hymne pour la fête du malheur, et d'une ode à la liberté, de sa composition.

L'administrateur Benoit assistoit à la cérémonie , tout ébaï ; car le bon homme n'avoit jamais entendu tant d'hymnes.

Du 21.

Les sans-culottes ont fait le lendemain de la fête ; ils ont déjeûné entr'eux, ont beaucoup braillé , et ont fini par s'enivrer complettement. Ils vouloient même danser absolument ; les dames n'ont pas été de cet avis, et le bal a été ajourné.

Du 24.

On nous a amené ce matin une bonne grosse fermière du bourg de l'Egalité , dont le fils a émigré. Cette femme avoit quelqu'argent et quatre à cinq paires de ciseaux qu'on lui a pris.

Cette pauvre femme ne put s'empêcher de s'écrier en les remettant : « Il falloit donc me dire qu'on devoit me les prendre, je les aurois laissés chez moi. »

Du 25.

On nous a enlevé l'ancien président Le Rebours. On n'a trouvé que lui sur le registre des écrous, parmi plusieurs victimes qu'on cherchoit dans notre maison. On a donc été ailleurs.

Du 26.

J'étois à me promener ce matin sous les arbres du petit cloître, lorsqu'un camarade d'infortune, s'avançant tristement vers moi, me demanda si j'étois capable de fermeté. Je lui répondis affirmativement. — « Eh bien ! prepare-toi, on vient te chercher pour le tribunal, avec Gamache. Le gendarme est au greffe. » Je montai alors dans ma chambre ; je confiai à mon ami ma montre, ma boîte et le portrait de mon Hélène ; je le priai de remettre ces divers objets à mon amie. Il me le promit ; il descendit ensuite pour s'assurer de ce qui se passoit au greffe. Il revint tout joyeux, au bout d'un quart-d'heure, en m'annonçant qu'une erreur de nom l'avoit fait trembler pour mes jours. Cette nouvelle me rassura un peu ; cependant j'étois parfaitement résigné.

L'infernal Benoit vient de nous signifier

l'ordre de ne plus nous servir de lumière ; nous avons obéi sans murmure. Nous soupons et nous nous couchons à la lueur du réverbère.

Nous avons appris l'exécution du président Le Rebours et de Fréteau.

Du 27 (1).

Nous ne serons plus obligés de nous coucher sans lumière ; l'administrateur de police vient de nous permettre d'en avoir jusqu'à dix heures et un quart.

On est venu hier soir chercher Gamache, et il est parti pour le tribunal. Il dit au gendarme qui vint le prendre : — « Mon ami, je suis un vieux militaire, je ne sais point résister à la consigne ni aux ordres supérieurs ; je n'ignore point que tu as le droit de me lier ; mais ne crains rien, je saurai mourir en homme de ma race. » — On nous assure qu'il n'a point été garotté, et qu'il est mort avec beaucoup de courage. Il étoit fort antiché des principes de l'ancienne noblesse.

Du 28.

Il est défendu au concierge de laisser parvenir jusqu'à nous le journal.

---

(1) Le cit. Coittant a bien voulu nous donner cette suite de son intéressant Journal, qui n'avoit point encore été imprimée. (Note de l'Editeur.)

Coittant fait part à ses amis de captivité de cet apologue, dont la morale n'étoit que trop frappante dans les circonstances où se trouvoient la République.

L'ABEILLE ET LA MOUCHE;

FABLE.

PRÈS de la ruche d'une Abeille,
Une Mouche se reposoit;
Paisiblement elle admiroit
De cet ouvrage la merveille;
Lorsque d'un air et d'un ton furieux,
L'Abeille dit : « Animal odieux,
» Retire-toi de ma présence. »
La Mouche répond froidement,
En opposant la patience
Et le calme à l'emportement :
» Près d'une nation fougueuse,
» Turbulente autant qu'orgueilleuse,
» On a grand tort de s'approcher.
» Mais, reprit notre impérieuse,
» Qu'oses - tu donc nous reprocher ?
» Nous vivons tous en république,
» Et nous suivons de sages lois.
» A cela tu ne peux, je crois,
» Me faire la moindre réplique.
» N'avons-nous pas encor le fortuné talent
» De composer la cire et du miel excellent ?
» Les plus riches présens de Flore
» Sont nos suaves alimens,

>> Quand tu ne te nourris, pécore,
>> Qu'avec les plus vils excrémens. >>
La mouche lui répart encore :
>> N'ayez point de vanité,
>> Vous gâtez tous vos avantages
>> Par beaucoup d'indocilité.
>> Avec toutes vos lois, êtes-vous toujours sages ?
>> Non, vous avez souvent grand tort ;
>> Vous répandez le sang, et vivez de pillages :
>> Mais, dans votre imprudent transport,
>> Quand vous piquez, vous vous donnez la mort. >>

Du 29. — Rien. — Du 30.

Nous avons célébré une fête patriotique, assemblés dans le corridor du deuxième étage ; la citoyenne Beaufort, femme de lettres, et qui possède aussi le talent de la peinture, a prononcé un discours ; puis on a chanté des hymnes, et on est passé dans le jardin, où l'on a dansé la carmagnole.

On met au nombre des guillotinés le fameux Marino, de ma section (celle de la Montagne), ce scélérats qui sans doute est cause de l'arrestation de beaucoup d'entre nous. Plusieurs administrateurs de police ont eu, dit-on, le même sort. Nos ennemis périssent, et nous sommes toujours dans les fers.

Du premier messidor.

J'étois engagé à souper sans lumière, puis-

qu'il est défendu d'en avoir, passé dix heures.
Nous nous y sommes amusés autant que des
prisonniers pouvoient le faire dans notre position ; c'étoit chez la citoyenne Collet de Cha-
lons, avec Vigée et autres.

Du 2.

J'ai été voir ce matin mon portrait, peint
de mémoire par le citoyen Fougeret, ainsi que
plusieurs camées où sembloit respirer la malheureuse famille de cet artiste estimable. En
sortant de chez lui, j'ai été entendre, à la
chapelle, des quatuors d'harmonie fort bien exécutés, grâce à ma basse et à ma quinte.

En passant par le greffe, on m'a dit que
nous n'avions plus la faculté d'écrire, ni de
recevoir des lettres : nous voilà resserrés plus
que jamais.

Des 3 , 4 et 5. — Rien.

Du 6.

Deux prisonniers mandés ce matin à la mairie,
ont été interrogés par la commission. Ils nous
ont assuré que les commissaires leur avoient
dit qu'il y avoit quatre-cents rapports de faits
pour des mises en liberté.

La commission a paru ce soir dans notre prison, et a interrogé sept détenus. On prétend

qu'elle met beaucoup de sévérité dans ses in-terrogatoires. Mais chacun des interrogés est content, parce que l'espérance n'abandonne ja-mais l'homme. On est étonné seulement qu'elle n'interroge pas les plus anciens prisonniers : elle semble les prendre au hasard.

Du 7.

Des gendarmes ne composent plus notre garde ; ce sont les sections qui font ce ser-vice. Cela nous importe peu , puisque le ser-vice se fait maintenant en dehors.

Du 8.

Broglie , ex-constituant , est parti ce soir pour le tribunal .... Sans doute nous ne le verrons plus. Quoi qu'il fût informé de son sort deux heures d'avance, il n'en fut pas moins tran-quille. On venoit d'achever son portrait en mi-niature ; il en disposa en faveur d'une de ses amies. Vigée étoit chez lui et lisoit quelques-uns de ses ouvrages ; il tira sa montre et lui dit : — « L'heure approche ; je ne sais si j'aurai le tems de vous entendre jusqu'à la fin ; mais n'importe , continuez toujours en attendant qu'on vienne me chercher. »

Du 9. — Rien. — Du 10.

On nous a amené une jeune femme de

18 ans, grosse de 7 mois, avec son mari : elle est petite-fille de M. de Fleury, avocat-général, et fille de M. de Montmort.

Du 11.

J'ai eu une grande conversation avec le citoyen Loppin, membre de la commission, à qui j'ai assuré que j'ignorois les motifs de mon incarcération depuis dix mois. Il m'a promis de s'en occuper. Quelques personnes m'ont fait observer que cet entretien me feroit peut-être aller plus vîte à la guillotine (1). Mais qu'importe la perte de la vie, quand on gémit dans les fers ?

Du 12.

Nous avons eu la visite d'un nouvel administrateur de police. Il s'appelle Dumourier ; c'est un ancien frippier des Halles. On le dit honnête homme. Il a le plus grand désir que le refectoire s'établisse. On nous fait espérer que ce sera pour deux ou trois jours, et nous mangerons tous en famille.

----

(1) Rien n'étoit plus vrai, car ce Loppin signa mon arrêt de mort, que j'ai vu aux archives du comité de sûreté-générale depuis ma sortie, et qui est joint à mon dossier.

Du 13. — Rien. — Du 14.

Je me flattois hier de ce que nous avions été quelques jours tranquilles ; ma consolation n'a pas duré long-tems. Ce matin, on nous a enlevé quatre de nos compagnons d'infortune. Boisgelin, avec qui nous avions été aux Magdelonnettes, ex-noble, et qui en avoit la hauteur ; la citoyenne Coquet, belle-mère de Duvaucel, fermier-général guillotiné, et dont une fille est émigrée : sachant que sa dernière heure approchoit, elle se coupa elle-même les cheveux, en disant : « Les coquins n'auront pas cet honneur ; » et elle les déposa, avec son portrait, entre les mains d'une de ses amies, pour les remettre à sa fille. Le troisième est le citoyen Poirier, marchand de vin, rue Saint-Thomas-du-Louvre ; on ne connoît pas son affaire, ainsi que celle du quatrième, le nommé Brousse, cultivateur.

Notre nouvel administrateur veut que les prisonniers soient bien traités ; il a accordé la promenade aux deux femmes qui sont au secret, les citoyennes Audouin et l'infortunée de Lachabeaussière, qui, renfermée depuis si long-tems, ne pouvoit faire un pas sans se reposer.

On nous a amené un cordonnier enchaîné, puis un septembriseur : ce dernier n'a pas trouvé seulement à se loger.

Du 15. — Rien. — Du 16.

Il nous a fallu renvoyer nos basses, quintes, violons, parce qu'on nous a signifié qu'on ne vouloit plus ici de musique.

On nous enleva ce matin le nommé Thieri, président de la section du Bonnet-Rouge : nous ne savons si c'est une nouvelle victime pour l'échafaud.

Cinq personnes sont parties d'ici, savoir, quatre pour le tribunal révolutionnaire, Casse-nac et sa femme, Tourangeaux, et deux autres du même pays; puis Hegasse, pour le tribunal criminel du département : l'affaire de ce dernier est pour faux assignats par lui reçus il y a deux ans, et rendus à celui qui les lui avoit remis; mais ac-cusé de n'en avoir pas fait sa déclaration. Cas-senac et sa femme sont prévenus d'avoir eu des correspondances avec les émigrés, d'avoir été à la Vendée combattre avec les révoltés, et mis en liberté par la commission militaire de Tours, soupçonnée de ne la donner qu'aux aris-tocrates. Les deux autres Tourangeaux étoient membres de cette commission.

On a amené trois personnes de la Force ici, dont deux femmes, qu'on dit être filles publiques, et un nommé Férière.

Du 17. — Rien. — Du 18.

Deux gendarmes sont venus chercher Prestat et Doinel. Le premier a seulement été interrogé par la commission, relativement à des vols qui furent faits le 10 août au château des Tuileries. Il paroît que Daubigny, adjoint du ministre de la guerre et membre de la commission, prévenu d'avoir volé une grande quantité d'assignats, et qui avoit été acquitté, va être repris sous œuvre : il faut que tôt ou tard les coquins soient punis.

Vigée fit pour *sœur Collette*, notre charmante commençale, les jolis couplets que voici, au sujet de l'apôtre Pierre, son patron.

Air : *Comment goûter quelque repos.*

PIERRE fut un de ces mortels
Qu'adora la sainte ignorance ;
Long-tems il obtint dans la France
Des oraisons et des autels ;
Maintenant la philosophie
Veut oublier jusqu'à son nom :
Mais quand Pierre est votre patron,
Je ne puis croire qu'on l'oublie.

Pierre comme nous a gémi
Dans une prison redoutable ;
Mais les doux plaisirs de la table
N'y consoloient point son ennui ;

Plus malheureux encor peut-être,
Il n'y connoissoit pas l'amour :
Et qui vous voit dans ce séjour
Est du moins sûr de le connoître.

Pierre a les clefs du paradis,
Nous disoit le pieux grimoire ;
Chacun de nous daignoit le croire,
Chacun vouloit s'y voir admis.
Il en est un dont sur la terre
Vous avez bien les clefs aussi :
Nous aurions tous pour celui-ci
Déserté celui de Saint - Pierre.

Entr'eux je soupçonne pourtant
Une ressemblance certaine :
On n'entroit dans l'un qu'avec peine ;
Il doit de l'autre en être autant.
Mais le vôtre en cela l'emporte :
A la chasteté Pierre ouvroit ;
Près de vous qui s'en prévaudroit,
Resteroit toujours à la porte.

Je me souviens de certain trait,
Qu'en riant toujours on répète ;
Celui de gentille Perrette
Tombant avec son pot au lait.
Un fol espoir en fut la cause.
De grâce, ne l'imitez pas :
Si vous tombez.... dans le faux-pas
Que l'amour soit pour quelque chose.

Du 19.

On nous a amené ce matin, madame et mademoiselle Beaumarchais, qui auroient été des nôtres si nous avions eu de la place pour les loger. Elles ont été renvoyées ailleurs.

Nous avons encore eu l'arrivée de la femme d'un membre de comité révolutionnaire, qui, d'après son écrou, s'est permis des injures contre Robespierre.

Du 20.

Nous avons, aujourd'hui, célébré une fête nationale, mais sans musique, puisqu'elle nous est défendue; Vigée avoit fait des paroles, et Leclere le chant.

Une famille de notre maison est dans le deuil, celle de Bar, parce que le père de la jeune femme a été guilloriné hier, pour cause de la prétendue conspiration du Luxembourg.

Le nouveau concierge fait ses adieux. C'est Benoît qui reprend le gouvernement de cette maison. Cela ne fait aucune sensation, sans doute parce qu'on n'a pas eu le tems d'apprécier celui qui se retire.

Du 21.

'Il nous est venu deux administrateurs de police pour s'occuper encore du réfectoire en commun.

S'ils reparoissent demain, comme on nous

l'a promis, nous leur représenterons combien il est dur de nous priver de fruit et de lait, qu'on ne peut faire entrer de dehors, tandis que les prisonniers ont le plus grand besoin de se rafraichir le sang.

Du 24.

Le réfectoire est enfin organisé ; il nous paroît fort sage. Il y aura deux tables de 240 couverts chacune, et l'on sera divisé de dix en dix. La première sera servie à une heure ; la seconde à deux heures. Les détenus auront de la viande deux fois par décade ; ils se pourvoiront de ce qui leur est nécessaire, attendu que le traiteur ne fournira que soupières et plats : chaque détenu se fournira de vin jusqu'à nouvel ordre, et on leur allouera pour cet objet deux sous par jour ; il aura un pain d'une livre et demie journellement. Nous nous proposons de nous amuser à ces grandes tables.

On a amené ce matin quatre détenus au tribunal révolutionnaire, entr'autres les curés de Saint-Cyr et de Marli. Celui de Saint-Cyr est un sieur Benaud-Murcier, qui composoit un journal de harpe et de clavecin.

Du 25.

Nous sommes tous descendus pour voir la

première table. Elle étoit nombreuse en femmes. C'étoit réellement un beau coup-d'œil. Les commençaux de cette première table se rassemblèrent sous le cloître ; et il étoit piquant de voir, par exemple, la ci-devant princesse Saint-Maurice et autres de sa trempe, attendre, avec les sans-culottes qui mangent à cette table, mais en petit nombre, le moment d'entrer pour prendre leur réfection. Quelle différence...: je ne dis pas seulement d'un tems plus éloigné, mais de hier, où ces personnes mangeoient des mets délicats et recherchés !

Notre dîner fut médiocre et il y eut un peu de confusion. On nous avoit donné de la soupe, de la raie et sept médiodres artichaux, pour dix ; mais le tout étoit en trop petite quantité. Les sans-culottes se plaignent hautement, avec d'autant plus de raison qu'il n'y aura qu'un seul repas par jour.

Mouchet, envoyé au tribunal depuis le matin, en est de retour ; il resta deux heures sur le fauteuil, en attendant qu'on eût interrogé seize prévenus ; quand on voulut s'occuper de lui, on reconnut qu'il y avoit erreur de nom, et on le fit retirer.

Du 26.

On nous a amené aujourd'hui deux membres

d'un comité révolutionnaire, dont l'un, dit-on, porte sur les épaules les marques de la féodalité, c'est-à-dire une fleur-de-lys. Leurs figures ont quelque chose de répugnant. Ils furent fort mal accueillis des citoyens de leur section qu'ils avoient fait incarcérer. Mais le moment le plus désagréable pour eux a été celui où ils sont entrés au réfectoire, avec trois ou quatre coquins de leur espèce, qui sont ici depuis peu ; les huées dont on les a assaillis leur ont fait voir quelle étoit l'opinion publique à leur égard.

L'ordre a été parfaitement rétabli au réfectoire, pour que les mets fussent mangés chauds. Comme c'étoit notre jour de viande, on a servi à chaque table de dix un morceau de bœuf de cinq livres, des choux et des haricots verds.

Les sans-culottes de la maison ont, ce soir, célébré l'anniversaire du 14 juillet, par des discours, des chants et des danses.

Du 27.

On nous a amené ce matin un homme bien estimable, le chevalier de Florian, auteur de *Numa*, d'*Estelle*, etc. Il nous a appris que Parni, le poéte du naturel et des grâces, étoit aussi incarcéré ; mais il ignore dans quelle maison d'arrêt.

Du 28.

On est venu chercher ce matin, pour le tribunal, une malheureuse sœur converse qui servoit de berceuse à l'enfant de madame Malassi. On nous a amené en même tems vingt personnes, neuf de Tours, dont, parmi les hommes, un marche avec des béquilles, et deux ou trois femmes, dont une superbe. Les onze autres sont les maîtres, les valets et commençaux d'un hôtel-garni rue des Deux-Portes, près Saint-Séverin, où se cachoit, dit-on, un homme mis hors de la loi.

On a renvoyé tous les chiens de la maison; il n'y en avoit que 190; mais on a respecté celui de M. de Lachabeaussière. Il est certain que cet animal est incomparable. Aujourd'hui, le gardien alla prendre madame de Lachabeaussière pour la conduire à la promenade; le chien l'accompagnoit; quand il vit de quel côté l'on tournoit, il prit les devans et attendit à la porte l'arrivée de sa maîtresse; la porte ouverte, il se jette au cou du gardien et le lêche, en signe de remerciment et de reconnoissance, puis alla se cacher dans la chambre de celle qu'il auroit voulu ne quitter jamais.

Du

Du 30.

Nous avons eu une petite fête dans le réfectoire. Le citoyen Cupil, ordonnateur de toutes celles qui ont eu lieu jusqu'à présent, est venu planter le simulacre de l'arbre de la liberté, c'est-à-dire attacher une forte branche au tuyau du poële, et prononcer un discours analogue. Vers les six heures, on s'est rassemblé au réfectoire, où l'on a chanté d'abord une chanson de Florian, puis un hymne au peuple français, par Vigée, musique du prisonnier Leclerc. On s'est ensuite rendu au jardin, où l'on a fini par un hymne à l'Eternel, de Coittant.

Du 2 thermidor.

Comme nous dînions au réfectoire, le concierge est venu nous prendre nos couteaux, et il n'en a laissé qu'un seul pour dix personnes ; mais nous avions eu soin de cacher les autres. Ainsi la plupart d'entre-nous seront obligés de manger comme les animaux. Quelle honte pour ceux qui veulent un tel avilissement, et pour ceux qui sont forcés de s'y soumettre !

Du 3.

Dès le matin, à notre réveil, nous apprenons qu'il y a trois chariots à la porte et dix gendarmes à cheval qui attendent quarante prisonniers. Aussi-tôt l'alarme se répand de toutes parts, chacun craint pour soi. Enfin ; nous apprenons qu'il s'agit de transférer ceux des détenus qui se sont plaints le plus vivement des abus de la maison. Gonille, ci-devant commissaire national au tribunal criminel- du département, ayant voulu plaisanter le greffier en feignant de desirer être de l'émigration, fut mis sur la liste à son insu, contraint de partir avec les autres, dont il faillit enrager de dépit.

On nous enleva, à cette époque, la plupart des maris qui faisoient mauvais ménage avec leurs femmes, tels que le ci-devant marquis de Ferrières et Poissonnier.

Du 4.

Nous apprîmes que nos transférés, conduits au Luxembourg, étoient 27 dans une pièce, et 16 dans une autre.

On nous avoit amené, dans la nuit, une riche marchande du palais, prévenue d'avoir suivi le culte religieux ; d'avoir fait dire la messe dans son domicile. Elle pleure et se désespère.

Du 5.

On a ouvert le guichet à quatorze religieuses de Sainte-Aure, qui, dans ce quartier, vivoient en communauté. Les vieilles et les jeunes ne paroissoient nullement effrayées. Elles ont mangé au réfectoire , et étoient là comme chez elles.

Le soir, on nous a amené neuf autres femmes , dont la plus jolie est la citoyenne Van-Robes ; les unes venoient des Anglaises , et les autres de différentes maisons de santé. Toutes nous ont assuré qu'on leur avoit dit que notre maison alloit être spécialement destinée aux femmes en arrestation , et que nous serions transférés.

A la nuit tombante on est venu chercher le citoyen Dublaisel , ancien lieutenant-général, pour le traduire au tribunal révolutionnaire. Cet homme , âgé de 78 ans , étoit retiré aux Chartreux depuis quinze années , et ne se mêloit en rien de la révolution. Il n'emporta qu'une chemise et un bonnet , en disant : « Voilà , sans doute, la dernière que je mettrai. » Il fut guillotiné.

Du 6.

Il nous est arrivé , ce soir, 45 femmes , venant des Bénédictines Anglaises. Tout cela nous annonce quelque grand changement dans notre maison....

Il n'étoit que trop vrai , une grande partie d'entre-nous est arrachée de son ancienne retraite , et transférée à la maison d'arrêt des Carmes.

Promenade du matin au préhaut de la maison de détention de Poit-Libre , ci-devant Port-Royal.

Par le citoyen Aymerie.

MA muse, éveille-toi ; comment, tu dors encore !
Sous ta fenêtre, au lever de l'aurore,
       Arrivent de tous les côtés ,
       Des groupes de divinités.
      Aimant des mortels la présence,
      Elles viennent chaque matin
      Dans l'asile de l'innocence
      Y respirer un air serein.
Je distingue Diane à sa taille élégante (1) ,
Sans ses carquois, sans ses chiens, ni ses traits :
La candeur, la bonté forment tous ses attraits.
La nimphe qui la suit n'est pas moins séduisante (2).
      De quel éclat sont éblouis mes yeux ,
      Du vrai génie on voit briller les feux.
Tout me donne à penser que ce sont les trois Grâces (3).
Car on entend, en marchant sur leurs traces ,
Que tour à tour en s'appellant ma sœur,
Que ce doux nom est dicté par le cœur,
Toutes de même aussi fraîches que belles,
       A sa vivacité ,
       Par sa franche gaîté ;

---

(1) La citoyenne Châteaugiron, *dite* le Prestre.
(2) Sa sœur.
(3) Les citoyennes Fougeret.

On reconnoît la plus jeune d'entre elles.
        Qui vient si doucement
        Avec un air modeste (1)?
Sa vue inspire un nouveau sentiment.
Elle a je ne sais quoi qui me paroît céleste ;
        Elle guide les pas
        D'un père respectable,
On ne peint point la vertu plus aimable.
A de si nobles traits on ne s'y méprend pas.
        Un peu plus tard je vis paroître
        Deux nimphes traversant le cloître (2) ;
        L'Olimpe n'a rien de plus beau
        A présenter que ce tableau.
Joignez ensemble et le lys et la rose,
        Une fleur fraîchement éclose (3),
Tout ce qu'enfin peut-être plus parfait,
Et vous aurez la moitié du portrait.
On m'assura que l'autre étoit sa mère ,
        Comment pouvoir le deviner !
Les croire sœurs, c'est tout ce qu'on peut faire ;
        D'être trompé j'eus lieu de soupçonner.
        Ce lieu si propre à la retraite
        Inspire une douce langueur ;
        On peut y jouir du bonheur
        De la solitude parfaite.
A peine enfin l'astre brillant du jour
A dissipé de la nuit les ténèbres,
Et fait cesser les cris de ses oiseaux funèbres ;
Avant qu'aucun mortel ne trouble ce séjour,

----

(1) La citoyenne Sombreuil.
(2) Les citoyennes Minière.
(3) Sa fille.

Arrive une aimable famille (1),
Plus respectable encor par ses propres malheurs:
Elle y vient pour verser de légitimes pleurs.
De l'infortune on respecte l'asile ;
On goûte ici l'entière liberté.
Apollon quelquefois veut accorder sa lyre :
L'un y vient pour rêver, un autre pour y lire
Selon que l'esprit est affecté.
C'est là que la plus tendre mère (2) ,
Qu'on prive de voir son enfant,
Sur un portrait baisé souvent,
Appaise sa douleur amère.
Vingt fois le jour, un jeune époux
Soupire après sa compagne fidèle (3) :
Pour lui c'est un plaisir bien doux
Que de pouvoir s'occuper d'elle.
Quand le soleil planant sur l'horizon,
Que sa course rapide à l'autre pôle avance,
A l'estomac pour redonner du ton
Au dejeûner alors on pense.
On apporte un repas frugal,
Tel qu'on le trouve à la campagne ;
Brillante gaîté l'accompagne,
Et c'est un mets qui n'a pas son égal.
Aucune fleur n'éclos : une triste verdure
Languissament croit en ce lieu désert :
L'amour n'a point animé la nature,
On n'y voit qu'un chétif couvert,
Une stale, où n'aguère une jeune novice

____

(1) Les citoyennes Rosambeau.
(2) La citoyenne Gasville.
(3) Le citoyen Aymery.

Venoit dévotement pour entendre l'office,
    Tient lieu d'un frais gazon ;
    Son appui sert de table ;
    Là cette troupe aimable,
    Sans apprêt, sans façon.
    Posant des mets sans symétrie,
    Chacun mange à sa fantaisie :
Les faunes, les bergers sont admis au banquet ;
    L'un dans la coupe de Glicère
    Y répand à grand flots du lait ;
    Sur une tartine légère
    Du beurre fraîchement battu
    Pour cette nymphe est étendu.
    Avec la rave un peu piquante
    On éguise les appétits ;
Pour animer la blonde languissante,
    On lui donne quelques radis.
Tour - à - tour chacun conte une petite histoire,
    Pour charmer la société,
    Telle que fournit la mémoire,
    Sans altérer la vérité.
    Bientôt la troupe se sépare :
    Fanni pour prendre son pinceau ;
    Louise accourt à son fuseau.
Un semblable bonheur pour demain se prépare.
    C'est en ménageant le plaisir,
    En faisant du tems bon usage,
    Qu'on apprend à savoir jouir :
Quelle philosophie est en effet plus sage !

———————

Le désarmement inutile, à Port-Libre.

POURQUOI troubler du beau séxe l'asile,
   Troubler tous les cœurs à la fois,
Pour un désarmement qui devient inutile,
Si l'on ne peut lui ravir son carquois?
    Vous avez pris à maintes belles
    Couteaux, canifs et fins ciseaux,
Qui ne servoient qu'à d'innocens travaux.
Vous leur laissez des armes plus cruelles!
Il falloit dérober à Lise ces grands yeux,
Qui d'un regard peuvent séduire;
A la jeune Cloé le souris gracieux
Qui met les sens dans le délire:
A l'aimable Céphise aussi prendre l'esprit:
Peut-elle nous parler sans être séduisante?
D'un farouche tyran l'amour souvent sé rit.
    Rendez Louise moins touchante.
    Que n'attire pas la douceur
    De l'incomparable Phrosine?
    Plus dangereuse est Philippine
    Par l'innocence et la candeur.
Mais les talens sont-ils donc moins à craindre?
L'amour sans doute inventa l'art de peindre.
Fanny séduit en prenant son pinceau;
Comme Angélique esquissant un tableau.
Et sur un clavessin, que Cloris a de grâces,
En faisant voltiger ses dix doigts délicats,
Dont notre œil ébloui ne peut suivre les traces!
Chante, Philis; de ta voix les éclats
    Pénètrent jusqu'au fond de l'âme
    Font naître la plus vive flamme.

Quand une seconde Sapho (1)
   Fait aussi retentir l'écho
Des doux sons de sa muse tendre,
De se laisser charmer qui pourroit se défendre ?
Eglé paroît, la blancheur de son tein,
Sur elle attire un œil vif et malin :
   Daphnis a des lèvres de roses :
   Dorine le minois fripon :
   Adèle montre un pied mignon :
Lolote est une fleur nouvellement éclose......
Dans mon trouble charmant, je ne finirois pas
Si je voulois vous passer en revue,
Divins attraits, ô célestes appas
Qu'un voile épais dérobe à notre vue !
Tout le confirme ici ; la touchante beauté
   Sans cesse contre nous conspire,
   Et l'univers est son empire ;
Près d'un sèxe enchanteur on perd la liberté.
Que vous sert d'avoir pris de si futiles armes,
Trop barbares geoliers, tyrans de la raison ?
Pour charmer votre esprit au sein de la prison,
Il falloit à ce sèxe enlever tous ses charmes.

LA DISCRETTE VISITE,

Aymerie à Vigée.

DANS ce séjour il est fort en usage
De visiter son nombreux voisinage :

---

1 La citoyenne Beaufort.

Par ce moyen on échappe à l'ennui,
Allant, venant de chez soi chez autrui.
Chez toi j'ai fait ma première visite ;
Pour une fois je ne t'en tiens pas quitte,
Car, où l'on sçait rencontrer le plaisir
On y revient sur l'aile du desir ;
Comme sur toi chacun pense de même ,
Tu te verrais dans l'embarras extrême :
Ton petit gîte étant rempli toujours,
De tes travaux on suspendroit le cours.
Là, resserré, comme étoit Diogène,
Ton esprit seul n'éprouve point de gêne,
Il en découle avec facilité
Ces jolis riens enfans de la gaîeté ;
Puis, gravissant l'Hélicon à sa cime,
Sans nul effort tu traces le sublime ;
Tranquillement entouré des neuf sœurs ,
Etant comblé de leurs douces faveurs,
On voit sortir de ta muse féconde
Des traits saillans que leur esprit seconde.
De te troubler c'est faire un tort certain ;
On n'entre point sans commettre un larcin :
Un mot perdu, t'arracher une rime ,
Tous les talens ont droit d'en faire un crime.
Qui t'aime donc, doit te voir rarement.
C'est pour ne point te ravir un moment,
Qu'à pas de loup, et sans heurter ta porte,
Comme un voleur qui craint une cohorte ;
Ou bien Thalie t'apportant un poulet,
Tout doucement j'ai glissé mon billet.

R E P O N S E

De Vigée à Aymery.

JE savois bien que depuis quelques jours
De nos ennuis pour suspendre le cours ,
Certaine muse, aimable, ingénieuse ,
   Soupirait au milieu de nous
Des vers dont en secret j'étois un peu jaloux.
Dans ce moment, sous ma main curieuse,
   Tombe un billet qu'elle a tracé ,
   Et sous ma porte adroitement glissé.
De mon incertitude elle se rit peut-être ,
   S'amuse de mon embarras,
Et croit qu'en ne se nommant pas
   Ce n'est pas se faire connoître ;
Mais quand je vois des vers dont la facilité
   Avec la grâce se marie ,
En les lisant, mon esprit enchanté
Sur le nom de l'auteur ne peut être arrêté ;
Il a beau se cacher , je devine Aymerie.

LA CITOYENNE AYMERIE

A son mari, détenu à Port-Libre.

Air : De vos bontés , de votre amour. (*De Raoul de*
                               Créqui.)

LOIN de toi la félicité,
  Cher Auguste, gémit sans cesse ;
  Pour elle il n'est plus de gaîté ,
  Ses jours sont remplis de tristesse.

Sans toi, les ennuis, les chagrins
Consumeront sa triste vie;
Sans toi, des jours purs et sereins
Ne luiront plus pour ton amie.

Je crois te presser sur mon cœur,
Dans les instans où je sommeille;
Mais, hélas! cette douce erreur
Se dissipe quand je m'éveille.
Que ne puis-je toujours dormir!
Du moins, dans un songe agréable,
Je pourrois goûter le plaisir
Que m'ôte mon sort déplorable.

Quand viendra donc cet heureux jour
Qui doit mettre fin à nos peines,
Où de l'Hymen et de l'Amour
Nous porterons les seules chaînes?
Ce jour, desiré par mon cœur,
Détruira mes vives alarmes;
Je retrouverai le bonheur,
Je ne verserai plus de larmes.

Triste prison, cruels verroux,
Qui dérobez à ma tendresse
Le sensible et fidèle époux
Que je jurai d'aimer sans cesse;
Soyez touchés de ma douleur,
Rendez à la plus tendre amie
Celui qui fait tout son bonheur;
Vous lui rendrez plus que la vie.

REPONSE

Du citoyen Aymerie à sa femme.

Air : *Comment goûter quelque repos.*

Depuis trois mois, un doux lien
M'unissoit à celle que j'aime ;
Je goûtois le bonheur suprême :
S'aimer est le souverain bien.
On m'enlève à ma douce amie ;
Est-il un plus funeste sort ?
J'aurois moins redouté la mort ;
Et je perds bien plus que la vie.

TRANSFÉREMENT

*D'une partie des détenus de Port-Libre
à la maison d'arrêt des Carmes.*

L'ORAGE, après avoir grondé pendant quelques jours, éclate enfin ; nous supportions à Port-Libre, la perte de notre liberté ; nous y avions fait des connoissances, des amis : tout-à-coup, le 7 messidor, an deuxième, des listes de transfèrement se distribuent, et il nous faut monter dans de funestes charriots, au nombre de 45, sans savoir où nous allons. Parmi les transférés, on remarquoit Coittant, Laroche,

Quoinat, Vigée. Plusieurs de ceux qui devoient aussi être compris dans l'émigration, s'étoient rachetés à force d'argent.

Nos doutes se dissipèrent après que nos charriots eurent long-tems roulés avec lenteur, entourés d'une forte escorte de gendarmerie à cheval ; on nous descendit dans la maison d'arrêt des Carmes. Qu'elle étoit désagréable, affreuse, en comparaison de celle que nous venions de quitter ! On nous renferma dans une vilaine écurie, où nous restâmes plusieurs heures sans qu'on eut l'air de songer à nous. Après une attente, qui nous parut bien longue, nous en sortîmes, quatre à quatre, pour aller nous coucher dans des corridors, dans des cachots, où l'humidité étoit si grande, que le matin nous tordions nos habits. Nous n'en fûmes tirés qu'à dix heures et demie, dévorés par mille insectes de toutes espèces, et nous presque morts de faim, car on avoit refusé de nous laisser prendre quelques provisions à Port-Libre. En attendant l'heure du réfectoire, on nous distribua un morceau de pain.

. Ici les corridors ne sont point éclairés ; on n'a pas toujours la jouissance du jardin ; l'on n'a pu long-tems entrevoir les femmes que par leurs fenêtres, qui sont détenues au nombre de vingt, et ne mangent au réfectoire qu'après les hommes. Les corridors sont vernis ; quoique spacieux , ils sont peu aérés et infectés par le méphitisme des latrines. Les fenêtres sont bouchées aux trois-quarts , de sorte qu'on ne reçoit le jour que d'en haut ; et encore le peu d'ouverture qu'elles ont est-il grillé avec de fort barreaux. C'est directement une prison de force dans toute son horreur. Les détenus ne soignent point leurs personnes comme à la Bourbe ; ils sont décoletés, pour la plupart sans cravate ; en chemise , en pantalon , mal - propres, les jambes nues , un mouchoir autour de la tête , point peignés , la barbe longue. Les femmes , nos tristes compagnes d'infortune , sombres , rêveuses, sont vêtues d'une petite robe , ou d'un pierrot ; tantôt d'une couleur , tantôt d'une autre. Du reste, on est assez bien nourri ; à l'unique repas du réfectoire , nous avons le pain à discrétion , et chacun une demi-bouteille de vin. Mais notre concierge est dur, rébarbatif.

Pendant toute la nuit du 9 au 10 thermidor , nous avons entendu beaucoup de bruit, battre le rappel , la générale , sonner le tocsin , des cris dans le lointain , des proclamations qui nous parvenoient d'une manière confuse. On nous avoit verrouillés de bonne heure dans nos cellules ; tout cela nous causoit la plus vive inquiétude.

Le lendemain, notre anxiété se dissipa en partie. Nous apprenons qu'à trois heures du matin on est venu mettre Santerre en liberté. Nous ne sommes instruits qu'en partie des étranges évènemens qui se sont passés, de ceux non moins extraordinaires qui arrivent. Mais nous acquérons la certitude que sans la chûte de Robespierre, et celle de la commune orgueilleuse et conspiratrice, nous devions tous être massacrés. Le nommé Grépin, administrateur de police, à la tête d'une troupe de scélérats, attendoit à notre porte l'affreux signal du carnage ; dans son impatience féroce, deux fois il se fit ouvrir la porte de notre prison, et c'étoit pour nous égorger. Lorsqu'il apprit que l'humanité triomphoit, il accourut se cacher au milieu de nous ; mais on refusa de le recevoir : il pleura ; il dit qu'il n'avoit été élu que malgré lui, qu'il n'étoit d'aucun complot, qu'il ne vouloit que le bien.

Destournelles, ex-ministre des contributions publiques, que nous avons eu pour commençal aux Magdelonnettes, partageoit nos alarmes dans la maison des Carmes ; mais il étoit toujours le même, affectant des prétentions à l'esprit, et se donnant ridiculement les airs d'un ministre ; il paroissoit avoir oublié tout le monde, entr'autres Coittant, quoiqu'il le connût depuis dix-sept années.

Santerre vint nous faire une courte visite d'amitié le 11, et nous donna l'espoir consolant que l'on s'occupoit de briser les fers des patriotes. En réjouissance des heureux évènemens, nous chantâmes dès hymnes dans les corridors, et nous ne rentrâmes dans nos cellules qu'à dix heures du soir.

Deux nouveaux administrateurs de police nous ont assuré que notre sort alloit être adouci : la promenade du jardin nous est accordée ; nous aurons du papier, les journaux ; nous pourrons écrire et recevoir des réponses. Les détenues pourront se promener avec nous.

Nos prisonnières les plus remarquables sont les citoyennes Custines jeune, Lameth, d'Aiguillon, Narravelle - Fenaud, Beauharnais, Croiseille, âgée de 14 à 15 ans et enceinte. Ce fut pour cette dernière qu'ont été faits les vers suivans, composés et gravés dans un cachot, aux Carmes, par Beauvoir, qui fut guillotiné avec les 46 victimes de cette maison :

Amour, viens recevoir ma dernière prière ;
Accorde à Desirée un avenir heureux :
Daigne ajouter sur-tout à sa belle carrière
Les jours que me ravit un destin rigoureux.

Si de l'excès des malheurs qu'on essuie,
Naît quelquefois notre félicité,

Bientôt sera répandu sur ma vie
Le charme heureux qui suit la volupté.

Mon cœur brûlant adore Desirée.
Quand Atropos viendra trancher mes jours,
Le dernier des soupirs sera pour les Amours,
Qui lui diront combien elle fut adorée.

On a conduit parmi nous, ce soir, la veuve du guillotiné Fleuriot, ex-maire de Paris.

Nous avons appris l'exécution à mort de six de nos compagnons de la maison de la Bourbe, Saint-Roman, les Montcrif père et fils, Button le jeune, Lavoisier. Le jour que nous en partîmes, on enleva pour le tribunal la citoyenne Derigny, son fils et Thiare. Rien ne nous étoit plus sensible que ces enlèvemens, et c'est une consolation que de n'en être plus les douloureux témoins.

Tandis que les mises en liberté sont très-fréquentes, on vient de nous amener Lebas, grand et bel homme.

Aujourd'hui, 19 thermidor, trois mises en liberté, Destournelles, Dufourny et un autre.

Dans le nombre des sorties d'aujourd'hui, nous avons eu celle de la citoyenne Beauharnais. Cette femme étoit généralement aimée ici. Le plaisir d'apprendre que Tallien venoit soulager ses peines en brisant ses fers, excita mille applaudissemens, auxquels elle fut si sensible, qu'elle s'en trouva mal. Quand elle fut revenue à elle-même, elle nous fit ses adieux et sortit au milieu des vœux et des bénédictions de toute la maison (1).

Laroche vient d'obtenir sa sortie (21 thermidor): le voilà donc libre et sa fille bien heureuse, car elle l'aime tendrement.

Vigée est aussi rendu à ses amis; les Muses n'auront plus la douleur de voir un de leurs favoris relégué dans le fond d'une prison.

Pour affliger encore nos âmes, il vient de nous arriver vingt-huit prisonniers du département du Nord, arrêtés par ordre de Joseph Lebon. Ils viennent pour être jugés par le tribunal révolutionnaire. Ils ont été traités en route avec une barbarie qui fait frémir. Ils étoient partis au nombre de cinquante-huit; mais on a eu l'inhumanité d'éloigner les maris de leurs épouses, les pères de leurs enfans. Un de ces malheureux étoit au désespoir : on l'avoit séparé de sa femme et de six filles plus aimables les unes que les autres.

Notre concierge, Aubert, le 25 thermidor, reprend sensiblement ses manières brutales.

____

(1) C'est maintenant l'épouse du vainqueur d'Italie, du général Bonaparte.

Sans doute que les prisonniers sont menacés
de nouvelles mesures attentatoires à leur repos.
La conduite des concierges et guichetiers, à
notre égard, est le thermomètre de notre
position future. Quand nous les voyons doux
et s'efforcer d'être gracieux, les circonstances
nous sont favorables. Se montrent-ils insolens
et farouches, soyez sûrs que le vent n'est plus
en notre faveur.

Sous le règne de l'ancien concierge et de
l'ancienne municipalité, on a pris à deux détenus de cette maison, à l'un onze-cents liv.,
à l'autre dix-mille liv.; non-seulement on refuse
de leur restituer ces sommes, mais on a l'inhumanité de les laisser au dépourvu de tout,
sans draps, sans chemises, sans bas et sans
souliers.

Fin du second volume.

www.ingramcontent.com/pod-product-compliance
Lightning Source LLC
LaVergne TN
LVHW021929030726
842523LV00001B/99